선거
준비하고 승리하라

당선을 위한 로드맵

선거 준비하고 승리하라
ELECTION
당선을 위한 로드맵

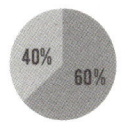

선거에 출마하기 전 '출마 이유'를 명확하게 정립하는 것이 매우 중요하다. 출마 이유는 후보 및 선거캠프를 정신적으로 무장할 수 있게 하는 힘이 될 뿐만 아니라 선거과정에서 후보의 메시지와도 직결되기 때문이다.

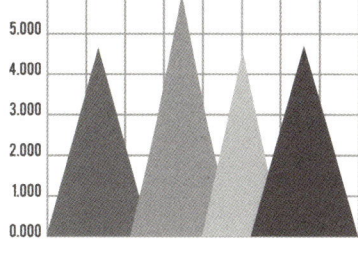

■ 후보자1　■ 후보자2
■ 후보자3　■ 후보자4

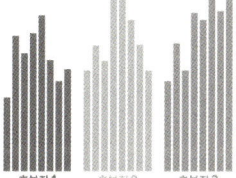

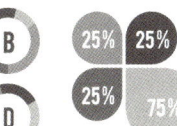

■ 후보자1　■ 후보자2
■ 후보자3　■ 후보자4

선거는 유권자에게 후보를 알리는 것에서 시작한다. 하지만, 단순히 인지도만으로는 부족하다. 유권자의 감정을 호감으로 발전시켜 후보를 위해 투표소로 발걸음을 옮기게 해야 한다. 즉 인지도를 호감도로, 다시 지지도로 연결하는 득표 전략이 필요한 것이다.

문상부 대표집필

선거
준비하고 승리하라

당선을 위한 로드맵

추천사 1

선거 과정의 훌륭한 나침반

선거에서 이기려면 과학적으로 잘 수립된 전략이 반드시 필요하다. 선거전략의 핵심은 유권자의 마음을 얻어 나의 지지표로 연결시키는 것이다. 하지만 이게 전부는 아니다. 선거에서는 자신과 상대방의 장·단점을 비교, 분석한 후 지역적 상황과 정치적 환경 등을 고려한 전술적 행동도 (예비)후보자에게 요구한다.

이 책은 기존의 나열식 선거방법론과는 달리 출마 결정과 동시에 어떤 선거전략으로 임해야 하고, 당선에 이르기까지 각 단계별로 꼭 하여야 할 전술적 선거운동방법에는 무엇이 있는지를 콕 집어주고 있다. 또한 출마 예정자들이 갈피를 잡지 못하는 사안에 대해 각종 사례와 팁을 통해 그 해결책을 친절하게 안내해준다.

만약 이 책을 펼쳐보기도 전에 집필진들의 면면만을 보고서 선거관리라는 관점에서 접근하였을 것이라고 예단한다면 그건 오산이다. 오히려 규제 중심의 선거법에서 발상의 전환을 시도하였다는 점만으로도 큰 의의가 있다. 이 책은 법을 준수하는 테두리 내에서 후보가 할 수 있는 가장 효과적인 당선 비법이 무엇인지 알려준다. 여기에 정치 현장의 경험이 풍부한 집필진이 가세함으로써 일반 선거전략기획서와는 분명 대비되는 실무 중심의 선거운동 지침을 제공해주고 있다.

후보는 출마 결심을 한 직후부터 선거가 끝날 때까지 100~150회에 걸쳐 전략적 결정과 전술적 선거운동을 해야 한다. 이처럼 험난한 선거의 과정을 후보자들이 헤쳐 나갈 때 이 책이 훌륭한 나침반의 역할을 다 할 수 있기를 간절히 바란다.

국민대 정치대학원장 김 학 량

추천사 2

선거 승리로 가는 바이블

국민을 주인으로 하는 민주주의가 다른 체제보다 우월한 이유는 권력 시스템이다. 성별, 연령, 지역, 소득, 직업 등 개인적 차별 없이 모든 국민은 한 장의 투표권을 보장받기 때문이다. 적어도 선거 투표소에서 국민은 차별 없는 권리와 의무를 누리게 된다. 그러므로 민주주의 국가에서 선거는 가장 중요한 정치적 행사다. 국민의 대표 기관인 국회의 구성원이 되기 위해서 후보자는 선거에 출마해야 한다. 그리고 당선되어야 국민을 대표하게 된다. 선거에 나서는 후보자들은 당선을 꿈꾸지만 모두가 당선의 영광을 누리지는 못한다. 왜 어떤 사람은 당선되고 또 어떤 사람은 당선의 기쁨을 누리지 못하는 것일까. 선거에서 가장 중요한 변수는 후보자, 경쟁자, 유권자다.

먼저 후보자 자신이 중요하다. 자기 스스로 왜 선거에 출마하는지 이유가 분명해야 한다. 우리 책에서 '선거에 왜 출마하는가'라는 물음에 대한 좋은 사례를 제시하고 있다. 존 에프 케네디 전 미국 대통령과 로버트 케네디 전 법무장관의 동생인 에드워드 케네디에 대한 이야기다. 한 방송에서 대통령 출마에 대한 이유를 물어보았지만 에드워드 상원의원은 제대로 답변하지 못했다. 자기 스스로 출마 이유를 모르는 후보자에게 유권자들은 공감하지 못한다. 게다가 많은 후보자들은 본인 스스로의 경쟁력을 과장하는 경우가 허다하다. 객관적인 자기 진단이 이루어지기보다 주관적으로 스스로에 대해 너무나도 관대한 평가를 하기 십상이다. 자가당착적 셀프 평가는 선거를 망치는 지름길이다.

경쟁자를 제대로 알아야 한다. 후보자는 자신에게 관대하지만 상대방의 경쟁력을 무시하는 경우가 많다. 주관적인 몇 가지의 이유를 통해 경쟁자는 자신의 상대가 되지 못할 것이라는 분석을 내놓는다. 후보자 주변에서 선거를 돕는 많은 전문가들이 난감한 상황이 된다. 수십 년간 선거 컨설팅을 해 온 경험에 비추어 보면 경쟁자들은 후보자의 생각보다 훨씬 더 강한 경쟁력을 보인다. 상대방에 대한 정확한 평가 없이 부풀려진 자만심으로 선거에서 무너진 사례는 셀 수 없을 정도로 너무 많다.

가장 중요한 변수는 유권자다. 유권자에 대한 치밀하고 과학적인 분석 없이 선거 승리는 공염불에 불과하다. 선거를 준비하는 단계부터 실제 운동 과정에 이르기까지 체계적인 접근은 당연지사다. 우리 책에서는 예상투표율과 당선득표율까지 제시하며 과학적인 유권자 분석을 강조하고 있다. 최근까지 유권자 분석은 읍면동 단위였다. 그러나 빅데이터와 뉴미디어를 강조하는 선거로 변화되면서 유권자 분석은 더 세밀해졌다. 골목골목과 가가호호

단위의 유권자 분석을 요구하고 있다. 유권자에 대한 홍보 또한 문자메시지나 현수막 걸기 수준을 뛰어 넘는다. 유튜브가 대세인 세상이다. 전통적인 홍보 수단은 점차 경쟁력을 잃고 있다. 새로운 홍보 수단으로 떠 오른 뉴미디어의 세계를 제대로 이해해야만 유권자들과 쌍방향 소통이 가능해지고 선거 승리는 현실이 된다.

선거 결과는 결국 당선과 낙선으로 나누어진다. 후보자의 희망은 당연히 선거 승리다. 승자와 패자를 결정하는 가장 중요한 기준은 다름아닌 '준비'다. 낯선 길을 가면서 내비게이션 없이 운전하는 어리석음을 범하지 말아야 한다. 한국선거협회가 내놓은 '선거, 준비하고 승리하라'는 어느 한 페이지조차 놓칠 내용이 없다. 책 구석구석에 중앙선거관리위원회 상임위원을 역임하신 문상부 한국선거협회 이사장의 열정과 경험이 고스란히 녹아있다. 선거에 나서는 후보자들이 이 책을 읽기 시작하는 순간이야말로 '선거 승리'로 가는 첫걸음이다.

인사이트케이 연구소장   배 종 찬

머리말

선거 과정이 올바르게 작동하지 않는다면 진정한 민주주의 사회라고 할 수 없다. 그래서 흔히 선거를 민주주의의 꽃이라 부른다. 그런데 막상 선거가 다가오면 출마예정자들은 무엇을 어떻게 준비해야 하는지 갈피를 잡지 못하는 경우가 많다. 이에 선거협회에서는 다가오는 2020년 제21대 국회의원선거에 발맞추어 처음 출마하는 후보자라도 어렵지 않게 선거를 준비할 수 있도록 후보자 입장에서 꼭 알아두어야 할 선거지침서의 필요성에 공감하게 되었다.

이 책은 출마 준비에서부터 선거전략, 조직운영, 자금운용, 필승을 위한 선거운동방법에 이르기까지 후보자가 반드시 알아두어야 할 내용을 각 단계별로 상세하게 서술하였다. 공직 출마를 결정하기 전 점검해야 할 포인트부터 유권자의 마음을 얻어 선거에서 승리하는 방법까지 선거에 대한 전 과정을 담고 있는 로드맵으로서 후보자가 당선을 향해 갈 때 길잡이 역할을 톡톡히 해 줄 수 있을 것이라고 감히 자부해 본다.

수개월간의 연구 기간 동안 국내외 다수의 선거전략기획서를 비롯하여 선거캠페인 이론서, 유권자 의식조사, SNS 전문가 및 정치컨설턴트와의 심층 면담 등을 통해 수집한 자료를 바탕으로 내용에 신뢰성을 더하기 위해 노력했으며, 문장

하나 단어 하나에도 책임감을 가지고 서술하기 위해 신중을 기했다. 하지만 직접 후보로 출마하거나 선거운동에 참여하고 있는 주체가 아니었기 때문에 가질 수밖에 없는 한계를 극복하기는 어려웠던 것이 사실이다. 또한 짧은 집필 기간으로 인해 내용에 깊이를 더할 수 없었다는 점과 구성에 있어서 약간의 미비함 역시 아쉬움으로 남는다.

여러 가지 미진한 점에도 불구하고 수요자의 입장에서 선거라는 제도에 대한 새로운 접근 방법과 효과적인 선거 방법론을 제시하였다는 것만으로도 의미 있는 작업이었다고 자평해본다. 집필 과정에 열과 성을 다해 도움을 주신 선거관리위원회 박의형, 김관중, 안승섭 세 분께도 지면을 통해 감사의 인사를 드리는 바이다.

이 책을 보는 것만으로 곧 당선으로 이어지지는 않을 것이다. 다만, 이 책이 국회의원선거뿐 아니라 지방선거, 조합장 위탁선거, 민간선거 등에 출마하려는 후보들이 선거 전반을 이해하고 당선이라는 목표를 향해 나아가는데 조금이라도 보탬이 될 수 있기를 기대한다.

2019년 6월 20일
여의도에서 쓰다.

선거
준비하고 승리하라
당선을 위한 로드맵

목 차
Contents

I
선거, 어떻게 준비할 것인가

1. 선거출마의 의미 | 18
  가. 선거와 민주주의 | 19
  나. 출마란 무엇인가 | 19
  다. 선거출마의 후유증 | 22

2. 출마를 결정하기 전 무엇을 준비해야 하나 | 26
  가. 선거에 '왜' 출마하려 하는가 | 27
  나. 이것만은 반드시 짚고 넘어가자 | 28
  다. 선거관리위원회를 적극 활용하자 | 30
  라. 최적의 선거 길잡이 – 전문가의 조언은 필수다 | 34
  마. 선거를 잘 치르기 위한 자료 찾기 | 35

3. 나는 누구이며 누구와 싸워야 하는 것인가 | 39
  가. 나는 어떤 사람인가 | 40
  나. 나의 상대방은 누구인가 – 적을 알아야 이길 수 있다 | 42
  다. 기본이 튼튼해야 이긴다 | 43

4. 전투에서 지더라도 전쟁에서는 이겨라 | 46
  가. 스스로 몸을 낮추어라 | 47
  나. 사람이 정치적 자산이다 | 48

II
선거, 어떤 전략으로 임할 것인가

1. 전략이란 무엇인가 | 52
  가. 전략 수립에서 고려할 것들 | 53
  나. 최근 선거 전략의 경향 | 56

2. 어떤 전략들이 쓰이고 있나 | 62
  가. 이슈와 관련된 전략 | 63
  나. 이슈와 선거판세 | 66
  다. 이슈에 대한 대응 | 70
  라. 심리와 관련된 전략 | 78

3. 전략적 기획의 기초 – 타겟팅(Targeting) | 83
  가. 타겟팅의 필요성 | 84
  나. 타겟팅의 기초적인 과정 | 85
  다. 선거구 분석을 통한 선거운동 우선순위 지역 결정 | 90

4. 선거 전략을 수립하기에 앞서 주목할 사항들 | 93
  가. 당선에 영향을 미치는 주요 변수에 대해 주목하자 | 94
  나. 선거의 맥을 짚어야 당선이 보인다 | 100

III
조직, 어떻게 운영할 것인가

1. 여전히 조직은 중요하다 | 114
    가. 효율적으로 조직 운영하기 | 115
    나. 인력확보 방법 및 운영 전략 | 123

2. 실전 선거조직 운영 전략 | 131
    가. 실전배치에 활용하는 전투조직 운영 | 132
    나. 별동부대를 이용한 조직 구성과 운영 | 139

IV
자금, 어떻게 운용할 것인가

1. 자금부터 확보하자 | 146
    가. 정치자금이란 | 147
    나. 정치자금에는 어떠한 것이 있나 | 148

2. 후원회 제대로 활용하기 | 155
    가. 후원회도 조직이다 | 156
    나. 후원금 모금에도 전략이 있다 | 163

3. 지출도 전략이다 | 174
    가. 주요 지출항목에 대하여 | 175
    나. 효율적으로 선거예산을 수립하라 | 178
    다. 스마트한 지출을 위하여 | 186

V
선거, 어떻게 이길 것인가

1. 선거운동기간의 제약을 뛰어넘자 | 192
    가. 인지도, 호감도, 지지도 | 193
    나. 뛰기 위해서는 일단 걸을 줄 알아야 한다 | 195
    다. 입후보예정자의 인지도를 올리는 또 다른 방법 | 201
    라. 이미지를 세일즈 하라 | 206
    마. 내 편을 더욱 공고하게 다지기 | 210
    바. 현역의원의 특권, 의정활동보고 | 214

2. 예비후보자등록, 사실상 선거운동의 시작이다 | 220
    가. 예비후보자기간에 최선을 다하라 | 221
    나. 미디어에 강한 자 선거에 강하다 | 228
    다. SNS를 공략하라 | 232

3. 선거운동에 사활을 걸어라 | 242
    가. 인쇄물로 나를 표현하라 | 243
    나. 시설물에 일관되게 나를 표현하라 | 248
    다. 토론회가 운명의 승부처가 된다 | 250
    라. 선거운동의 하이라이트, 공개장소에서의 연설·대담 | 254
    마. 거리를 장악하라 | 260
    바. 선거도 결국 사람이 하는 것이다 | 264
    사. 특화된 선거운동으로 차별화하라 | 269
    아. 당선으로 가는 비밀노하우 | 274
    자. 실전에 사용하는 고도의 선거전술 | 278
    차. 무소속 후보를 위한 실전 노하우 | 284
    카. 끝까지 최선을 다하는 자가 승리한다 | 289
    타. 선거법 위반하면 패가망신한다 | 292

참여하는 사람은 주인이요,
그렇지 않은 사람은 손님이다.
– 도산 안창호

I
선거, 어떻게 준비할 것인가

- 선거출마의 의미
- 출마를 결정하기 전 무엇을 준비해야 하나
- 나는 누구이며 누구와 싸워야 하는 것인가
- 전투에서 지더라도 전쟁에서는 이겨라

1. 선거출마의 의미

우리가 흔히 사용하는 '선거출마'라는 말에 담겨진 본래의 의미를 되새겨 보면 선거의 본질을 보다 잘 이해할 수 있다. 고대 그리스로부터 오늘날에 이르기까지 선거가 공직의 출발점이라는 점은 동일하지만 현대 대의민주주의 원리에 따라 그 실질적 의미는 큰 변화를 겪게 되었다. 가장 핵심적인 변화는 보통·평등·직접·비밀선거의 원칙에 따라 유권자가 대표자를 선출하는 것이다. 따라서 선거에 출마하는 후보들은 유권자와의 상호작용에서 어떠한 전략적 접근을 취해야 할지 끊임없이 분석해야 한다. 그리고 치열한 선거전에 뒤따르는 희생과 노력의 실체를 구체적으로 인식하고 선거에 임함으로써 더욱 철저한 준비를 해야 한다.

가. 선거와 민주주의

현대 사회에서 논의되는 민주주의의 유형은 매우 다양하지만, 이를 효과적으로 작동하기 위해서는 반드시 제도화의 과정을 거쳐야만 한다. 현대 민주주의의 가장 일반적인 형태로서 거론되는 것은 직접민주주의와 간접(대의)민주주의이다. 이는 민주주의의 운영 원리를 구성원이 직접 결정하여 구현하느냐, 아니면 대표를 선출하여 간접적으로 운영하느냐에 따라 구분될 수 있다. 그런데, 현대사회는 그 구성원의 복잡·다양성으로 인하여 구성원 모두가 직접 사회적 가치를 결정하고 법령을 제도화하는 과정에 일일이 참여하는 것이 불가능하다. 따라서 거의 대부분의 국가는 대의체제를 통해 사회 구성원들의 가치관에 가장 부합하는 제도를 만들어 운영하고 있다. 선거는 이러한 대의제도를 구성하는 첫 걸음으로서 민주주의의 출발점이라 할 수 있다.

나. 출마란 무엇인가?

1) 말을 타고 전쟁터에 나가다

대통령, 국회의원, 시·도지사, 시장, 군수, 자치구의 구청장, 지방의원은 우리나라의 선출직 공무원들이다. 이러한 선출직 공무원이 되기 위해서는 반드시 공직선거에 출마하여 당선되는 절차를 거쳐야만 한다. 즉 선거출마는 선출직 공무원이 되기 위한 맨 첫 단계인 것이다.

그렇다면 선거에 '출마하다'라는 것은 본질적으로 어떤 의미를 갖고 있을까? 우선 '출마(出馬)하다'를 그대로 풀이하면

'말을 타고 나가다'는 뜻으로서 '관리가 말을 타고 임지에 나가다', 혹은 '장수가 말을 타고 전쟁터에 나가다'라는 중의적 의미를 갖고 있다. 전자는 옛날에 군주로부터 공직의 임무를 부여받은 관리가 말을 타고 임지에 나간 것에서 그 의미가 비롯되었다. 오늘날은 선출직 공무원이 되기 위한 목적으로 선거에 출마한다는 것을 고려해보면 예전과 현대에 있어서 출마에 담긴 각각의 의미가 서로 일맥상통함을 알 수 있다.

한편, 당선과 낙선을 놓고 상대방 후보와 치열하게 싸우는 선거의 속성에 비추어 볼 때 선거출마는 후자와 같이 장수가 말을 타고 전쟁터에 나간다는 의미와도 동일한 맥락을 지닌다. 우리가 흔히 쓰는 선거전(選擧戰)이란 말도 전쟁과 다름없는 선거의 특성을 잘 보여주는 말이다.

2) 전략적 접근은 승리의 지름길

전쟁에 임하는 장수가 전장에 나가기 전 각오를 다지고 장비를 점검하는 등 철저하게 준비를 해야 하는 것과 마찬가지로 선거 역시 완벽한 전략 및 전술이 준비되어야만 승리에 한 걸음 더 다가갈 수 있다. 그렇다면 선거에 있어 전략적 접근은 구체적으로 무엇을 의미하는가? 이는 선거에 출마할 내가 누구이며 어떠한 무기와 전력을 갖고 있는지, 대적할 상대방은 누구이며 전력은 어떻게 되는지, 내가 출마하려는 선거구의 지리적·사회적 지형과 선거구도는 어떠한지 등에 대해 광범위하게 정보를 수집하고 분석하여 최적의 전략을 수립하는 것을 말한다. 즉 과학적이고 객관적인 분석이 뒷받침된 전략적 접근이 중요한 것이다.

그러나 현실은 아직도 비과학적이고 주먹구구식 방법으로 선거를 치르는 경우가 허다한 실정이다. '선거는 과학이다'라는 명제를 남긴 정치컨설턴트의 아버지 조셉 나폴리탄(Joseph Napolitan)은 '선거에서 가장 중요한 요소는 전략'[1]이라 하여 선거 전략의 가치를 강조하였다. 빌 클린턴, 조지 부시, 버락 오바마, 도널드 트럼프가 미국의 대통령으로 당선된 데에는 딕 모리스(Dick Morris), 칼 로브(Karl Rove), 데이비드 액셀로드(David Axelrod), 스티븐 비건(Stephen Biegun)과 같은 뛰어난 선거 전략가가 있었기 때문이다.

후보자 본인이 선거 기획의 첫 단추로서 '출마의 변'을 쓰기 시작할 즈음, 또는 그 이전 단계에 반드시 선거 컨설턴트로부터 조언을 구하는 것이 필요하다. 이들에게서 받을 수 있는 가장 큰 도움은 후보자로서 가늠하기 힘든 유권자의 눈높이를 대신하여 제시해 준다는 점에 있다.

이와 같이 올바른 전략을 수립하고 이에 맞추어 모든 선거과정이 계획되고 실행되어야 승리의 확률을 높일 수 있는 것이다. 객관적이고 과학적인 분석을 토대로 전략을 수립하고 실행에 옮기는 것은 승리의 바탕이자 지름길이다.

조셉 나폴리탄   딕 모리스   칼 로브   데이비드 액셀로드

3) 승리를 갈구하지 않는 자, 결코 당선될 수 없다

선거란 전쟁을 치르는 것과 흡사하다. 마치 군사를 일으켜서 상대방 영토를 빼앗거나 상대방의 침입에 대비하여 나의 영

---

1) 조셉 나폴리탄, 김윤제 역, 2003, 〈정치컨설선트의 충고〉, 21쪽, 리북

역을 지키는 행위와 다르지 않기 때문이다. 그 차이가 있다면 무기를 들고 상대를 제압하여 이기는 것인가, 무기를 들지 않고 상대방을 설득해서 이기느냐의 차이일 뿐이다. 따라서 일단 선거에 출마하겠다고 결심한 후보라면 간절하게 표를 원해야만 한다. '아마 낙선할 것 같지만, 이번 출마 경험이 나의 향후 행보에 도움이 되겠지'라는 안일한 생각을 가진 사람이라면 십중팔구 '되면 좋고, 안되면 말고' 식의 어정쩡한 선거운동을 하게 되고, 이는 선거 패배로 이어질 가능성이 농후하다. 선거는 이기거나 지는 것밖에 없는 '잔인한 제로섬 게임'이다. 지고 나면 아무것도 챙기지 못한 채 그저 패배자의 낙인만이 남게 된다. 그렇기에 최선을 다해야만 하는 것이다.[2]

이미 선거라는 가시밭길의 어려움을 감수하겠다고 나선 후보자라면 승리라는 과실을 간절히 원해야만 비로소 당선될 수 있다는 평범한 진리를 늘 가슴 속에 품고 있어야 한다. 스스로 승리를 갈구하고, 승리의 바이러스를 전파해 나갈 때 주변에 사람들이 모이고, 힘이 모이고, 돈이 모이게 된다.

다. 선거 출마의 후유증

1) 교통사고보다 심한 낙선 후폭풍

우리나라 정치인들이 곧잘 인용하는 일본 속담이 있다. '원숭이는 나무에서 떨어져도 원숭이지만, 정치인은 선거에서 떨어지면 인간이 아니다'라는 속담인데, 정치인에게 낙선의 고통과 참담함이 어떤 의미인지를 적나라하게 표현하고 있다.

---

2) 세상모든소통연구소, 2018, 〈선거 칼럼 4-선거와 정치적 입지〉

그렇다면 정치인들에게 낙선의 고초가 이토록 큰 이유는 무엇일까? 이는 비단 목표달성에 실패했기 때문만은 아닐 것이다.

우선 선거란 가시밭길임과 동시에 선거 출마에는 기본적으로 많은 돈이 소요된다. 물론 선거공영제가 도입되어 「공직선거법」(이하 '선거법'이라 한다)에 정한 보전비용을 전부 혹은 일부분 돌려받을 수 있지만, 이것도 일정 득표율이 전제되어야만 가능하다. 게다가 선거 출마와 그 이후 선거운동 등 일련의 선거과정은 후보 자신뿐만 아니라 가족, 지인들의 노고와 희생까지도 요구한다. 육체적인 노고는 물론이고 자신의 사생활을 포함한 모든 과거가 밝혀지고, 때로는 상대 진영의 네거티브 전략으로 인해 억울한 누명을 당해 정신적 고통을 받을 수도 있다. 선거과정에서 생각하지도 못한 돌발변수가 나타나 후보와 가족들을 괴롭힐 수도 있다. 그 외에도 정신적, 육체적 혹은 금전적으로 후보를 좌절시킬 수 있는 사건은 수도 없이 발생할 것이다.

☞ 공직선거법 제122조의2 (선거비용의 보전 등)

① 선거구선거관리위원회는 다음 각 호의 규정에 따라 후보자(대통령선거의 정당추천후보자와 비례대표국회의원선거 및 비례대표지방의회의원선거에 있어서는 후보자를 추천한 정당을 말한다)가 이 법의 규정에 의한 선거운동을 위하여 지출한 선거비용[「정치자금법」 제40조(회계보고)의 규정에 따라 제출한 회계보고서에 보고된 선거비용으로서 정당하게 지출한 것으로 인정되는 선거비용을 말한다]을 제122조(선거비용제한액의 공고)의 규정에 의하여 공고한 비용의 범위 안에서 대통령선거 및 국회의원선거에 있어서는 국가의 부담으로, 지방자치단체의 의회의원 및 장의 선거에 있어서는 당해 지방자치단체의 부담으로 선거일 후 보전한다.

1. 대통령선거, 지역구국회의원선거, 지역구지방의회의원선거 및 지방자치단체의 장 선거
가. 후보자가 당선되거나 사망한 경우 또는 후보자의 득표수가 유효투표총수의 100분의 15 이상인 경우
- 후보자가 지출한 선거비용의 전액
나. 후보자의 득표수가 유효투표총수의 100분의 10 이상 100분의 15 미만인 경우
- 후보자가 지출한 선거비용의 100분의 50에 해당하는 금액
2. 비례대표국회의원선거 및 비례대표지방의회의원선거
- 후보자명부에 올라 있는 후보자 중 당선인이 있는 경우에 당해 정당이 지출한 선거비용의 전액
② 제1항에 따른 선거비용의 보전에 있어서 다음 각 호의 어느 하나에 해당하는 비용은 이를 보전하지 아니한다.
1. 예비후보자의 선거비용
2. 「정치자금법」 제40조(회계보고)의 규정에 따라 제출한 회계보고서에 보고되지 아니하거나 허위로 보고된 비용
3. 이 법에 위반되는 선거운동을 위하여 또는 기부행위제한규정을 위반하여 지출된 비용
4. 제64조 또는 제65조에 따라 선거벽보와 선거공보를 관할 구·시·군선거관리위원회에 제출한 후 그 내용을 정정하거나 삭제하는 데 소요되는 비용
5. 이 법에 따라 제공하는 경우 외에 선거운동과 관련하여 지출된 수당·실비 그 밖의 비용
6. 정당한 사유 없이 지출을 증빙하는 적법한 영수증 그 밖의 증빙서류가 첨부되지 아니한 비용
7. 후보자가 자신의 차량·장비·물품 등을 사용하거나 후보자의 가족·소속 정당 또는 제3자의 차량·장비·물품 등을 무상으로 제공 또는 대여 받는 등 정당 또는 후보자가 실제로 지출하지 아니한 비용
8. 청구금액이 중앙선거관리위원회 규칙으로 정하는 기준에 따라 산정한 통상적인 거래가격 또는 임차가격과 비교하여 정당한 사유 없이 현저하게 비싸다고 인정되는 경우 그 초과하는 가액의 비용
9. 선거운동에 사용하지 아니한 차량·장비·물품 등의 임차·구입·

제작비용
10. 휴대전화 통화료와 정보이용요금. 다만, 후보자와 그 배우자, 선거사무장, 선거연락소장 및 회계책임자가 선거운동기간 중 선거운동을 위하여 사용한 휴대전화 통화료 중 후보자가 부담하는 통화료는 보전한다.
11. 그밖에 위 각 호의 어느 하나에 준하는 비용으로서 중앙선거관리위원회 규칙으로 정하는 비용

2) 선거준비 제대로 하기

앞에서 언급한 것처럼 선거는 그 출마를 결심한 순간부터 후보를 비롯한 가족, 관계자 등의 부단한 노력과 희생을 요구한다. 따라서 제대로 된 준비가 없이 섣불리 선거에 뛰어들었다가는 큰 고통을 당할 수밖에 없다.

그렇다면 이렇게 중요한 '제대로 된 선거준비'는 과연 무엇을 말하는가? 가장 기본적인 선거준비는 우선 본인이 '왜', '무엇을 위해' 선거에 출마하는지에 관한 근본적인 이유를 정립하고, 선거에 출마하는 후보 본인과 경쟁 후보의 강점과 약점을 파악해 전략 수립의 바탕이 되는 자료 수집을 하는 것이다.

그리고 출마하고자 하는 선거구의 특성 및 선거구를 둘러싼 주요 선거환경 분석 또한 기본 준비과정에 필수적으로 포함되어야 한다. 이러한 분석 결과를 바탕으로 출마 여부를 결정하고, 이는 선거과정에서 선거전략 및 전술 수립의 기본 토대가 되기 때문이다.

2. 출마를 결정하기 전 무엇을 준비해야 하나

선거출마를 준비함에 있어 가장 기초적이고 중요한 사항들을 놓치는 경우가 의외로 많다. 바로 본격적인 선거출마 전에 점검해야 할 핵심 사항들을 고려하지 않고 선거에 임하는 것이 그것이다. 내가 선거에 왜 출마하는지에 대한 진지한 성찰과 고민을 하지 않거나, 전체 선거과정에 대한 구체적인 윤곽을 그려보지 않고 선거전에 뛰어든다면 분명 수많은 난관 앞에서 흔들릴 수밖에 없을 것이다. 그렇기에 선거출마를 생각한다면 이미 같은 길을 걸어갔던 전문가의 조언에 귀 기울일 필요가 있다. 여기서 체크포인트로 제시된 사항은 모두 소중한 경험에서 우러나온 것으로 어느 하나 소홀히 여겨서는 안 될 것이다.

가. 선거에 '왜' 출마하려 하는가

선거에 출마하기 전 무엇보다 본인이 선거에 '왜' 출마하려 하는지, 즉 '출마 이유'를 명확하고 확실하게 정립하는 것이 매우 중요하다. 출마 이유는 후보 및 선거캠프를 정신적으로 무장할 수 있게 하는 힘이 될 뿐만 아니라 이후 선거과정에서 후보의 메시지와도 직결되기 때문이다.

그리고 선거에 입후보하려는 자는 '왜' 자신이 선거에 출마하는지 '간결하게' 정리하여 이를 언제 어디서 누구를 만나든지 자신 있게 제시할 수 있어야 한다. 아울러 이러한 과정을 지속적으로 반복해야만 메시지가 효과적으로 전달된다는 사실도 명심해야 한다. 이렇게 정립한 출마의 변은 전체 선거과정에서 일관성을 갖고 흘러가는 큰 물줄기가 되어야 하며, 이후 후보의 선거 메시지와도 일맥상통하게 연결될 수 있어야 한다. 잘 다듬어진 출마의 변은 곧바로 선거 운동의 명분으로 이어지고, 지지자들을 모으고 그들의 사기를 끌어 올리는 강력한 무기가 된다.

출마의 변을 작성할 때에는 후보자의 이미지 메이킹과 홍보 캐치프레이즈를 어떻게 가져갈 것인가 하는 점도 염두에 둔 내용이 들어가야 한다. 이미지란 다른 사람의 시각에서 나를 떠올리게 하는 어떤 것을 말한다. 그럼 나는 어떤 이미지를 생성해 낼 것인가? 유권자가 원하는 형상을 정확히 파악하여야 한다. 유권자가 원하는 형상이 아닌 다른 이미지를 생성해 낸다면 유권자들의 반응은 냉담할 것이고, 그러면 선거는 실패할 수밖에 없다.

예를 들어 현직에 있는 사람이 각종 비리에 연루된 의혹을 받고 있는 상황이라면, 유권자는 좀 더 투명하고 깨끗한 사람

> **tip** 케네디 상원의원의 실패사례
>
>
> CBS 앵커 로저 머드와 인터뷰 중인 케네디 상원의원
>
> 1979년 미국 대선의 예비경선 참여를 선언한 에드워드 케네디(Edward M. Kennedy) 상원의원이 CBS 토크쇼에 출연하였다. 당시 사회자가 "왜 대통령이 되려 하십니까? (Why do you want to be president?)" 라고 질문하였을 때 케네디 상원의원은 당황하며 즉답을 하지 못했고, 이에 큰 타격을 입은 케네디의원은 결국 대선 출마의 꿈을 접고 말았다. 이 사건은 지금까지 '왜 선거에 출마하는지'의 중요성을 보여주는 대표적인 사례로 꼽히고 있다.

을 원할 것이다. 그렇다면 해답은 나의 이미지를 참신하면서도 도덕적인 인물로 만들어 내는 것이다. 즉, 이러한 이미지에 부응하도록 캐치프레이즈와 슬로건도 참신하고 깨끗한 이미지를 강조하는 문구를 의도적으로 선택하여야 할 것이다.

나. 이것만은 반드시 짚고 넘어가자

로널드 A. 포첵스(Ronald A. Faucheux)는 25세에 전미 최연소 루이지애나 주 하원의원이 되었고 이후 미국 대선에서 빌 클린턴의 핵심 선거참모로 활동한 정치컨설턴트이다. 선거천재라 일컬어질 정도로 실제 선거에서 뛰어난 역량을 보여준 그는 《정치캠페인 솔루션》이라는 자신의 저서에서 출마 전에 반드시 점검해야 할 6가지 사항을 꼽고 있다. 이하에서는 체크포인트의 핵심적인 내용을 요약·정리하여 제시하고자 한다. 이는 선거출마를 준비하고자 하는 모든 이들에게 유용한 참고사항이 될 것이다.

첫째, 자신이 출마하고자 하는 본질적인 이유는 무엇이며,

선거천재 포첵스

본인이 공직에 나가서 하고 싶은 일이 진정 무엇인가에 대해서 정립해야 한다. 만약 공적인 것이 아닌 지극히 사적인 이유, 예를 들어 '그동안 돈은 많이 벌어 봤으니 이제 정치나 해볼까?' '이제 더 늦기 전에 의원님 소리 한 번 들어봐야지' 등과 같은 동기에서 선거에 도전하는 것이라면 그 과정을 끝까지 완주하기 힘들다.

둘째, 내가 선거에 당선이 된다면 그렇지 않을 때보다 얼마나 다른 성취를 이룰 수 있는가에 대해 반드시 짚어 보아야 한다. 내가 이제까지 하던 일을 접고 뛰어든 정치의 현장에서 공공의 이익을 위해 내가 꼭 이루려고 하는 것이 무엇이며, 이를 통해 또 다른 성취감을 느낄 수 있을지 스스로 판단해 보라는 것이다.

셋째, 선거에 자신의 모든 물적·시간적 에너지를 쏟을 수 있는지 확인해야 한다. 이 과정에서 필수적으로 수반되어야 할 과제는 선거자금을 확보할 수 있는지와 조달 가능한 선거자금 액수를 구체적으로 확인하는 것이다. 이때 단순히 막연하게 추정하면 안 된다. 실제로 운용 가능한 선거자금을 가늠해 보고 이에 따른 구체적인 지출 계획도 사전에 시험적으로라도 수립해 봐야 한다.

넷째, 지금이 선거에 출마할 적당한 시기인지, 본인이 과연 당선 가능한지 객관적으로 판단해야 한다. 선거라는 것은 의욕만 가지고 치르는 것이 아니다. 지금이 출마하기에 가장 좋은 때인가? 상대에게 패할 가능성은 없는가? 이러한 물음에 대해 여론조사, 정당의 공천 가능성 등을 토대로 스스로 냉정하게 판단해 보고, 객관적인 시각을 가진 제3자의 의견도 열린 마음으로 수용해야 할 것이다.

다섯째, 내가 과연 승리에 대한 자신감을 어느 정도 가지고 있느냐를 항상 반문해 보아야 한다. 자신감이야말로 선거 승리의 가장 큰 무기라고 할 수 있다. 스스로가 자신감을 가지지 못한 채 어떻게 남을 설득할 수 있을 것인가? 자신의 지지자들과 캠프 관계자들이 선거를 치러낼 수 있는 가장 큰 원동력은 바로 후보자 본인의 승리에 대한 자신감에서부터 시작된다는 사실을 명심해야 한다.

여섯째, 선거과정에서 비난과 매도당하는 것을 감내할 수 있으며, 가족의 고통까지 감당할 수 있는가? 아울러 앞서 '선거 후유증' 사례에서 볼 수 있듯이 선거 실패에 따른 심적·물적 고통을 감당할 수 있을지 냉철하게 판단하여 결정하여야 한다. 그리고 당선되었을 경우 포기해야만 하는 자신의 생업과 이에 따른 소득 감소 등의 고충과 어려움 등에 대해서도 진지하게 고민해 보아야 한다.

다. 선거관리위원회를 적극 활용하자

1) 선거의 심판, 선거관리위원회

선거는 정해진 규칙 하에서 치러지는 일종의 경기(game)이다. 이 경기에 참가하는 선수들은 바로 선거에 출마한 후보들이고, 정해진 규칙은 「선거법」, 「정당법」, 「정치자금법」 등의 정치관계법규라 할 수 있다. 그리고 선거관리위원회(이하 '선관위'라 한다)는 선거라는 경기의 심판으로서 법규를 공정하게 적용하고 집행하는 역할을 수행한다.

경기에 임하는 선수들이 갖추어야 할 자세는 규칙을 지키고 심판의 판정을 따르는 것이다. 이와 마찬가지로 선거에 출마하는 후보들의 기본 덕목은 선거법을 준수하고 선관위의 결정을 존중하는 것이라 할 수 있다.

선관위는 기본적으로 선거의 심판으로서 제반 선거과정을 규제하는 독립적인 규제위원회의 성격을 지니지만, 한편으로 선거와 관련된 각종 행정서비스를 제공하는 행정기관이기도 하다. 따라서 출마를 준비하고자 한다면 선관위가 어떤 부분을 제한하는지 또한 어떤 행정서비스를 제공하는지 잘 알고 있어야 선거를 치르기가 한결 수월하다.

2) 선거관리위원회 활용하기

선관위가 제공하는 행정서비스의 활용 방안을 구체적으로 알아두면 선거를 잘 치를 수 있다. 이제부터 그 활용 방안을 몇 가지 소개하고자 한다.

첫째, 중앙선관위 홈페이지(www. nec. go. kr)를 적극적으로 활용하는 방안이다. 중앙선관위 홈페이지에는 분야별 정보, 통합자료실 등 선거와 관련하여 유용한 정보를 얻을 수 있는 다양한 콘텐츠가 있다. 특히 분야별 정보 코너에는 그동안의 정치관계법 질의, 판례 및 선거와 관련된 방대한 자료가 체계적으로 데이터베이스(database) 되어 있어 누구나 편리하게 검색하여 활용이 가능하다. 이러한 각종 자료를 선거가 본격적으로 시작되기 전에 미리 시간적 여유를 갖고 살펴보고 분석해 놓으면 이후 선거과정에서 아주 큰 도움이 된다. 만약 보다 구체적인 해석이 필요하거나 새로운 사안이 발생한다면 선관위에 질의하여 더욱 상세한 답변을 얻으면 된다.

둘째, 선관위가 주최하는 각종 설명회에 참석해야 한다. 특

중앙선관위 홈페이지

히 선거를 앞두고 일선 구·시·군 위원회 및 시·도 위원회가 개최하는 입후보 안내 및 선거법 설명회 등은 반드시 참석해서 관련 정보를 얻어야 한다. 이러한 설명회에서는 선거에 출마할 예비후보 및 관계자들에게 실질적인 도움을 주고자 입후보등록 절차 및 정치관계법 등 선거를 치르기 위해 필수적으로 알아야 할 사항을 조목조목 안내해 준다. 간혹 이런 설명회의 가치를 소홀히 여겨 아예 참석조차 하지 않는 (예비)후보와 선거사무관계자들이 있는데, 이는 결코 바람직한 모습이 아니다.

아울러 선관위가 배부한 각종 책자 등 자료를 제대로 활용해야 한다. 실제 본격적으로 선거가 시작되었음에도 불구하고 책자에 명시된 기본적인 내용조차 알지 못해 뒤늦게 선관위로 문의하며 아까운 시간과 노력을 허비하는 선거캠프가 있다. 한정된 선거자원을 효율적으로 사용하기 위해서라도 선관위의 자료를 사전에 꼼꼼히 살펴보고 효과적으로 활용해야 할 것이다.

셋째, 선관위와 친하게 지내는 것이 좋다. 후보와 선거캠프 관계자들이 좋든 싫든 선거현장에서 가장 빈번히 마주쳐야 할 사람들은 선거를 관리하고 불법선거운동을 감시하는 해당 지역의 선관위 직원과 공정선거지원단이다. 선거과정에서 선관위는 후보와 선거사무관계자들에게 기본적으로 선거절차 사무 등을 안내하는 역할을 하고, 더불어 공정한 선거관리를 위한 예방·감시·단속 활동을 한다.

그렇기에 후보는 선거운동 과정에서 선거에 관한 규제나 제한을 받을 경우 선관위가 마치 방해꾼으로 여겨질 수도 있을 것이다. 특히 선거가 치열해질수록 선관위에 대해 공격적이고 적대적인 태도를 보여 상황을 어렵게 만드는 후보와 선거사무관계자들이 있다. 그러나 선관위에서 제한·제재를 할 때는 분명 선거법이 허용하는 범위를 넘어서는 등의 문제가 있기 때문임을 이해해야 한다. 이러한 제한·규제는 공정한 선거관리를 위한 정치관계법 집행이라는 선관위 본연의 의무에서 비롯된 것이지만 동시에 후보자를 보호하기 위해서라는 점도 명심해야 한다.

정치든 선거든 결국은 모두 사람이 하는 일이다. 선거법을 집행하고 적용하는 선관위도 그 조직 내부에는 사람들이 있는 것이다. 그렇기에 후보와 선거사무관계자들이 선관위에 부담 없이 정치관계법을 문의하며 상호 협력·신뢰관계를 형성하는 것은 선거를 잘 치르기 위해 매우 중요한 일이다. 평상시나 선거를 앞두고 선관위가 주최하는 각종 설명회와 교육 등을 이용하여 궁금한 사항들을 해결하고 선거와 관련된 정보를 공유하는 네트워크를 형성하도록 하자.

신속한 대응이 중요하다!

선거를 치르다 보면 후보와 선거사무관계자들은 선거법 위반 혐의나 기타 여러 가지 이유로 선관위의 출석 요청을 받을 때가 있다. 이때는 되도록 신속하게 선관위 조사에 응해야 유리하다. 이유 없이 차일피일 약속을 미루는 후보와 선거사무관계자들이 많은데, 이 경우 오히려 본인들에게 불리한 자료와 정보가 수집될 수 있는 기회가 될 수도 있음을 알아야 한다. 또한 시간이 촉박한 선거 때 자칫 걸림돌이 될 수 있는 사안을 빨리 해결하지 못한다면 나중에 오히려 더 큰 문제가 될 수 있다는 사실을 명심해야 한다.

라. 최적의 선거 길잡이 - 전문가의 조언은 필수다

선거환경은 시시각각 변한다. 선거에 영향을 미치는 정치상황은 항상 유동적이며, 사회 환경은 날로 급변하고 있다. 특히 최근에 IT기반의 소셜 네트워크 서비스(Social Network Service : SNS) 확대는 사회의 새로운 패러다임이자 선거환경 변화의 핵심으로 떠오르고 있다. 이와 같이 선거환경이 급변하는 상황에서는 아무리 경험이 많은 노련한 후보라 할지라도 혼자서 모든 선거정보를 분석하여 선거에 활용하기란 거의 불가능하다. 따라서 현대 선거에서는 형식에 구애됨이 없이 선거에 관한 전문가들의 도움과 조언이 필수적이다.

　선거에서 전문성을 가장 필요로 하는 분야는 대체로 여론조사, 홍보, 선거전략 수립, 이 세 가지라 할 수 있다.[3] 이 분야에서는 다양한 선거정보를 바탕으로 한 선거상황의 객관적·과학적 분석이 중요하기 때문에 후보와 선거캠프만의 노력으로 타당한 결과를 얻기 어렵다. 뿐만 아니라 결과를 얻기 위해 투

---

3) 로널드 A. 포젝스, 전광우 역, 2010, 〈정치캠페인 솔루션〉, 33쪽, 나남

입되는 시간과 노력이 너무 과중할 수 있어 비효율성의 문제가 나타난다. 따라서 이러한 경우 전문가의 힘을 빌리는 편이 더욱 효율적이다.

세 가지 분야 가운데 특히 여론조사는 선거 때 반짝 경기를 노리고 급조되었거나 경험이 일천한 신생 업체에 의뢰할 경우 전문성이 떨어져 신뢰성, 객관성, 정확성이 담보되지 않으므로 반드시 선거경험과 노하우가 축적된 업체에 맡겨야 한다. 왜냐하면 여론조사는 그 목적이 무엇이든지 간에 조사 설계부터 결과 분석까지 정밀하고 정확하게 이루어져야 하기 때문이다. 현재 여론의 향방을 파악하고 향후 추이까지 정확히 분석할 수 있는 전문 업체를 그간의 평판, 이력 등을 다각적으로 검토하여 최적의 업체를 선정해야 한다.

마찬가지로 홍보 및 선거전략 수립에 있어서도 전문가의 역할이 중요하다. 법정선거운동방법의 테두리 내에서 상대 후보보다 더욱 효과적인 선거운동 방법을 고안해 내고, 후보의 선거구 및 정치상황에 부합하는 올바른 선거 전략을 수립하는 데에는 전문성이 중요하게 작용하기 때문이다.

마. 선거를 잘 치르기 위한 자료 찾기

1) 구슬이 서 말이어도 꿰어야 보배

선거를 잘 치르기 위해 구슬처럼 소중한 자료와 전략을 아무리 많이 모아도 이를 제대로 꿰어 활용하지 못하면 보배가 될 수 없다. 그렇다면 구슬을 잘 꿰는 방법은 무엇일까? 가장 기본적이며 중요한 방법은 자료를 체계화시켜 '문서화'하는 것이다. 조셉 나폴리탄(Joseph Napolitan)이 '문서화되지 않은 전략은 아무 것도 없는 것과 같다'라고 말한 것처럼 선거에서 문서화는 매우 중요하다. 많은 돈과 시간, 노력을 들여서 수집한 정보와 자료를 과학적으로 분석하고 이를 선거 전략에 최대한 반영하여 활용하기 위해서는 문서화가 지속적으로 이루어져야 한다.

또한 종이 문서로만 관리하기 보다는 디지털 문서화(전자파일)하는 방법을 통해 자료정리를 해야 이를 더욱 효과적으로 활용할 수 있다. 처음 수집한 자료와 이를 토대로 한 선거전략 등은 선거환경과 각종 상황 변화에 따라 수정·보완되어야 하는데, 이 경우 종이 문서보다는 디지털 문서화되어 있어야 더욱 편리하게 관리할 수 있다. 그리고 이러한 선거환경 등 변화에 발맞추어 선거캠프에 전담 인력을 배치하여 정보의 업데이트 및 지속적인 관리를 맡긴다면 더 효율적인 자료운용이

효과적인 자료 정리법과 사례

■ 수집한 자료는 활용하기 쉽게 잘 정리되어야 한다. 가장 기본적인 자료 정리 방법은 '분류화(categorizing)'이다. 분류화란 수집된 자료를 일정한 기준에 따라 나누어 정리하는 것을 말하는데, 체계적인 분류화는 필요한 자료를 신속하게 찾아 바로 활용할 수 있게 해준다.

■ 연고자 명단 관리 사례
- 연고자들의 이름, 직함, 연락처, 이메일 주소 등은 가장 기본적인 자료로 이들에게 주기적으로 전화를 걸거나 이메일을 보내는 등 꾸준한 관심을 표명하여 관리를 할 수 있도록 해준다.
- 확보된 명단과 이들의 정보는 엑셀 프로그램 등을 이용하여 데이터베이스화 한다. 초기에는 기본적인 정보만 관리대상이 되지만 점차 데이터베이스화에 필요한 항목을 확대시켜 나가야 한다. 즉 활동단체, 성향, 특이점, 관련인 등 선거에 필요한 정보까지 확장시켜 데이터베이스화 하는 것이다. 그리고 선거에 있어 나를 얼마나 지지해줄지 분류화하여 체계적으로 관리해 나가야 향후 조직 운영에 큰 도움이 될 수 있다.

이루어질 것이다.

2) 어떤 자료와 정보에 주목해야 하는가?

어떤 선거에 출마할 것인지, 후보가 처한 상황이 어떠한지에 따라 필요한 정보와 자료는 각기 다르다. 사실 어떤 형식의 정치정보이든 선거에 유용[4]하겠지만, 출마하려는 선거가 지역구 국회의원 선거, 지방자치단체장 선거, 지방의원 선거 가운데 어느 것인지에 따라 필요한 정보는 많이 다를 것이다. 또한 후보가 선거 경험이 풍부한지 혹은 그 지역 사정에 밝은 사람인지 그렇지 아니한지에 따라 수집해야 할 자료는 분명 차이가 있다.

그렇기에 자료에 대한 선택과 집중이 필요하다. 수많은 자료 중 무엇을 취사선택할지 몰라 우왕좌왕하는 일이 있어서는 안 된다. 따라서 최우선적으로 자료와 정보를 필요로 하는 목적이 무엇인지 명확하게 인식해야 시간과 노력을 절감할 수 있다. 자료수집 목표가 명확하게 정해졌다면 그 이후에는 열심히 관련 정보를 모아야 한다. 이러한 정보 수집은 본 선거가 시작되기 전에 이미 마무리되어야 할 작업이므로 시간과 노력 대비 최대한 결과를 얻을 수 있도록 노력을 기울여야 한다.

더불어 자료 수집에 있어 꼭 명심해야 할 점은 자료와 정보 자체가 중요한 것이 아니라는 사실이다. 선거 승리라는 목적에 제대로 부합하는 정보와 자료를 효율적으로 취득하고, 이를 과학적으로 분석하여 올바른 선거 전략을 도출해내는 것이 궁극적인 목표임을 항상 염두에 두어야 한다.

---

[4] 조셉 나폴리탄, 김윤재 역, 2003, 〈정치컨설턴트의 충고〉, 185쪽, 리북

마지막으로 절대 잊지 말아야 할 것은 정보 보안을 철저히 지켜야 한다는 점이다. 보안 유지는 당락을 좌우할 수 있을 정도의 핵심 요소임을 명심해야 한다. 선거캠프 및 선거사무관계자들에게 반드시 정보 보안에 대한 교육을 하고, 늘 보안 유지의 중요성에 대하여 주지시키는 것이 중요하다. 그리고 핵심 정보에 접근할 수 있는 인력을 제한적으로 관리하는 것도 보안유지에 중요한 방법이 될 수 있다.

자료수집사례 : 무엇을? 왜? 어디서?

■ **투표율 및 득표율 파악**
- 의의(what) : 해당 선거구의 연령별, 성별, 지역별 투표율 및 정당별 득표율을 파악하고 그 추이 및 특성을 분석한다.
- 목적(why) : 유권자와 선거구의 투표성향 분석을 통해 보다 효과적인 선거 전략과 선거메시지, 선거운동 방법을 개발할 수 있다.
- 자료(how) : 선관위가 발간하는 선거총람, 중앙선관위 홈페이지의 역대선거정보시스템 등을 통해 관련 자료를 확보할 수 있다.

■ **지역쟁점 파악**
- 의의(what) : 출마할 선거구의 지역적 현안이 무엇인지, 이 현안이 갖고 있는 이해관계는 무엇인지 등을 다각적으로 분석한다.
- 목적(why) : 이슈 선점 및 공약 개발을 위해서는 유권자들의 이해관계와 직접 맞물리는 지역 현안 및 쟁점을 정확하게 파악해야 한다.
- 자료(how) : 지역행정 관공서 자료, 지방의회 속기록, 지역 실태조사 보고서, 도시연감, 중앙 및 지역 신문, 각종 문헌, 지역유권자 인터뷰, 지난 선거 홍보물, 의정보고서 등이 주된 자료 확보 수단이 된다.

3. 나는 누구이며
   누구와 싸워야 하는 것인가

선거는 나와 상대 후보의 경쟁 구도 속에서 치러진다. 따라서 나 자신과 경쟁 상대에 대한 철저하고 다각적인 분석과 객관적 평가가 먼저 이루어져야만 이를 바탕으로 제대로 된 선거 메시지를 개발하고, 효과적인 선거운동 방법을 고안할 수 있다. 이 분석 절차는 정확한 선거 전략을 수립할 수 있는 토대가 됨과 동시에 궁극적으로 선거과정의 오류를 감소시킬 수 있는 수단이 된다는 점에서 매우 중요하다.

가. 나는 어떤 사람인가

1) SWOT 분석

선거에 출마하고자 하는 결심을 굳혔다면 우선 내가 누구인가에 대한 분석을 하고 이를 정리해 두어야 한다. 신상, 경력, 학력 등 자신에 관한 가장 기초적인 정보는 두말할 나위도 없이 우선적으로 챙겨야 할 것이고, 그 외에 보다 심층적인 분석이 필요하다. 이러한 심층 분석에 가장 유용하게 사용하는 방법은 바로 'SWOT 분석'이다. SWOT 분석방법은 원래 경영학의 마케팅 기법에서 나온 것으로 기업의 내부 환경을 분석하여 강점(strength) 과 약점(weakness)을 발견하고, 외부

〈SWOT 분석의 구체적인 사례〉

S (강점)	W (약점)
· 언론사 기자 및 CEO 경력 · 이미지(겸손, 소탈, 성실함) · 철저한 선거구 분석 ☞ 상대 후보에 비해 우월한 나의 강점을 크게 부각시켜 유권자에게 긍정적 이미지를 심어주고 나아가 득표로까지 직결시킬 수 있는 방안을 모색해야 함.	· 상대적으로 낮은 인지도 · 다소 세련되지 못한 외모 · 노조 위원장 경력 ☞ 후보의 약점으로 공격받을 수 있는 사항을 다각적으로 찾아내어 사전 방어책을 강구하고, 경쟁 후보가 약점을 공격하거나 쟁점화할 경우 이에 대해 역공할 수 있도록 대비해야 함.
O (기회)	T (위협)
· 제시한 공약이 지역 이슈화(시류) · 열성 지지층 존재 · 미디어에의 노출 빈도 증가 추세 ☞ 선거환경에서 유리한 요인이며 후보가 통제하기 어려운 외부 변수임. 기회요인을 잘 포착하고 이를 유리하게 이용하기 위해서는 끊임없이 선거환경을 관찰하고 분석해야 함	· 상대 선거캠프의 탄탄한 조직력 · 여당 후보로서 상대 후보의 위치 (선거구도) · 상대 후보의 이미지(엘리트, 유능함) ☞ 그 영향력을 줄이거나 회피해야 하는 불리한 선거환경 요인으로 후보가 통제할 수 없는 변수임을 전제하고 최대한 그 불리한 영향력을 축소시키려는 노력이 필요함

환경을 분석하여 기회(opportunity)요인을 활용하고 위협(threat)요인에 대응하여 이를 토대로 경영 전략을 수립하는 것으로서 여러 분야에 응용되고 있다.

SWOT 분석방법은 선거에 출마하는 자신 및 경쟁 후보의 경력, 평판, 지지기반, 성향을 비롯하여 강점과 약점을 분석할 수 있게 하는 기본적 분석틀이 된다. 이는 자신의 강점을 부각시키고, 약점을 보완하며, 외부의 위협 요인에 대해 방어하면서 역공을 준비할 수 있게 해준다.

2) 진실과 스토리텔링

SWOT 분석에서 특히 중요한 것은 분석 과정에서 나온 모든 정보와 특성이 바로 '진실'을 바탕으로 해야 한다는 것이다. 진실을 토대로 자신의 모든 점을 분석해야 올바른 선거 전략이 나오고, 진정성 있는 선거를 치를 수 있기 때문이다. 지난 몇몇 선거에서 위조한 대학졸업증명서를 제출했던 후보가 당선이 거의 확실시되었던 기회를 허무하게 놓쳐버렸을 뿐만 아니라 검찰에 고발까지 된 경우도 있었다. 그리고 이와 유사한 사례는 각 선거마다 찾아볼 수 있다는 점에서 각별히 유념해야 할 대목이다.

그리고, 이러한 분석을 바탕으로 '나만의 스토리텔링(storytelling)'을 준비해 두는 것도 선거승리에 중요한 요소가 될 수 있다. 스토리텔링은 사전적으로 '이야기를 들려주는 활동, 이야기가 담화로 변하는 과정'을 의미한다. 오늘날 스토리텔링은 마케팅 기법을 비롯하여 각종 분야에 활발하게 이용되고 있는 기법이다. 최근 유행하는 말로 성공하는 기업에는 스토리텔링이 있듯이 성공하는 정치인에게는 스토리텔링이 있다. 훌륭한 스토리텔링을 할 수 있는 후보가 선거에 훨씬 유리한 시대가 온 것이다. 미국 컬럼비아대 교수인 사이먼 샤마(Simon M. Schama)는 《미국의 미래》라는 책에서 '미래의 미국 대통령은 스토리텔러일 것'이라고 하였는데, 이러한 예견은 오바마의 당선으로 정확히 맞아들었다. 좋은 스토리텔링을 만들었으면 이를 구전을 통해서 혹은 선거운동 과정에서 반복하는 것이 중요하다.

나. 나의 상대방은 누구인가 - 적을 알아야 이길 수 있다

선거에서 나와 대결할 가능성이 높은 출마예상자들을 사전에 파악하고 이들에 관해서 정보를 수집하고 분석해야 한다. 만약 내가 현역 의원인 경우에는 임기 동안 본회의, 상임위원회의 속기록, 중앙이나 지역 언론에 보도된 사례, 지난 선거의 홍보물, 선거구 여론주도층의 평판, 나를 반대하는 평판 등에 대해 다각적으로 정보를 수집하고 분석한다. 이를 토대로 나와 비교해서 상대방 예상 출마자들이 갖고 있는 장점과 단점 등이 무엇인지 정확히 알아내면, 나의 상대적 강점과 약점도 쉽게 찾아낼 수 있다.

또한 상대방을 분석한 결과를 통해 선거 전략을 유추해 보고 나는 어떻게 대응해 나갈 것인지에 관한 전략을 구상하는 것도 매우 중요하다. 적을 알아야 이길 수 있듯이 선거에서도 상대방이 누구인지 알고 있어야 승리할 가능성이 높아진다.

경쟁 상대방에 대한 심화 분석은 나에 대한 분석과 마찬가지로 SWOT 분석방법을 유용하게 이용할 수 있다. SWOT 분석을 통해 도출된 상대방의 장점과 단점, 기회요인과 위협요인은 곧 나의 선거전략 수립과도 직결되는 핵심 사항들이다.

나에 대한 분석과 마찬가지로 상대방에 대한 정보 수집과 분석도 선거가 본격적으로 시작되기 전에 미리 완료되어야 할 절차이다. 그리고 아무리 괜찮은 정보라도 시의적절하게 사용되지 못하면 무용지물이 된다는 사실 또한 잊지 말아야 한다. 선거에서 자료와 정보는 현명하고 지혜롭게 사용하여야 한다.

tip 경쟁 상대 분석 단계

■ **기본 단계**
- 경쟁 후보의 기본적인 정보를 수집하여 상대방이 어떤 사람인가를 개략적으로 파악함.
- 필요한 정보
  · 나이, 출신 지역, 학력, 경력과 같은 기본적인 신상 명세를 파악함.
  · 실적, 평판 등 경쟁 후보의 개략적인 특성을 가늠할 수 있는 자료를 수집함.

■ **심화 단계 – SWOT 분석**
- 경쟁 상대방에 대해 보다 심화된 분석
- 필요한 정보
· 상대방이 갖고 있는 강점과 약점
· 선거 환경과 관련된 상대방에의 기회 요인, 위협 요인

다. 기본이 튼튼해야 이긴다

선거는 유권자의 마음을 얻는 것으로, 유권자의 마음이란 곧 '표'로서 나타난다. 즉, 선거란 유권자의 '표'를 얻기 위한 일종의 게임인 것이다. 이러한 게임에서 이기기 위해서는 우선 기본기부터 갖추어야 한다. 선거에도 기본이 있으며, 기본기가 탄탄한 후보자일수록 당선이 될 확률이 높아진다.

선거는 그 전개 과정이 굉장히 과학적으로 이루어진다. 시작 단계에서 벌써 기본적인 상황을 분석하기 위해 과학적인 조사 기법을 사용하며, 유권자들의 표심을 정확히 파악하고 움직이기 위해 심리적인 요인들까지 끌어들여 분석한다. 그 다음 단계로는 유권자들과의 소통을 위한 메시지를 구체적인 슬로건으로 만들어 내어야 한다. 이런 단계별 과정을 모두 충실히 밟아 나갈 때 비로소 후보자는 당선이라는 열매를 얻게 된다. 바로 이런 과정 하나하나가 선거에서의 '기본'에 해당된다. 운동선수가 기본기가 부족하면 결코 경기에서 이길 수 없듯이 선거 역시 마찬가지이다. 기본에 충실하고, 기본이 튼튼해야 이길 수 있다.[5]

한편, 선거일이 임박해 오면 입후보자들은 지푸라기라도 잡고 싶은 심정이 되기 마련이다. 그 조급함 때문에 후보들은 안간힘을 쓰면서 소위 말하는 '한 건'을 생각하지 않을 수 없게끔 되지만, 그것은 전혀 현실성이 없는 얘기다. 그래서 후보들에게 간절한 것이 '바람'이다. 특히나 평소에 사전 기초 다지기를 하지 않았던 후보에게는 더욱 그렇다. 평소 열심히 그 작업을 해 두었던 후보들에게 부는 바람은 결실을 도와주는 바람이 된다. 하지만 기초 다지기는 하지 않은 채 바람만 불기만을 기다려왔던 후보들에게 있어 바람은 그냥 환상에 불과할 뿐이다.

나에게 불리하게 부는 바람도 마찬가지이다. 열심히 기본기를 쌓아 왔던 후보들에게는 여기저기에서 위로의 말들이 쏟아질 것이고, 우리 편의 결속은 더욱 공고해진다. 그러나 그렇지 못했던 후보자에게는 주변에서 비난의 소리만이 날아들

---

5) 변홍철, 2018, 〈편집자 기획노트-선거, 버려야 이긴다〉, 출판저널 503호

것이고, 그것은 전열을 제대로 정비하지 못할 정도의 피해로 선거 조직을 황폐하게 만들 것이다.[6]

☞ 선거법에 저촉되지 않는 사전 기초 다지기

■ 공직선거법에서 허용하는 사전 행위에는 어떤 것이 있을까?
- √ 자선사업을 주관·시행하는 국가기관이나 법인·단체에 후원금품이나 물품을 제공
- √ 선거구내 의경이 근무 중인 기관이나 군부대를 방문하여 위문금품을 제공
- √ 명절이나 기념일 등에 의례적인 인사말을 문자메시지, SNS를 이용해 음성·화상·동영상을 포함하는 문자메시지를 자동 동보통신의 방법으로 전송
- √ 정당이 선거기간이 아닌 때에 정당·입후보예정자를 지지·추천·반대함이 없이 자당의 정책이나 정치적 현안에 대한 입장을 홍보하는 인쇄물을 거리에서 배부

■ 문자메시지, SNS, 인터넷 홈페이지 등을 이용한 선거운동에 기간 제한이 있을까?
- √ 선거운동을 할 수 있는 사람이라면 선거일을 포함하여 언제든지 문자메시지, 전자우편, 인터넷 홈페이지, SNS를 이용하여 선거운동을 할 수 있다. (공직선거법 제59조 2항, 3항)

---

6) 세상모든소통연구소, 2018, 〈선거 칼럼 1-지역선거의 특징과 경향〉

4. 전투에서 지더라도
   전쟁에서는 이겨라

앞에서도 언급했듯이 선거에 투자되어야 할 비용은 만만치 않다. 선거자금 조달에 대한 충분한 고려 없이 출마를 결심했다가 선거운동 기간은 물론이고 선거 이후에도 고통을 겪는 후보들이 의외로 많다. 그렇지만 이것보다도 훨씬 더 아픈 일이 있다. 바로 사람을 잃는 것이다.

가. 스스로 몸을 낮추어라

이왕 선거에 나섰다면 무조건 승리하여야만 한다. 하지만 전투에서는 지더라도 전쟁에서는 이겨야 함을 꼭 명심하자. 우리 주변에는 선거에서 이겼지만 정치에서 지는 후보를 종종 보게 된다. '정치에서 졌다'는 의미는 선거과정에서 사람을 잃어버리는 잘못을 범했다는 뜻이다. 선거는 자리와 명예 이외에 사람도 모여들게 해주지만, 반대로 그간 쌓아 온 모든 인간관계를 한꺼번에 무너뜨리게 할 수도 있다.

만에 하나 선거에서 패배한다 할지라도 사람을 잃고 싶지 않다면 스스로 몸을 낮추고 솔선수범해서 뛰어야 한다. 남보다 앞장서서 행동함으로써 몸소 다른 사람의 본보기가 되어야 한다. 참다운 권위와 강력한 지도력은 지도자의 솔선수범과 도덕성에서 나온다는 사실을 잊어서는 안 된다.

삼국지에 나오는 영웅 중에서 조조는 아주 특징적인 방식으로 자녀들을 교육시켰다고 전해진다. 그는 자식들의 재능과 능력을 길러주는 교육뿐 아니라 엄격한 교육 방법도 활용했는데, 자신의 솔선수범을 통해 몸소 자식들을 가르쳤다는 것이다. 조조는 이러한 자세를 자신의 생활과 전투에도 그대로 실천했다. 일상생활에서는 검소를 강조하면서 스스로 모범을 보였고, 전투에 임해서는 결코 뒷전에서 지휘하거나 부하에게 맡기는 법이 없이 직접 앞장서서 말을 타고 검을 휘둘렀다고 한다.

이처럼 나를 낮추고 모범을 보이면서 다른 사람을 대하게 되면, 실수는 줄어들고 감동은 커지는 것이 세상의 이치이다. 오만하게 굴면 상대방은 멀어지고, 스스로 낮추면 낮출수록 존경을 받게 된다. 지시나 명령이 아니라 스스로 솔선수범의 자세를 보여주어 사람의 마음을 얻는 것, 이것이 리더십의 가장 중요한 핵심이다.

선거전에서도 마찬가지이다. 스스로를 낮추며 모범을 보이는 리더십을 지녀야 사람을 잃지 않는다. 선거라는 험한 길에 나선 후보자들은 대체적으로 자기주장이 강하고 공격적 성격의 소유자일 가능성이 많아서 전문가나 참모들의 조언을 경시하는 경향이 있다. 여기에다 권위주의와 엘리트 의식 등 시대착오적인 마인드에 젖어 있는 후보라면 전쟁에서도 지고 전투에서도 질 수밖에 없다.[7]

나. 사람이 정치적 자산이다

사람을 움직이는 훌륭한 정치인에게 변치 않는 덕목이 있다면 굳건한 정치적 소신, 정의로운 명분, 그리고 동지적 의리이다. 이 세 가지 중 어느 하나를 잃게 된다면 이번 선거는 물론이고, 다음 선거에서도 엄청난 타격으로 다가오게 된다. 선거에서도 지고 자신의 정치적 기반인 사람마저 잃게 된다면 그 다음의 정치적 입지도 기대하기 어렵다. 그러나 이 세 가지를 모두 얻은 사람이라면 그 정치적 위상은 반석 위에 있다고도 할 수 있다. 다시 말해, 나의 이번 패배에도 불구하고 여전히 나의 정치적 이념, 소신, 명분을 응원해주는 지지자들이 있다면 그 사람의 정치적 재기는 빠른 시일 내에 회복이 가능하다는 것이다. 정치를 잘 하려면 이번 선거에서 비록 지는 한이 있더라도 다음 선거까지 염두에 두고 늘 자신의 행보에 신중

---

7) 이 부분은 김창남, 2016, 〈선거캠페인의 핵심원리〉, 「성공적인 후보자」를 참조했다.

을 기해야만 한다.[8] 과거는 물론 현재에도 뛰어난 인물로 평가받는 정치인들의 경우, 자신의 정치적 소신이 옳다고 판단되면 패배가 눈에 뻔히 보이는 선거전에도 출전하기를 마다하지 않았다. 물론 그들도 자신이 임했던 험지에서의 선거에 패배할 것이라는 생각을 가지고 뛰어 들지는 않았을 것이다. 아마도 이기기 위해 그 누구보다도 최선의 노력을 다했을 것이다. 하지만 정치적 승리에 대한 끊임없는 추구와 열정만으로 그게 가능했을까? 무엇보다도 그에게는 자신의 정치적 이념과 명분에 동조하는 참모진과 열렬한 지지자들의 동지적 의리가 있었기 때문에 그 가시밭길도 걸어갈 수 있었던 것이다. 결국, 나와 뜻을 같이 하는 동지와 지지자들이야말로 나의 가장 소중한 정치적 기반이자 희망이다.

---

8) 세상모든소통연구소, 2018, 〈선거 칼럼 4-선거와 정치적 입지〉

투표는 총알보다 빠르다.
투표는 총알보다 강하다

– 에이브러햄 링컨

II
선거, 어떤 전략으로 임할 것인가

- 전략이란 무엇인가
- 어떤 전략들이 쓰이고 있나
- 전략적 기획의 기초 – 타겟팅(Targeting)
- 선거 전략을 수립하기에 앞서 주목할 사항들

1. 전략이란 무엇인가

전략(戰略)이란 원래 전쟁을 수행하기 위한 전반적인 방법을 의미한다. 많은 전쟁 용어들이 치열한 경쟁이 있는 곳에서 사용되는 것처럼 당선을 두고 치열하게 경쟁하는 선거전에서도 전략이란 단어가 쓰이고 있다.

하지만 선거에서 전략을 정의하기는 쉽지 않다. 전략은 군사적 용어로 '전쟁을 전반적으로 이끌어가는 방법이나 책략으로 전술보다 상위개념이다'라고 정의하고 있지만, 사전적인 의미 외에 선거 전략만이 가지는 특성을 어떻게 정의할 것인가에 대하여 명확한 합의점은 없다. 자타가 선거전문가라 인정하는 사람들도 각기 자기 나름대로의 선거 전략에 대한 견해 차이가 있다.

미국의 선거전문가들이 선거 전략의 정의에 대한 논의를 한 적이 있는데, 모인 사람들은 당시 제시된 여러 가지 의견 중에서 '선거 전략은 후보가 자원을 사용하여 자신의 장점이 최대화되고 단점이 최소화되도록 유권자들에게 포지셔닝(positioning) 하는 일'[9]이라는 정의가 가장 정체성을 잘 드러낸 것으로 평가했다고 한다. 여기에서는 선거 전략의 수립에서 고려할 것은 무엇인지, 최근 경향은 어떠한지에 대하여 알아보고자 한다.

---

9) 로널드 A.포젝스, 정광우 역, 2010, 〈정치캠페인 솔루션〉, 62쪽, 나남

가. 전략 수립에서 고려할 것들

선거란 외부에서 보면 하나처럼 보이지만 좀 더 자세히 살펴보면 선거를 수행하기 위한 여러 가지 활동들로 이루어졌다고 볼 수도 있다. 따라서 선거라는 큰 틀에 대한 전략 외에 선거의 세부적인 활동에 필요한 전략도 있다. 예를 들면 자금 운용, 선거 운동에도 전략이라고 부를 수 있는 것들이 있다. 하지만 이것들은 모두 선거를 총괄하는 전략에 종속되기 때문에 전략이라고 하지만, 그 실상은 전술에 가깝다. 그러나 선거를 총괄하는 전략이든 선거에 관한 세부적인 활동에 필요한 전략이든 전략을 수립하려면 다음과 같은 점들을 고려해야 할 것이다.

1) 전장에 대한 파악 – 내가 출마할 곳은 어떤 곳인가

선거의 전장에 대한 파악을 하려면 선거구의 지리적 특징을 분석하는 것에서부터 시작하여야 한다. 지형과 면적에 따라 전 지역을 순회하며 선거운동을 할 것인지, 아니면 특정 전략 지역을 중심으로 선거운동을 할 것인지가 결정되기 때문이다. 국회의원선거에 있어서 선거구를 모두 순회하겠다는 전략은 서울에서는 가능하겠지만 농어촌지역에서는 무리한 일정이다. 작게는 서울시 면적의 2~3배에서 크게는 6배에 이르는 선거구도 있기 때문이다.

가령 국회의원선거의 경우 선거운동기간은 모두 똑같이 13일이다. 서울 종로구에서 선거구를 모두 순회하겠다고 일정을 짜는 것은 무리한 계획이 아니다. 마음만 먹으면 이틀이나 사흘만에도 순회가 가능할 것이다. 그러나 강원도의 선거구에서 선거구를 모두 순회한다는 것은 무리한 계획이다. 설령 가능하다고 해도 순회하는 데 모든 선거운동역량을 집중한다는 것은 분명한 낭비이다. 순회에만 선거역량을 집중하다 보면 다른 선거운동을 제대로 할 수 없기 때문이다.

또한 선거에서는 이와 같은 선거구의 외형적인 지형뿐만 아니라 인문·사회적인 지형도 알아야 한다. 예를 들면 지난 선거에서의 투표율, 자신이나 자신을 공천해줄 정당의 선거구 총 득표수, 선거구내 투표구별 득표수, 주민들의 생활수준·주거형태 등에 따른 투표성향 등이 어떤지 파악하는 것은 선거비용과 선거기간 등의 자원이 엄격하게 제한된 우리나라의 선거환경에서 선거운동 대상의 선택과 집중을 통한 선거운동 효과를 극대화하기 위해 필요하다.

자신의 선거구를 파악하기 위해서는 통계자료들을 찾아보고 직접 선거구를 순회하는 방법이 현장의 목소리도 들을 수 있어 가장 효과적이다. 선거가 시작되기 전에 지역을 다니면서 장래 선거운동의 동선을 구상해보며 선거운동기간 동안 전부 순회가 가능한지, 불가능하다면 어느 지역에 우선순위를 둘 것인지 등을 결정해야 한다. 그리고 주민들의 이야기를 듣는 등 지역 사정 전반에 대한 이슈를 파악하여 예비조사를 겸할 수 있도록 해야 할 것이다. 이런 예비조사는 이후 본격적인 정책개발이나 여론조사 계획에 긴요하게 사용할 수 있다.

2) 언제, 무엇을 해야 하는가

이는 우선 공식적인 선거일정에 따른 후보자등록, 선거사무관계자 신고 같은 공식적인 선거절차사무의 일정을 파악하는 것을 의미한다.

선거절차사무의 대부분은 법에 정해져 있기 때문에 기한 내에 관련 서류를 제출하지 않거나 미비할 경우 후보자등록이 불가능하거나 절차상 큰 문제가 생길 수 있다.

특히 후보자등록과 관련해서 일정을 파악해 두는 것은 중요하다. 아주 당연한 이야기지만 '필수구비서류'가 제대로 준비되지 않아 후보자등록을 하지 못하면 선거 전부터 준비해온 모든 일들이 무의미해진다. 이런 면에서 본다면 선거에 관한 법정선거사무일정에 대하여 잘 알아두는 것이 선거에서 가장 중요한 것이라고 할 수도 있다. 선관위나 정당 등에서 본격적인 선거가 시작되기 전에 출마예정자들을 대상으로 잘 짜인 공식일정표를 보내주거나 설명회를 개최하고 있으므로 이를 통해 일정을 확인하고 일정표에 나와 있는 기한은 꼭 지켜야 한다. 그렇다고 접수 시작일까지 기다려서 실행할 필요는 없다. 일정표상의 마감일은 반드시 지켜야 하지만 접수시작일보다 앞서 준비하는 것은 선관위 입장에서도 오히려 권장사항이다.

후보자등록을 예로 들면 접수에 소요되는 시간을 단축하기 위해 등록기간 개시일에 앞서 신고서나 관련 서류를 미리 준비하여 사전 검토를 받을 수 있다. 특히 후보자등록서류 중 필수구비서류를 갖추지 않으면 등록이 불가능하게 되고 다 갖추었다고 하더라도 내용에 잘못된 점이 있는 경우에는 당선무효가 되는 일도 있다. 그렇기 때문에 후보자등록과 관련하여 미리 선관위의 검토를 받는 것은 의무사항에 가깝다. 이렇게 사전 검토를 받으면 예기치 않은 등록서류상의 문제들을 예방할 수 있음은 물론 시간까지 절약할 수 있다. 미리 서류에 대한 검토가 끝났기 때문에 거의 제출과 동시에 접수가 이루어진다. 또한 이러한 방법은 부수적으로 접수 마감일에 임박해서 관련 서류를 제출했다가 서류 보완이 필요하여 서두르다 낭패를 당하는 일을 예방할 수 있다. 당일에 서류 보완이 불가능한 경우도 있기 때문이다.

또 다른 하나는 '나의 선거일정'에 따라 언제, 무엇을, 어떻게 해야 하는가 하는 것이다. 예를 들면 언제부터 선거법에 저촉되지 않게 자신을 지역에 알릴 것인지, 선거자금은 언제부터 모을 것인지, 선거비용은 언제 어느 항목으로 얼마나 지출할지, 선거사무실은 언제부터 구하러 다닐 것인지, 선거운동 기간 중 어느 시기에 어느 장소에서 어떤 내용을 갖고 선거캠페인을 전개할 것인지와 같은 선거와 관련하여 시기에 알맞게 해야 할 것들에 관한 고려사항이다. 흔히 말하는 '타이밍을 맞추는 것'이다.

버스가 지나간 다음에 손을 흔들어봤자 의미가 없듯 선거캠페인도 타이밍이 맞아야 효과가 있다. 예를 들어 상대방에 대하여 이슈를 제기하는 경우를 생각해보자. 선거기간 막바지에 가서 이슈를 제기한다면 사람들의 결정에 영향을 미치는 정도가 적을 것이다. 반면 너무 일찍 이슈를 제기한다면 상대방이 다른 방식으로 김을 빼버리거나 아니면 선거기간 중에 희석되어 버릴 수도 있을 것이다.

나. 최근 선거 전략의 경향

최근의 경향을 크게 두 가지 들어 본다면 중도화를 통하여 이념 지향적이지 않은 유권자들을 흡수하는 것과 선거 전략을 수립할 때 마케팅이론을 선거기획에 적용한다는 점을 들 수 있다.

1) '중도화'를 통한 중간층과 부동층[10]의 흡수

우리나라의 선거에서 당선되기 위해 가장 좋은 방법은 유력 정당의 '텃밭'이라 불리는 선거구에 공천을 받아 출마하는 것이다. 그러나 '텃밭' 지역일지라도 정당 공천 그 자체만으로는 당선을 낙관할 수 없는 경우가 많다. 선거 때마다 정책 등과 같은 선거이슈에 따라 표심이 변하기도 하고 유력 정당들끼리 치열하게 경합하는 지역이 점차 많아지고 있기 때문이다.

가장 많은 유권자가 밀집되어 있는 서울과 수도권 일대는 특정 정당의 '텃밭'이란 개념이 점차 희미해져가면서 경합지역이 늘어나고 있다. 경합지역이 점차 늘어난다는 것은 유권자 중에 무조건 정당만을 보고 투표하는 전통적인 정당 지지층은 줄어들고 정책과 인물을 비교하여 투표하는 유권자 층이 확대되고 있으며 이들의 움직임이 선거 당락을 좌우할 정도가 되었다는 것을 뜻한다.

이와 같은 상황에서 선거에서 승리하려면 전통적인 정당지지자의 이탈을 막고 이념 지향적이지 않은 유권자들인 중간층과 부동층(swing-voter)을 설득하여 자신을 지지하게 만들어야 한다. 특히 중간층과 부동층이 늘어나고 있는 최근에는 이들을 자신의 지지표로 흡수하는 것이 전통적인 지지자의 이탈을 막는 것보다 선거 승리에서 더 중요한 일이 되어가고 있다. 특정 정당에 대한 전통적인 지지자라면 정당을 바꿔 투표하는 경우는 아주 드물어 이들의 이탈 표가 많이 나오지 않지만, 중간층과 부동층은 정책적 이슈와 자신의 이익에 따라 언제라도 정당을 바꿔 투표하는 것을 주저하지 않는다. 따

---

10) 부동층과 중간층이 완전히 같다고 할 수는 없다. 그러나 둘 다 선거캠페인의 설득력에 따라 지지하는 후보를 바꿀 수 있다는 속성에서는 같다고 봐도 될 것이다.

라서 중간층과 부동층을 설득하여 얼마나 자신의 지지자로 흡수하느냐에 따라 당락이 결정되는 것이다.

중간층과 부동층을 흡수하기 위해 사용되는 전략은 후보와 정당을 '중도화'하는 것이다. 요점은 간단하다. 우선 정당의 정체성 자체는 근본적으로 유지하여 전통적인 정당지지자들의 이탈 표를 최소화하면서 한편으로는 상대 정당이 강세를 보여 온 여러 이슈에 대하여 상대 정당의 해결 방식과 차별화할 수 있는 정책을 제시하여 중간층과 부동층을 끌어안는 방식이다.

이와 같은 맥락에서 정당은 후보를 내보낼 때 소속 정당의 부정적인 이미지를 희석할 만큼 인지도가 강력하고 중도적인 이미지를 가진 후보를 출마시키거나 필요하다면 장기적으로 중도적인 이미지 형성을 통해 후보를 유권자들에게 포지셔닝(positioning) 하기도 한다.

중도화를 통한 선거의 승리로는 1996년 미국 클린턴 대통령의 재선 성공이나 스웨덴의 2010년 총선에서 중도정당의 약진을 들 수 있다. 우리나라도 예전 대통령선거에서 모 후보의 선거참모가 1996년 미국대통령 선거를 분석하여 중간층을 공략하는 선거 전략을 수립하라고 제안한 바가 있다.

2) 선거전략 수립의 마케팅이론 적용

마케팅이론이 선거 전략에 전면적으로 적용되는 이유는 선거도 기본적으로는 마케팅이 발생하는 본질적 이유인 '교환'을 통하여 이루어진다는 관점에서 출발하기 때문이다. 다시 말해 시장에서 소비자들이 돈을 내고 물건을 사듯 선거에서도 유권자들이 투표라는 행위를 통해 후보나 정당의 정책을 산다는 것이다. 따라서 기업이 소비자들에게 잘 팔릴 제품을 내

중도화를 통한 선거의 승리

1. 미국 : 1996년 대통령선거

1992년 당선된 이후 클린턴 대통령(민주당)은 다소 진보적인 개혁을 시도했다. 이 같은 행보는 미국의 중도적인 유권자들을 자극하여 1994년 민주당의 의회선거 패배로 이어졌다. 이런 상황에서 1996년 대통령 선거를 맞은 클린턴은 전통적인 공화당의 시각을 자신의 정책에 과감하게 반영했다.

클린턴은 전통적으로 공화당이 선점해온 이슈(범죄, 세금, 복지수당 축소, 국가재정안정)에 대해서도 공화당 후보인 밥 돌이 별 이득을 보지 못하게 하는데 성공했고, 따라서 민주당의 강점인 노인문제, 경제, 환경, 교육문제에서 계속 우세를 지킬 수 있었다. 다시 말하면 클린턴은 공화당의 기본정책 노선의 장점을 상당부분 수용, 채택하면서도 민주당의 노선에서 크게 이탈하지 않는 균형 있는 시각을 유지하였던 것이다.

2. 스웨덴 : 2010년 총선

스웨덴은 거의 75년 동안 사민당(Social Democratic Party)이 집권당으로서 정치를 주도해왔다. 그러나 2006년에는 중도연합에 정권을 내주었고 2010년 가을 총선에서 재기를 노렸다. 그러나 총리이자 중도정당의 당수 프레드릭 라인펠트가 이끄는 중도연합이 재집권에 성공했다. 특히 중도정당은 30%의 득표율을 얻어 30.7%로 1914년 이래 최악의 득표율을 얻은 사민당과 거의 근접한 수준으로 올라섰다.

이러한 중도정당의 성공은 라인펠트가 중도정당의 당수로 취임한 2003년 이래 지속적인 중도화 노력 덕분이었다. 과감한 이미지 변신을 통해 대도시의 중산층 유권자의 지지를 이끌어 낸 것이 성공의 주요한 원인 중 하나였던 것이다.

놓는 것처럼 후보와 정당은 선거에서 승리하기 위해 유권자들이 원하는 정책을 내놓는다.

또한 후보나 정당은 이를 위해 기업이 소비자의 수요를 파악하기 위한 시장조사를 하듯 여론조사를 통해 유권자들이 어떤 정책을 원하는지, 자신이 내놓고자 하는 정책에 대하여 유권자들이 어떻게 생각하는지 파악한다. 그리고 기업이 시장을 세분화하여 주 판매대상을 선정하는 것처럼 후보나 정당도 유권자들을 세분화하여 자신들의 정책과 공약을 '판매할' 대상을 선정한다. 이와 같은 경향은 미국에서 먼저 시작되었으며 선거캠페인의 전략 수립 자체를 마케팅의 관점에서 보게 되어 '정치마케팅'이란 분야로까지 발달하게 되었다.

마케팅이론이 선거전략 수립에 적용되면서 통계나 여론조사에 기초한 표적시장의 선정, 포지셔닝 등이 마케팅이론에 근거하여 이루어지게 되었다. 이것은 주로 여론조사나 표적집단면접(FGI)등을 통한 시장조사, 인구통계 등의 자료를 과학적으로 분석하고 유권자 세분화 등을 통하여 이루어진다. 이런 경향은 선거전략 수립이 개인의 경험, 직관 등에 의존하던 것에서 탈피하여 과학적인 방법을 통해 수립되어 간다는 의미이다. 또한 후보의 포지셔닝을 통한 이미지 설정이 선거전략에서 중요한 위치를 차지하게 되었다. 즉 이미지 선거의 시대가 왔다고 해도 과언이 아니다.

아직 우리나라는 대통령선거 이외의 선거에서 마케팅이론이 본격적으로 도입된 것 같지는 않다. 정교하고 복잡한 방법을 능수능란하게 수행하려면 당직자들로는 한계가 있어 전문가의 역할이 필요한데 미국은 이와 같은 역할을 '정치컨설턴트'혹은 '선거컨설턴트'라고 불리는 사람들이 수행하고 있다. 우리나라는 몇몇 정치컨설팅을 내세우는 업체들이 있지만 아직까지 소규모 선거의 전략은 선거참모나 보좌관 아니면 당직자나 후보 본인이 세우는 경우가 많은 것으로 보인다. 그러나 앞으로 점차 중간층 유권자가 선거의 당락을 결정짓는다는 인식이 확산되면 소규모 선거에서도 마케팅이론에 기초한 선거 전략의 필요성이 높아질 것이다.

선거전략에서 활용되는 주요 마케팅 이론

1. 유권자 세분화
마케팅에서 제품이나 서비스의 전체 시장을 동질적인 집단별로 몇 개의 작은 시장으로 나누듯 모든 유권자들을 소득, 교육수준에 따라 집단화하여 나누는 과정이다. 유권자 세분화를 거친 다음 후보는 메시지를 전달할 표적 유권자 층을 선정한다.

2. 후보자 포지셔닝
마케팅에서의 포지셔닝은 기업이 경쟁 제품과 차별화된 독특한 이미지를 표적시장의 소비자 마음속에 자리 잡게 하는 것이다.[11] 이와 마찬가지로 선거에서 후보자 포지셔닝은 유권자의 의식 속에 후보자의 이미지를 확립하는 것을 뜻한다.[12] 이것은 후보자 자신과 경쟁자들의 장점과 단점을 평가하는 단계부터 시작하여 여러 단계의 과정을 거쳐 이루어지며, 이 과정을 통해 후보자의 이미지가 구체적으로 형성된다.

---

11) 마이클 에첼 외, 김진병 역, 2007, 〈on & offline 마케팅〉, 188쪽, 한경사
12) 로널드 A.포젝스, 정광우 역, 2010, 〈정치캠페인 솔루션〉, 62쪽, 나남

2. 어떤 전략들이 쓰이고 있나

엄격하게 말해서 전략과 전술은 다르다. 전략이 선거 전반을 수행하는 방법에 대한 것이라면 전술은 선거의 각 요소인 선거유세 방법, 명함 돌리기, 당일 순회일정 등을 의미한다고 할 것이다. 그러나 우리나라 선거 현장에서는 전략과 전술을 엄격하게 구분하지 않고 있다. 이것은 전략이 비교적 장기적인 일에 관한 전반적인 수행 방법과 관련된 것이기도 하지만, 우리나라 국회의원선거와 지방선거의 선거운동기간은 13일 정도로 비교적 짧아 사실상 전략과 전술을 구분하는데 따른 실익이 없기 때문인 것으로 보인다. 중요한 것은 선거현장에서 추구하는 전략과 전술이 효과가 있느냐 없느냐, 어떻게 쓰이느냐 하는 것이므로 굳이 전략과 전술이란 용어를 구분 없이 사용하기로 한다.

가. 이슈와 관련된 전략

이슈 없이는 선거에서 쟁점도 없을 것이다. 그리고 쟁점이 없다면 당연히 전략도 만들기 어려울 것이다. 여기에서는 이슈와 관련된 전략에 대하여 이야기해보고자 한다.

1) 찬반이 갈라지는 정책적 이슈

매 선거마다 쟁점이 되는 정책관련 이슈들이 있다. 미국의 경우는 경제문제나 재정적자문제, 낙태허용 여부 같은 것이 있다. 우리나라는 경제문제, 대북정책, 복지정책 등이 어느 선거든 빠지지 않는 이슈였다. 그러나 이런 이슈들은 이미 너무나 많이 사용되어서 이제는 진부한 감마저 없지 않다. 선거의 판세에 영향을 미칠 정도의 새로운 이슈가 아니면 정책적 이슈 전략에 효과적으로 사용할 수 없을 것이다. 따라서 정책적 이슈는 다음과 같은 요소를 가져야 한다.

- 유권자들의 근본적인 관심사일 것
- 찬반양론이 명확히 갈리는 주제일 것
- 장단점을 놓고 토론을 벌일수록 더 많은 사람들의 지지를 얻거나 혹은 적어도 지지를 잃지는 않아야 할 것
- 선거를 앞둔 유권자들의 의사결정에 상당한 영향을 줄 수 있어야 할 것.[13]

이와 같은 기준에서 예를 들어보자. '암(癌)'이라는 이슈는 일단 유권자의 근본적인 관심사라는 점을 충족한다. 이제는 누구도 암에 대하여 자유롭지 못하다는 인식이 점차 확산되고 있기 때문이다. 그러나 암 치료를 해야 한다는 명제에 대하여

---

13) 딕 모리스, 홍대운 역, 〈신군주론〉, 230쪽, 아르케

반대하는 사람은 거의 없기 때문에 찬반양론이 명확히 갈리지 않는다. 여기서 이슈가 되느냐 안 되느냐 하는 갈림길이 있다. 암 치료 자체에는 찬반양론이 갈리지 않겠지만, 암 치료 정책에 대하여 어떤 방식으로 할 것인지를 구체화하면 찬반이 갈릴 수 있다.

예를 들면, A정당은 의료보험에서 암에 관한 개인부담을 획기적으로 줄이겠으며 이에 대한 재원은 소득에 따른 보험료 부담을 올려서 해결하겠다고 할 수 있다. 반면에 B정당은 항암제를 개발하려는 제약회사나 암 치료 및 진단관련 의료기기를 개발하려는 회사들의 감세를 통해 이들이 자연스럽게 관련 R&D투자로 이어지게 하겠다고 할 수 있다. 이렇게 찬반이 갈리게 된다면 논쟁이 가능하고 이 과정에서 언론을 통한 홍보, 후보의 이미지와의 결합 여부 등에 따라 자신의 지지자를 얻거나 최소한 잃지 않을 수 있으며 또한 선거 당일에 사람들의 의사결정에 영향을 미치게 할 수 있다.

정책적 이슈는 중앙당 차원에서 전국적으로 제기하는 경우가 많다. 하지만 국회의원선거 출마자가 자신의 선거구에서 제기할 수 있는 이슈가 없는 것은 아니다. 지역적 이슈는 얼마든지 찾을 수 있다. 예를 들어 자신의 선거구에 원자력 발전소나 쓰레기 매립지의 유치와 관련하여 지역민들의 찬반이 갈리는 문제가 있을 수 있다. 혹은 자신이 출마한 지역이 교통이 낙후된 지역이고 국회의원 임기 중에 국가계획인 철도기본계획이 수립된다면, 자신의 선거구에 철도를 통과시키게 하겠다는 내용으로도 정책적 이슈를 제기할 수 있는 것이다.

2) 인물론을 부각시키는 개인적 이슈

개인적 이슈는 상대 후보의 능력, 도덕성, 자질 등을 이슈화하는 것을 말한다. 이는 상대 후보의 장점을 약화시키거나 약점을 공개하여 사람들에게 논란을 일으키는 것으로 결과적으로 네거티브 캠페인과 연결될 수밖에 없다. 상대 후보의 좋은 점을 이슈화하려는 후보는 없기 때문이다. 미국에서는 전통적으로 '무신론자'라든가 '동성애자'라는 것이 상대방에 대한 이슈로 제기하기에 좋은 소재였다. 2012년에는 대선을 앞두고 공화당의 차기대권 후보이자 부동산 재벌인 도널드 트럼프가 재선에 출마할 오바마 대통령의 출생지 문제를 이슈로 제기하기도 하였다. 우리나라는 상대 후보의 사상검증, 이른바 '색깔론'이 한때는 강력한 이슈였지만, 최근에는 후보자신이나 아들의 병역문제가 개인적 이슈로 파괴력이 컸다.

  한 후보 측에서 '상대방 후보가 이러이러 하다더라'라는 이슈를 제기하게 되면 상대 후보는 이것에 대한 해명을 해야 할 것인지 무시해야 할 것인지에 대한 의사결정에 시간이 소요될 것이다. 설령 유권자들에게 해명을 한다고 해도 명백하게 흑색선전이라는 근거가 없으면 유권자들의 의혹은 사라지지 않고 선거기간 내내 후보자를 따라다니며 괴롭힐 것이다. 이런 상황이 지속되다 보면 해명에 시간을 뺏기고 선거캠페인을 제대로 해보지도 못하고 선거의 주도권을 잃게 된다. 이에 대한 대응은 이슈를 제기한 쪽보다 더 큰 이슈를 제기하든지 아니면 상대방이 제기한 이슈가 명확히 잘못된 것임을 객관적인 증거를 보여주어 개인적 이슈를 제기한 쪽에 도덕적인 타격을 가하는 수밖에 없다.

  이처럼 개인적 이슈를 제기하여 상대 후보를 곤란하게 하는 것은 효과적일 수도 있다. 실제로 개인적 이슈 한 번 제기되지 않고 치러지는 선거는 없다고 해도 과언이 아니다. 하지만 이것이 선거의 바람직한 모습이라고는 할 수 없다. 물론 상대방의 자질에 대한 이슈 제기는 유권자들의 알 권리를 충족시켜 준다는 순기능도 있지만 제기되는 이슈가 후보의 공직 수행과 크게 관련이 없는 것인 경우도 종종 있다. 이런 경우에는 선거에서 중요한 정책 대결이 사라지고 의혹의 증폭과 해명, 혹은 폭로전이 선거의 중심에 서게 될 수 있다. 이런 현상은 선거의 본질적인 기능을 잃어버린다는 것을 의미하고 결과적으로 사회적인 손실을 가져온다.

또한 이슈를 제기하는 쪽이 감당해야 할 위험도 크다. 사실이 아니라면 허위사실공표죄 같은 선거법상 책임을 져야 하고 상대방이 미리 간파하여 이에 대한 대비를 충분히 하고 있다면 역풍을 맞아 재기불능이 되는 사례가 생길 수 있기 때문이다. 또한 개인적인 이슈 제기를 통해 그 후보로부터 떨어져 나간 표가 반드시 자신에게 온다는 보장은 없다. 만약 상대 후보와 성향이 비슷하고 유력한 제3의 후보가 있다면 상대 후보에서 떨어져 나간 표가 내게로 오지 않고 그 후보에게 갈 수도 있기 때문이다. 따라서 이런 전략은 선거구도가 양강 체제가 아니라면 어부지리가 생길 수 있다.

나. 이슈와 선거 판세

이슈가 없으면 후보자는 유권자들의 기억에 남기 어렵다. 유권자들의 기억에 남지 못한다면 자신은 선거에서 잊어진 존재가 된다. 여기에서는 이슈가 선거 판세에 어떠한 역할을 하는지에 대하여 서술해보고자 한다.

역풍을 맞아 재기불능이 된 사례

오바마 대통령의 출생지 문제는 대통령 출마 때부터 제기되었다. 주장의 요지는 '오바마는 하와이가 아니라 케냐에서 태어났다'는 것이다. 이들은 오바마가 후보 선출 당시 제출했던 출생증명서가 미비한 점이 있다는 것을 근거로 들었다. 미국의 헌법에는 대통령에 출마할 수 있는 자격이 '미국에서 태어난 시민권자'로 되어있기 때문에 이들의 주장에 따르면 오바마의 대통령 당선은 당연 무효가 된다. 이들은 차기 대선을 앞두고 더욱 왕성하게 문제를 제기하여 제대로 된 출생증명서를 공개하라고 요구했고, 이러한 주장의 선두에는 부동산 재벌이자 공화당의 차기 대선후보로 거론된 도널드 트럼프가 있었다.

오바마 대통령 측은 이 문제에 대하여 별다른 대응을 하지 않았다. 공격은 거세어졌고 결국 때가 되자 모든 내용이 기재된 출생증명서를 공개하였다. 오바마가 대통령후보 선출 당시 제출했던 출생증명서는 약식이었고 새로 공개된 증명서는 정식본으로서 그동안 문제로 삼은 미비한 내용을 모두 충족하는 것이었다.

트럼프는 출생증명서 공개 이후 오바마 대통령의 학교 성적 의혹 등을 제기했지만 이것은 대중의 관심거리도 아니었고, 이미 그는 회복하기 어려운 이미지타격을 받아 유명인들의 조롱거리가 된 뒤였다. 결국 그는 얼마 지나지 않은 2011년 5월 17일 차기대선 출마를 공식적으로 포기하게 되었다.

1) 유권자는 이슈를 통해 이미지를 기억한다

앞에서 언급했듯이 선거 전략에는 마케팅 이론을 적용하고 있다. '자원을 사용하여 자신의 장점이 최대화되고 단점이 최소화되도록 포지셔닝 하는 것'이란 전략에 대한 정의도 마케팅이론의 활용을 전제로 하는 것이다.

후보자 그 자체를 사람들에게 포지셔닝 할 수는 없다. 실제로 유권자가 후보를 직접 만나는 일은 드물다. 유권자가 후보를 직접 만나더라도 그것이 후보자의 본 모습은 아니다. 실제로 본 시간은 몇 분 정도이며 유권자의 기억에 남은 것은 후보의 연설 태도, 옷차림 등 후보의 이미지다. 또한 대부분의 유권자들은 후보를 공보나 벽보, 광고 등으로 더 많이 접하게 된다. 따라서 실제 선거에서 유권자들은 후보 자체가 아니라 후보의 이미지를 기억하는 것이다. 이 이미지는 진짜 후보의 모습과 반대될 수도, 일치할 수도 있다. 포지셔닝의 매개체라 할 수 있는 이미지를 형성하는 경로는 여러 가지가 있으나 이슈를 통해 형성되는 것이 가장 강력하다고 한다.

딕 모리스가 말하는 이슈와 이미지

정치인이 한 가지 이슈를 오랫동안 제기하다 보면 결국 그 이슈가 그 정치인의 이미지로 굳어지게 마련이다. 1995년 내내 의료보험 예산 삭감에 주력한 전 공화당 대변인 뉴트 깅그리치는 '지독하고 냉정한' 사람이라는 인상을 남긴 반면, 클린턴은 이를 저지하면서 '합리적이고 마음이 따뜻한' 사람이라는 인상을 주었다. 트루먼 대통령이 공화당이 다수이던 하원과 정면충돌했던 것은 그에게 강건한 이미지를 심어주었다. 케네디는 시민권을 옹호하면서 본래 매우 신중한 성격임에도 불구하고 '용기있다'는 평을 듣게 되었다. 존슨은 베트남전에 대하여 거짓말을 하면서 '정직하지 못하다'는 이미지를 남겼다.

이렇게 이미지라는 것은 특정 현안에 대해 어떤 입장을 취하는가에 달려있다. (중략) 유권자들은 이슈를 통해 후보자가 어떤 사람인지 파악하게 되고, 결국 이슈가 한 사람의 이미지를 형성하는데 영향을 끼치게 된다. 그들의 성격과 품성에 관한 이러한 관념들이 우리의 마음속에 깊이 남아 있게 되고, 결국 우리는 이슈가 무엇이었는지를 잊어버리고 단지 이미지만을 기억한다.[14]

2) 이슈는 선거구도를 형성한다

이슈와 선거구도는 아주 밀접한 관계를 지닌다. 물론 이슈 자체가 선거구도는 아니지만 이슈를 통해 선거구도 자체를 바꾸거나 형성시킬 수 있다.

---

14) 딕 모리스, 홍대운 역, 2002, 〈신군주론〉, 33쪽, 아르케

대립되는 정책적 이슈는 특정 후보에 대한 찬성과 반대를 통해 선거의 구도를 2자 대결로 재편한다. 대체로 전략가들은 유권자들의 의견을 양분시켜 그들의 대립을 격화시키게 하는 '분파적 정책'[15]을 통한 이슈화로 이런 상황을 만들어 낸다. 어떤 정책적 이슈가 극명하게 유권자들을 대립하게 하는 것이라면 선거의 판도는 그 이슈에 관하여 찬성하느냐 반대하느냐 하는 선거가 되기 때문이다. 자신이 이미지화를 통해 이슈의 찬성과 반대 중 어느 한쪽을 대표하는 사람으로 포지셔닝에 성공한다면 자신에 대한 찬성과 반대가 선거의 전부가 되게 만들 수 있다. 그 이슈에 찬성을 한다면 자신을 선택할 것이고, 그렇지 않으면 상대방을 선택할 것이기 때문이다. 이것이 이슈가 가진 가장 큰 힘 중의 하나이다. 이런 이유 때문에 이슈를 통해 자신의 이미지와 메시지를 만들어 유권자들에게 포지셔닝하는 것은 중요하다.

개인적 이슈 역시 선거를 양강 구도로 바꾸어 놓을 수 있는데, 이슈를 제기한 측과 해명하는 측의 구도로 선거를 유권자들에게 인식시키기 때문이다. 이 과정에서 이슈를 제대로 제기하지 못한 제3의 후보는 잊힐 가능성이 커진다.

3) 자신에게 유리한 선거프레임을 만들어라

선거에서 핵심 이슈를 다른 말로는 '프레임'이라고 한다. 선거의 판을 좌지우지하는 이것은 선거기간 내내 유권자들에게 가장 많은 관심과 논란을 불러일으킨다. 이 프레임이 무서운 것은 선거의 당락을 좌우할 수도 있기 때문이다.

프레임은 그 구도가 짜이는 과정에 따라 두 가지 성격을 띠

---

[15] 김학량, 2009, 〈선거전략기획을 위한 선거공학론〉, 168쪽, 캠스트

고 있다. 하나는 선거 이전부터 선거구 내에 논란이 되고 있는 이슈이다. 이 쟁점은 유권자들의 주요한 관심사로서 선거 입후보자들은 이로부터 자유롭지 못하며, 자신의 입장을 강요받게 된다. 최근 대구·경북권의 '통합신공항' 건설 논란이 대표적인 사례이다. 다른 하나는 특정 후보가 자신의 지역구에 본인에게 유리한 프레임을 형성하는 것이다. 자신에게 유리한 쟁점을 선거의 주요 이슈로 만든 후 그 구도 안으로 상대후보를 끌어들여 싸우는 전략이다. 상대방을 본인이 만든 프레임 속으로 끌어들여 자신이 유리한 방법으로 싸울 수 있으므로 승리할 가능성을 최대한 높일 수 있는 선거 전략이다.

그 대표적 사례로서 제3회 지방선거 당시 서울시장 선거에 출마한 이명박 후보의 청계천 프로젝트를 살펴보자. 그가 내건 공약은 서울 중심부의 콘크리트 고가도로들을 철거하고, 과거 청계천의 생태계를 복원하겠다는 이른바 '청계천 프로젝트'였다. 당시에 그는 이 프로젝트를 내놓는 순간 이미 선거 판세를 장악한 것이나 마찬가지였다.

이처럼 정치인에게 있어 미리 대형 쟁점을 자신의 선거프레임으로 만드는 일은 결정적인 기회를 잡는 것이다. 청계천 프로젝트는 큰 선거에서의 승부를 좌지우지하는 위닝샷(Winning shot)으로서의 표본이라고 해도 과언이 아닐 것이다.

다. 이슈에 대한 대응

이슈가 제기되면 이에 대한 대응을 해야 한다. 이슈에 대한 대응 방법에는 어떤 것들이 있는지에 대하여 알아보자.

1) 먼저 이슈를 제기하는 쪽이 유리하다

이슈의 대응에 관하여 말하기 전에 정책적 이슈이든 개인적 이슈이든 이슈는 먼저 제기하는 쪽이 '재미'를 보게 되어있다는 점을 알아두자. '최선의 방어는 공격'이란 말은 선거전에서도 유효하다. 먼저 제기하는 쪽이 재미를 보게 되는 가장 큰 이유는 우리나라에서 상대방의 이슈 제기에 대응할 가장 효과적인 수단인 언론을 선거운동기간 동안 제대로 활용하기 어렵기 때문이다.

선거운동 기간 중에 파급력이 큰 개인적 이슈가 제기되어 언론과 구전을 통해 확산되고 있다고 가정해 보자. 명백한 흑색선전이라면 선거법상 규정된 반론보도청구권이 있다. 그러나 선거기사심의위원회가 반론보도청구권의 신청에 대하여 결정하고 보도하는 데는 며칠이 걸린다. 선거 막바지라면 선거가 다 끝나고 반론보도가 나갈 것이고, 선거의 중간이라면 그 동안 이슈는 널리 퍼져 한 번 정도의 반론보도로는 돌이킬 수 없을 상황에 이를 수도 있다.

또한 후보자의 자질에 대한 언급이나 단순한 의혹 제기 수준이라면 반론보도청구권을 행사하는 요건이 되지 않을 수도 있다. 현실적으로는 이런 경우가 더 많을 것이다. 이런 경우 지역의 언론사에 보도자료를 배부하거나 기자회견을 하는 방법이 있다. 그러나 지역신문은 대부분 주간지이기 때문에 타이밍의 문제가 있다. 선거운동기간이 13일임을 생각해 볼 때 지역신문은 이 기간 동안 잘해야 두 번 발행된다. 과연 후보의 해명을 위한 기사를 쓰기 위해 호외를 발행하려는 신문이 있을까. 중앙일간지나 시·도 단위 지방신문도 있지만 이런 해명

기사를 얼마나 비중 있게 실어줄지도 의문이다. 왜냐하면 광역단위나 전국적인 관심거리가 되는 이슈 등 더 비중 있게 다룰 수 있는 기삿거리가 많기 때문이다. 특히 재·보궐선거가 아닌 임기만료에 의한 선거는 더욱 그러할 것이다.

인터넷을 활용하는 방법도 효과적이지 못하다. 농·어촌 지방의 경우 인터넷의 소외계층이라 할 수 있는 노년층이 많다. 그리고 무엇보다도 인터넷은 부정적인 것은 빠르게 확산되지만 이에 대한 해명은 느리게 퍼지는 경향이 있다.

정책적 이슈도 이런 이유 때문에 확실하게 대응할 마땅한 방법은 없다. 예를 들어 누군가 지역정책에 관한 이슈를 제기해서 먼저 지역신문에 보도되어 이슈화가 되었다고 하자. 찬반이 갈리는 문제라면 반대 입장을 표명해야 할 것이고, 단순한 포퓰리즘 정책으로 유권자들을 호도할 만한 내용이 있다면 반론을 제기해야 할 것이다. 그러나 위와 같은 이유로 반론을 널리 알리기에는 한계가 있다.

이슈 제기가 공격이라면 대응은 방어다. 방어를 잘 해낸다면 역습의 기회를 노릴 수도 있겠지만 그 기회가 오기 전에 선거가 끝날 수도 있다. 확실하게 반격을 하지 못하면 대응의 모습은 도리어 약하게 보이게 된다. 일관성이 없거나 적절하지 못한 방법을 통한 대응은 허둥대는 것으로 보이기도 한다. 특히 상대방의 이슈 제기에 대해 명백하게 뒤집거나 역공할 명분과 근거가 없는 경우 더욱 그렇다. 또한 제대로 정리되지 못한 대응은 상대방의 재 대응을 불러오고 이 과정이 이슈를 증폭시키는 경우도 있다. 이런 모습이 비춰지게 된다면 유권자들은 선거의 주도권이 상대방에게 넘어갔다고 생각하게 될 것이다. 그렇다고 마냥 손만 놓고 있을 수만은 없다. 효과적 대응 수단이 충분하지 않다는 것이지 대응 방법이 없는 것은 아니다. 대응을 제대로 한다면 앞서 언급한 오바마의 출생지 문제처럼 상대방을 완전히 무너뜨릴 수 있다. 또한 클린턴처럼 병역문제, 성추문 등 개인적으로 제기된 온갖 부정적 이슈를 딛고 대통령을 두 번이나 했던 사람도 있다.

따라서 상대방을 분석할 때 상대가 나에게 제기할 정책적·개인적 이슈와 그 반대의 경우들도 예상하여 대응 방법을 미리 계획해 두어야 한다. 이슈에 대하여 대응하는 방법으로는 대체로 다음과 같은 것들이 쓰이고 있다.

2) 그것이 아닙니다 – 반론

상대방의 정책이 명백한 포퓰리즘에 기반하고 있거나 개인적 이슈가 흑색선전일 경우 반론을 제기하는 것이다. 아마도 가장 일반적이면서 이슈에 대응하는 첫걸음일 것이다. 특히 개인적 이슈의 경우 자신에게 제기된 이슈가 명백하게 흑색선

사람들은 믿고 싶은 것만 믿는다

중국 청나라 때의 일이다. 지방의 한 지식인이 황제를 비방하는 내용의 책을 썼다. '청 왕조가 오랑캐이며 지금 황제는 도덕적으로 문제가 있다는 것'이다. 《대청률》에 따르면 이것은 역적에 해당되어 능지처참을 당하는 대죄였다. 그러나 황제는 이 지식인을 수도로 데려다가 그가 주장한 것에 대하여 조목조목 반박하였다. 반박이 끝나자 역적죄로 다스려야할 지식인을 살려주었고 작은 땅까지 주었다.

황제는 반박의 과정을 《대의각미록》이란 책으로 펴내서 자신을 비방하던 내용이 모두 잘못된 것임을 사람들이 알아주길 바랐다. 그러나 당시 사람들은 지식인이 주장한 내용이 사실이라서 죄인을 살려주고 황제가 이런 책을 발간한 것이라고 생각하였다. 그의 아들이 황제가 되어 이런 생각을 그치게 하려고 지식인을 붙잡아 역적죄로 다스렸고, 아버지가 펴냈던 책을 금서로 지정하였다. 그런데 이렇게 되자 사람들은 '역시 지식인이 쓴 책의 내용이 사실이라서 그렇게 하였다'라고 생각하게 되었다고 한다.

전이라면 반론을 제기함과 동시에 '거짓말쟁이'라고 하면서 역으로 상대방의 도덕성을 이슈로 제기하거나 민·형사상 소(訴)를 제기할 수 있다. 이것이 제대로 성공한다면 상대방은 거짓말쟁이라는 오명을 쓰게 되고 경우에 따라서는 선거법상으로도 처벌을 받아 정치적으로 재기불능이 될 수도 있다.

주의할 것은 반론을 제기하더라도 명백한 증거를 제시하지 못하고 말로만 적극적으로 '아니다'란 해명만을 한다면 '아니 땐 굴뚝에 연기 날까' 하는 유권자의 심리를 쉽게 가라앉히기 힘들다는 사실이다. 사람들은 믿고 싶은 것만 믿고 또 부정적인 것을 잘 믿는 경향이 있기 때문에 이런 행동은 '무엇인가 사실이기 때문에 저렇게 적극적으로 부정하는 것이다'라는 생각을 들게 할 수도 있다. 반론에는 이런 위험성이 있다.

3) 대응할 가치가 없습니다 - 무시하기

한마디로 '너무도 황당하여 대응할 가치가 없다'는 인상을 주는 것이다. 이슈에 따라서는 처음에는 별 것이 아니었는데도 대응을 통해 이슈가 확산될 수도 있다. 따라서 상대방이 제기하는 이슈에 대하여 유권자들이 시큰둥해하거나 대응하여 확산될 것 같은 사안이라면 별다른 대응을 하지 않는 것이 상책이다. 상대방이 바라는 것은 자신이 제기하는 이슈가 사람들에게 퍼지는 것이 아니라 이슈를 미끼로 서로 공방하는 과정을 통해 선거의 주도권을 가져가려고 하는 의도일 수도 있기 때문이다. 예를 들어 누군가 자신에게 성추문을 이슈로 제기하는 경우 '사실이 아니다'라고 적극적으로 해명한다고 해서 항상 사람들의 의혹이 사라지는 것은 아니다. 그러면 다시 상대는 이것을 트집 잡을 것이고, 짧은 선거운동기간 동안 이 과정이 선거의 중심에 서게 할 수도 있다.

따라서 명백한 흑색선전인 경우 '일고의 가치가 없다'라는 입장을 취하면서 선관위나 수사기관에 신고하는 선에서 끝내고 이 점을 유권자들에게 알리는 것만으로 자신이 결백하다는 인상을 줄 수 있다.

정책적 이슈에서도 상대방이 너무 황당한 이슈를 내놓거나 유권자들이 호응을 하지 않는다면 대응할 필요 자체가 없을 것이다. 예를 들면 어느 후보가 '결혼수당을 남녀 5천만 원씩 주겠다'라는 공약을 한다면 이것에 대응할 필요는 없는 것이다. 이런 경우 대응은 오히려 그 과정을 통해 상대방의 인지도를 증가시키는 효과만을 가져올 수 있다.

4) 방향 돌리기 - 더 '뜨거운' 이슈 제기

현대 전투기는 열 추적 미사일이 날아오면 날렵하게 움직이면서 뜨거운 물체를 발사하기도 한다. 열 추적 미사일은 전투기보다 더 뜨거운 물체를 따라갈 확률이 높아지게 되고 전투기가 무사할 확률이 높아지게 된다.

이슈에 대한 방향 돌리기도 이런 원리이다. 상대방이 '뜨거운' 이슈를 제기한다면 이보다 '더 뜨거운' 이슈를 제기하여 유권자들의 관심을 돌리게 하는 것이다. 이것은 정책적 이슈이건 개인적 이슈이건 마찬가지이다. 원리는 간단하지만 다음과 같은 점에서 어려운 일에 속한다.

개인적인 이슈에 대한 대응 방법으로 사용하는 경우 상대 후보가 자신에게 제기된 이슈를 덮을 만큼 상대방에 대한 강력한 개인적 이슈를 제기할 수 없다면 이것은 크게 의미가 없다. 상대방이 나보다 자질이나 윤리 면에서 더 우월하다면 방어적으로 제기하는 이슈는 대부분 원래 이슈보다 덜 뜨거운 이슈들일 것이고 이것은 유권자들의 관심을 돌리지 못한다.

예를 들면 자신에게 제기된 이슈가 '성추문'인데 상대방의 이슈로 제기할 수 있는 것이 '위장전입 의혹' 정도라면 이것은 효과 없는 대응책이 될 것이다.

정책적 이슈에 대한 대응에서도 상대방이 제시한 정책적 이슈보다 좀 더 강력하게 유권자의 마음을 흔들 수 있는 이슈가 있어야 한다.

상대 정당의 중앙당 차원에서 제시한 정책적 이슈가 전국에서 호응을 얻어 바람을 타고 있다면 강력한 지역적 차원의 이슈로 이 바람을 상쇄시키거나 선거 판도를 자신에게 유리하게 만들 수 있다. 지역적 차원의 이슈라고 해서 전국적 이슈보다 파급력이 덜한 것은 아니다. 전국적인 가뭄 속에서도 특정 지역에서만 단비가 내릴 수 있는 것이다.

예를 들면 앞서 언급한 A당이 제기한 암 치료와 관련한 정책이 전국적으로 바람을 타고 있는 상황에서 교통이 불편한 지역에 B당으로 출마한 후보가 해당지역에 철도나 지하철, 고속도로를 지나가게 하겠다고 하는 것이다. 이렇게 되면 유권자들은 지역이 발전하고 부동산 가격이 상승할 것이라는 기대심리를 갖게 된다. 현실적으로 이보다 유권자의 표심을 흔들 만한 일도 없다. 이것은 암 치료 같은 것 보다 자신에게 올 이익과 손해가 더 구체적이기 때문이다. 이렇게 지역적 이슈가 잘 작동한다면 해당 지역은 유권자의 관심이 바뀌기 때문에 전국적인 이슈의 바람 속에서 무풍지대가 될 수 있다. 그러나 자기가 제기한 이슈를 실행할 수 있는 실질적 능력이 있음을 유권자들에게 포지셔닝 하지 못 한다면 이 또한 허풍쟁이라는 반격을 당할 수도 있다.

한편, 여러 사례들을 살펴보면 정책적 이슈에 대하여 항상 정책적 이슈로 대응하는 것 같지는 않다. 예를 들어 유권자들의 호응을 얻는 정책이 '분파적 정책'의 성격을 갖고 있다면 상대 후보가 자신이 주장한 정책과 반대로 행동해 왔다는 이의를 제기하는 경우도 있다. 유권자들은 정치인들에게 큰 신뢰를 기대하지 않는 듯 보이지만 정작 자신이 선택할 사람은 일관성 있고 말을 바꾸지 않는 사람이어야 한다는 이중적인 심리를 가지고 있다. 특히나 요즘은 인터넷과 SNS 사용으로 상대방이 과거에 말하거나 행동한 것을 검색할 수 있으므로 이런 대응도 가능하다.

5) 잘못 했습니다 - 인정하고 넘어가기

'정직이 최선의 방법이다'라는 금언은 선거에서도 통용될 수 있다. 이슈가 제기되어 대응책을 고려하고 있는데 상대방이 제기한 이슈가 사실이고 유권자들의 관심을 돌릴만한 이슈도 없다고 치자. 이때 별다른 방법이 없다면 잘못을 진솔하게 인정하고 유권자의 용서를 빌어 상대방이 더 이상 공격하지 못하게 할 수 있다. 후보가 진정으로 반성하는 모습을 보여준다면 유권자들의 동정표를 얻을 수도 있을 것이고, 정직한 사람이라는 좋은 이미지를 각인시켜 줄 수도 있다.

6) 맞장구 쳐주면서 김 빼기

선거에서 쟁점이 발생하는 이유는 이슈가 있기 때문이다. 이슈 중에는 자신에게 유리한 것과 상대에게 유리한 것이 있다. 상대에게 유리한 것이 많다면 선거의 주도권은 일단 상대방에게 가게 된다. 그러나 본격적인 선거가 시작되기 전에 상대방이 유리한 위치에 있는 이슈들을 모두 무력화시키면 어떨까? 상대방이 우위를 가질만한 이슈를 모두 해결하여 더 이상 선거에서 이슈로 작용할 수 없게 만든다면 상대가 이슈로 제기할 수 있는 것들이 없게 될 것이다.

한편 모든 후보자들이 상대방의 입장에 대하여 반대하며 대립할 필요는 없다. 상대방이 어떤 분야에서 확실히 우세한 입장에 있다면, 그런 것들에 대해서는 상대방을 '포용'하는 자세를 취하고 상대방과 자신의 견해에 별 차이가 없음을 강조하면서 다른 이슈로 방향을 돌리는 방법도 있다.[16] 클린턴은 1996년 재선에 도전하면서 이러한 전략을 사용하였다. 그는 공화당이 제기한 각종 이슈에 대하여 '포용'하면서 선거의 주요 관심사를 서로 대립하고 있던 낙태나 의료보험에 대한 예산 감축 등으로 돌렸었다.

라. 심리와 관련된 전략

주식시장에서는 단순한 소문 하나에 특정 기업의 주가가 오르기고 하고 내리기도 한다. 사람들의 심리가 한쪽 방향으로 작용하게 되면 이와 같은 일들이 일어나게 된다. 선거에서도 마찬가지다. 표심이 한쪽 방향으로 몰리게 되면 특정후보의 지지율이 오르기도 하고 내리기도 한다. 따라서 선거에서는 사람들의 심리를 자신이 의도한 방향으로 유도하기 위한 몇 가지 전략이 쓰이고 있다.

1) 대세에 올라타기 – 밴드웨건 (bandwagon effect)

'밴드웨건'은 원래 유행에 따른 소비현상에 대한 경제학 용어이다. 구체적으로는 특정상품에 대하여 사람들이 많이 소비

---

16) 딕 모리스, 홍대운 역, 2002, 〈신군주론〉, 250~251쪽, 청아출판사

한다는 인식이 확산되면 그 상품의 소비가 더 늘어나는 현상을 뜻한다. 기업들이 자신의 광고에서 '소비자 선호도 1위', '판매량 1위'라는 문구를 넣는 이유도 이 효과를 유도하여 매출을 올리기 위함이다.

선거에서 밴드웨건 현상을 전략적으로 사용한다는 것은 후보나 선거캠프에서 이를 유도하는 전략을 의미한다. 즉 특정 후보가 당선가능성이 높다는 인식을 확산시켜 유권자들이 그 후보를 지지하게 만들도록 유도하는 것이다. 이처럼 선거에서 밴드웨건 효과가 의미를 가지는 것은 유권자들의 사표 방지 심리와도 연관이 있다. 특히 부동층은 자신의 표가 이왕이면 누군가를 당선시키는 데 도움이 되기를 바라는 심리가 있다.

아무래도 요즘 유권자들은 객관적이라고 생각되는 자료를 근거로 후보를 판단하려고 하는 성향이 있기 때문에 언론사가 발표하는 여론조사를 널리 알리는 것이 밴드웨건 효과를 유도하는 가장 효과적인 방법이다. 선거에서 후보들이 여론조사 결과가 1등으로 나오기를 바라는 이유도 바로 이것이다. 언론을 통해 발표되는 후보들의 지지율은 언론의 공신력까지 더해져 유권자들은 더욱 객관적인 근거라고 믿게 된다. 따라서 선거캠프는 여론조사 결과 자신이 1위로 나왔다면 이것을 주변에 알려 밴드웨건 현상이 일어나도록 노려야 한다.

여론조사 외에 밴드웨건 효과를 유도할 수 있는 방법은 없을까? 만약 이런 객관적인 근거가 없다면 유권자들에게 자신이 상대 후보보다 우위에 있다고 인식시키면 된다. 밴드웨건 효과는 유권자의 주관적인 심리를 이용하는 것이다. 따라서 실제의 객관적인 상황과 상관없이 특정 후보가 유권자들에게 상대 후보보다 우위에 있다는 점을 인식시킬 수 있다면 밴드웨건 효과를 유도할 수 있는 것이다. 한 마디로 세 과시를 통해 유권자들에게 '저 후보가 더 우위에 있다'라는 인식을 심어주면 된다.

예를 들면 선거 캠페인에서 상대보다 더 많은 청중을 동원하여 세를 과시한다든가, 출판기념회를 성황리에 개최하거나 선거사무소 개소식에 많은 사람들이 모이도록 하는 것 등이다. 또한 선거운동에 사용하는 유세차량을 상대방보다 화려하고 크게 만드는 것도 생각해볼 만하다. 만약 사람들이 많이 모인 지방의 장터에서 양 후보의 유세차량이 마주쳤는데 한 후보의 차량이 다른 후보의 차량보다 더 크고 화려하고 확성기 소리도 더 크다면 지역 주민들에게 깊은 인상을 남길 수도 있다.

각종 여론조사에서의 우위, 세 과시 등으로 밴드웨건 효과를 유도하여 이른바 '대세론'을 형성시킨다면 사실상 선거의 주도권은 대세론이 있는 후보에게 넘어가게 된다.

2) 2위 효과 - 언더독 (underdog effect)

언더독 효과는 열렬한 지지자들이 자신이 지지하는 후보가 위기에 처해 있을 때 그 후보를 위하여 더 열심히 활동하는 현상[17]과 약세 후보가 유권자들의 동정을 받아 지지도가 올라가는 현상 두 가지를 지칭한다.[18] 약자에 있는 후보에게 유리하다는 점에서는 둘 다 비슷해 보인다. 하지만 하나는 후보의 강력 지지자들이 열심히 활동하여 다른 후보 지지자들까지 결집시키는 현상에 중점을 두고 있고, 다른 하나는 후보에게

---

17) 김학량, 2009, 〈선거전략기획을 위한 선거공학론〉, 45쪽, 캠스트
18) 이재술, 2008, 〈선거 전략의 법칙〉, 76쪽, 인뱅크코리아

측은지심을 느껴 '동정표'가 많이 모이도록 하는 것에 중점을 두고 있다. 이 현상의 이면에는 약자에 대한 동정심과 더불어 강자에 대한 견제 심리도 이용하고 있다. 언더독 효과를 선거 전략에 사용한다는 것은 이 현상을 유도하기 위해 자신을 약자처럼 보이게 하는 것이다. 실제 약자인 경우도 있고 사실은 강자이지만 약자처럼 이미지화할 수도 있는 것이다. 왜냐하면 강자로 비춰질 경우 견제 심리가 작용할 수 있어 다른 후보가 언더독 효과의 득을 볼 수 있기 때문이다. 따라서 실제로는 지지율이 높지만 약자처럼 보이도록 하는 선거운동이 필요할 때도 있다. 우리나라에서도 이제 선거에서 자주 쓰이는 전략이 되어가고 있다고 한다.

3) 호가호위(狐假虎威) - 후광효과

원래 '후광효과'란 심리학적 용어로 '어떤 대상이나 사람에 대한 일반적인 견해가 그 대상이나 사람의 구체적인 특성을 평가하는 데 영향을 미치는 현상'을 의미한다. 선거에서 후광효과를 유도하는 것에는 어떤 것들이 있을까.

첫째, 학력이다. 아직까지 우리나라는 사람을 평가할 때 학력을 기준으로 삼는 경향이 많다. 사람들은 이른바 일류대를 나온 사람은 다른 것도 잘할 수 있을 것이라고 기대한다. 이 현상이 옳은지 그른지는 차지하고, 선거에서도 유권자들의 후보 선택에 영향을 미치는 것이 사실이다. 선거마다 '유사학력', '허위학력'으로 곤욕을 치르는 후보들이 있다는 것은 학력이 주는 후광효과가 큰 것임을 반증하는 사례이다.

둘째, 특정 지역에서 영향력이 강력한 유력정치인이 특정 후보에게 지지 표명을 하거나 각별한 관계가 있음을 보여주는 것이다. 그 정치인의 영향력이 막강한 지역에서 한 후보가

'그분이 자신을 인정했다'라고 주장하거나 지원 유세를 부탁하는 경우가 이런 후광효과를 노리는 것이다.

3. 전략적 기획의 기초
-타겟팅

앞서 언급하였지만 선거 전략에는 자원을 투입해야 하는데, 자원이 무한하다면 그 투입 과정에 고려해야 할 요소가 거의 없을 것이다. 그러나 현실은 그렇지 않다. 여기에서는 타겟팅의 필요성과 실제 기초적인 타겟팅의 과정에 대하여 서술해보고자 한다.

가. 타겟팅의 필요성

선거에 동원할 수 있는 자원은 제한되어 있다. 시간적으로는 선거운동기간을 선거법으로 정해놓고, 인적·물질적으로는 선거비용과 선거사무 관계자수 역시 선거법으로 정해놓고 있다. 이처럼 자원은 엄격하게 제한되어 있는데 선거구의 면적이 심하게는 수백 배까지 차이가 나는 경우,[19] 후보가 선거구를 모두 돌아다니는 것은 불가능할 것이다. 따라서 선거를 기획하려면 한정된 자원을 투입할 우선순위와 대상을 결정해야 한다.

우선 자신을 극렬하게 반대하여 설득이 불가능한 유권자에게까지 선거자원을 투입할 필요는 없을 것이다. 또한 나를 절

타겟팅의 중요성 - 닉슨과 케네디

1960년 미국 대통령선거 당시 닉슨은 스스로 선거기간 동안 모든 주를 순회하겠다고 공언하였다. 이것은 어떻게 보면 원대한 계획이었고, 현실적으로도 불가능한 것은 아니었다. 그러나 무리한 선거운동 일정임은 분명했다. 또한 몇 개 주는 닉슨이 전혀 승산이 없는 곳이었고, 또 몇 개주는 닉슨이 이미 완전히 장악한 곳이어서 굳이 이런 주까지 순회한다는 것은 의미가 없는 일이었다.

반면 상대 후보 케네디는 자신의 선거운동 지역에 우선순위를 뒀고 필요한 지역만 방문하였다. 닉슨의 무리한 선거운동 일정은 당시 미국대통령선거에서 처음 도입된 TV토론회까지 영향을 미치게 되었다. 전체 주를 순회하고자 무리한 일정으로 피곤에 찌든 모습으로 토론회에 참석한 닉슨의 모습과 활기찬 자세로 참석했던 케네디의 모습은 분명히 TV를 보는 유권자들에게 대조적으로 보이게 되었다. 이것은 닉슨이 선거에서 패하는 데 결정적인 요인 중 하나가 되었다.

---

19) 제20대 총선에서 강원도 「철원, 화천, 양구, 인제, 홍천」 선거구의 면적은 서울 「동대문을」 선거구보다 948배나 넓었다.

대적으로 지지하는 유권자를 잠재적 지지자와 동일한 비중으로 선거운동 대상으로 할 필요는 없다. 이처럼 짧은 선거운동 기간에 대상을 가리지 않고 하는 선거운동은 불필요하게 자원을 소모하는 것이다. 이것이 단순히 선거운동 방법 중 하나의 방법을 소모하는 것으로 그친다면 그나마 다행이지만, 닉슨의 경우처럼 TV토론회 같은 다른 선거운동 방법에까지 영향을 미치고 더 나아가 선거 전반에 영향을 미치게 될 수도 있다. 이처럼 한정된 자원을 효율적으로 사용하기 위한 우선순위를 결정하는 것이 타겟팅이다.

나. 타겟팅의 기초적인 과정

1) 타겟팅의 전제

타겟팅은 다음과 같은 전제에서 출발한다.

첫째, 유권자들의 선거 습성은 쉽게 변하지 않는다. 개인의 경우 변할 수도 있지만 지역단위 유권자들의 선거 습성은 유지되는 경향을 보인다. 한 사람이 이사 가고 다른 사람이 이사를 와도 큰 틀에서의 선거 습성은 유지된다.

둘째, 선거에 영향을 미칠 수준의 부동층과 중간층이 존재한다. 타겟팅이 의미가 있으려면 부동층이 존재하는 것만으로는 부족하고, 이 부동층의 움직임이 당락을 결정할 정도의 규모는 되어야 한다. 만약에 어떤 선거구에 결코 정당을 바꿔서 투표하지 않는 전통적인 지지자들만 있다면 타겟팅뿐만 아니라 선거운동 자체가 의미 없어질 것이다. 다행히도 현실에서는 당락에 영향을 미칠 수 있는 부동층이나 중간층이 존재하는 선거구가 많다. 특히 수도권은 이런 경향이 뚜렷하다.

셋째, 뚜렷한 양당 선호도가 있는 것이 좋다. 만약 유권자들이 특정 정당에 대하여 단일한 선호를 가진 선거구라면 이 역시 타겟팅이라는 것이 의미가 없다. 또한 3자 구도라면 타겟팅이 불가능하지는 않지만 변수가 좀 더 복잡해진다. 양당 선호성이 존재하면서 어느 한쪽이 압도적이지 않은 선거구가 더욱 타겟팅을 의미 있게 만든다. 우리나라는 사실상 양당 선호도가 유지되는 편이라고 봐야 할 것이다. 수도권은 여당과 제1야당이 경합하는 경우가 많다. 지방의 '텃밭'이라 불리는 곳은 그 지방의 유력정당이 항상 압도적이라 생각할 수도 있지만, 강력한 무소속의 존재가 있는 경우도 있다.

넷째, 활용할 수 있는 데이터가 있어야 한다. 가장 먼저 필요한 것은 역대 선거자료이다. 우리나라의 각종 선거통계자료는 선거가 끝난 후 중앙선거관리위원회에서 각 선거별로 총람이나 유권자 의식조사, 투표율 분석 등을 발간하고 있다. 여기에는 읍·면·동까지 투표현황을 수록해 놓아서 타겟팅을 하고자 하려면 가장 먼저 확보해야 할 자료이다. 도서관이나 관할 선관위에서 열람할 수도 있지만, 중앙선거관리위원회 홈페이지(http://www. nec. go. kr/)에서 다운 받을 수 있다. 다음으로 확보해야 할 것은 각종 사회적 통계자료이다. 내가 출마할 지역의 소득, 출퇴근 인구 등에 대한 통계를 말한다. 이것은 국가통계포털 사이트(http://www. kosis. kr)에서 찾을 수 있다. 한편 지역의 통계는 각 자치단체별로 매년 작성하여 공개하고 있으니 지역의 세부적인 모습을 파악하려면 이 통계자료도 유용하다.

2) 비교대상 선거의 선정

타겟팅의 목적은 투표의 경향성을 분석하여 자신에게 유리한 지역 혹은 대상에 선거운동 자원을 집중하기 위함이다. 따라서 경향성을 분석하려면 역대 선거에 대한 자료가 존재해야 하는 것은 물론 그 선거자료 중에서 어느 선거와 비교를 할 것인지 결정해야 한다.

국회의원선거를 예로 들어보자. 1개의 선거구와 1개의 시·군·구가 일치하는 곳이라면 해당 지역의 비교대상 선거로 그 지역의 자치단체장선거와 국회의원선거 결과를 모두 선정할 수 있을 것이다. 그러나 선거구와 시·군·구가 일치하지 않는다면 데이터가 부족한 경우를 제외하고는 그 지역의 자치단체장 선거를 국회의원선거의 비교대상 선거에 포함시키지 않는 편이 좋을 것이다.

단, 비교대상의 선거라고 해도 과거 전국적인 바람에 의해 크게 좌우되었던 선거나 재·보궐선거의 자료를 다루는 것은 주의해야 한다. 이것에 대하여는 나름대로 가중치를 부여하거나 배제하는 방식으로 다루는 것이 필요하다. 하지만 전국적인 바람으로 한쪽이 아주 불리했던 선거의 경우 정당의 기본표를 추정하는 데 활용할 수 있다는 점에서 의미가 있다.

3) 예상 투표율, 예상 당선득표율의 산정

이제 다음과 같은 가상 선거구의 자료를 통하여 타겟팅에 대한 설명을 진행하고자 한다. 선거구의 조건은 편의상 두 개의 정당이 경합하는 지역으로 설정했고 무효표는 없다.

다음 장의 표는 최근 세 차례의 선거에서 이 선거구의 A당과 B당의 득표현황이다.

<표 2-1> 가상지역구의 최근 세 차례 정당별 득표 현황

선거별	투표율(%)	A당 득표율(%)	B당 득표율(%)
1회	63	45	55
2회	60	49	51
3회	60	54	46

개괄적으로 선거구를 분석해보면 지난 세 번의 선거 중 두 번 B당이 당선이 되었지만, 가장 최근의 선거에는 A당이 당선이 되었다. 이렇게 보면 B당이 유리해 보이지만 당락의 표차는 모두 10%내의 근소한 차이로 압도적이지는 않다.

예상 투표율은 선정된 선거의 투표율을 평균 내는 것이 가장 일반적인 방법이다. 따라서 이 선거구의 예상 투표율은 61%이다.

예상 당선득표율은 각 선거마다 당선된 후보의 득표율을 더해서 선거횟수로 나누면 구할 수 있다. 득표율은 전체 투표수에서 당선자가 획득한 표의 비율로 구할 수 있다. 이 선거구의 예상 당선득표율은 53.3%로 나온다.

이 두 데이터를 바탕으로 예상 당선표를 구할 수 있다. 이를 위해서는 대략적인 유권자수가 필요한데 선거인명부가 확정되기 전에는 정확하게 알 수는 없다. 다만 자치단체의 통계연보나 가장 최근에 다른 선거가 있었다면 그 선거의 선거인수를 활용하면 된다.

4) 정당기본득표율의 계산과 부동층의 추정

정당에 대한 충성도는 당원들만 있는 것은 아니다. 당원은 아니지만 어떤 경우에도 같은 정당에 일관되게 투표하는 유권자가 있다. 흔히 '텃밭'이란 지역에 이런 경우가 많지만, 경합

지역이라 불리는 곳에도 적지 않다. 이를 정당의 기본표라고 한다. 정당기본표의 규모를 파악하는 가장 일반적인 방법은 그 정당이 최악의 성적을 냈던 선거의 득표율을 참고하면 되는데 이것을 해당 정당의 기본득표율이라고 한다.

〈표 2-1〉을 보면 이 선거구에서 A당이 가장 저조한 성적을 보인 선거는 1회로 45%이며 B당이 가장 저조한 득표율을 보인 선거는 3회로 46%이다. 정당 고정표로만 본다면 이 선거구는 B당의 우세지역이라고 할 수 있겠으나 그 차이는 1%미만이다.

부동층의 규모는 두 정당의 평균득표율에서 정당의 기본득표율을 **빼면** 구해진다. 예시로 든 선거구는 A당과 B당밖에 없으므로 두 정당의 평균득표율의 합은 100%이다. 그리고 두 정당기본득표율의 합은 91%이다. 따라서 이 선거구의 부동층의 규모는 다음과 같이 추정할 수 있다.

> **두 정당의 평균득표율합계(100%) − 두 정당의 기본득표율 합계(91%) = 9%**

주의할 점은 이것이 전체 유권자수에서 부동층이 아니라 투표를 한 유권자 중에서 부동층의 규모를 말한다는 것이다. 예상치 못한 정치적인 이슈로 투표율이 이전보다 더 높아지면 이런 부동층의 비율은 더 올라갈 수 있다.

여기까지의 결과로 볼 때 예상 당선득표율인 53%에 근접하려면 A당은 자신의 기본표인 45%에 8%의 부동층이 필요하며 B당은 자신의 기본표인 46%에 7%의 부동층 표가 필요하다는 결론이 나온다.

다. 선거구 분석을 통한 선거운동 우선순위 지역 결정[20]

투표자수에서 부동층의 규모가 구해졌다면 각 선거구별 우선순위를 결정해야 한다. 단순히 유권자가 많다고 해서 자신에 유리한 부동표가 많다고 할 수는 없다. 따라서 우선 지역을 선정하는 데는 기준이 있어야 하는데 이를 위한 방법으로는 다음과 같은 것이 있다.

1) 티켓 스플리터(Ticket-Splitter : TS) 분석을 통한 우선지역 선정

이것은 과거 2개 이상의 선거결과에 기초하여 지지정당을 바꾼 유권자 숫자의 비교를 통해 우선순위를 파악하는 방법이다. 티켓 스플리터(Ticket-Splitter)란 한 선거에서는 A정당을 지지했다가, 다른 선거에서는 B당을 지지하는 사람들을 의미한다. 따라서 부동층의 비율과 상당 부분 일치할 것이다. 따라서 TS수치가 높은 지역을 기준으로 하여 공략의 우선순위를 정하면 된다. 구하는 공식은 다음과 같다.

> TS수치 = (비교대상 선거 중 해당정당의 투표구별 최고 득표율)
> − (비교대상 선거 중 해당정당의 투표구별 최저 득표율)

다음 예시에서 보듯이 선거별 각 정당의 투표구별 득표와 TS수치는 옆 장의 〈표 2-2〉와 같다.
 이 결과로 본다면 A당의 우선 공략지역은 나 투표구가 될 것

---

[20] 이 부분은 김학량, 2009, 〈선거전략기획을 위한 선거공학론〉, 86~88쪽, 캠스트를 참고했다.

<표 2-2> 각 정당의 선거별 투표구 득표율 및 TS수치

투표구	3회		2회		1회		TS수치	
	A당 (%)	B당 (%)	A당 (%)	B당 (%)	A당 (%)	B당 (%)	A당	B당
가	56	44	55	45	50	50	56-50=6	50-44=6
나	55	45	45	55	40	60	55-40=15	60-45=15
다	57	43	52	48	45	55	57-45=12	55-43=12
라	50	50	40	60	43	57	50-40=10	60-50=10
마	49	51	44	56	40	60	49-40=9	60-51=9
바	55	45	46	54	45	55	55-45=10	55-45=10
사	55	45	55	45	55	45	55-55=0	45-45=0

이고 B당도 나 투표구가 될 것이다.

2) 투표구의 사회적 분석을 통한 선정

TS수치가 모든 투표구별로 다양하게 나와서 우선순위를 정하기 쉬우면 좋겠지만 현실은 그렇지 않을 것이다. 또한 각종 통계자료는 판단 자체가 아니라 판단의 근거일 뿐이다. 따라서 앞에서와 같이 투표구별 동일한 TS수치가 여러 개가 나왔을 경우 우선순위를 어떻게 정해야 할 것인가 하는 문제가 있다. 이런 경우는 인구통계, 여론조사 등을 활용한 투표구의 사회적 분석을 통해 우선순위를 정하는 것을 고려해 볼 만하다.

예를 들면 수도권에서는 주민들의 주택 소유율이 높은 지역이 투표율이 높고 특정 정당을 지지한다는 통계적 분석[21]이 있다. 또한 학력, 소득 등의 격차에 따라 선호하는 정당에 차

---

21) 손낙구, 2010, 〈대한민국정치사회지도-집약본〉, 301~312쪽, 후마니타스

이가 있다. 따라서 자신이 사회의 어느 계층에 인기가 있으며 그러한 계층이 어느 투표구에 많이 거주하는지 살펴보는 것도 선거운동의 우선순위 지역을 결정하는 데 고려해 볼 만한 사항이다.

지방을 예로 든다면 하나의 선거구 안에 여러 개의 시·군이 있는데 만약 자신이 그중에서 가장 선거인수가 많은 지역의 출신이라면 그 지역에는 다른 곳보다 상대적으로 자원을 덜 집중해도 될 것이다. 만약 유권자수가 다른 곳보다 압도적으로 많다면 이곳만 집중적으로 선거운동을 전개할 수도 있다.

정당 평균득표율과 투표율의 상관관계도 고려 대상이다. 단순히 투표율만 높다고 해서 나를 지지할 부동층이 많아지는 것은 아니다. 정당 평균득표가 높으면서 투표율이 낮은 투표구는 선거자원을 집중해야겠지만 투표율이 높고 정당 평균득표가 낮으면서 상대 후보의 정당기본표가 많은 투표구는 후순위로 놓아야 할 것이다.

타겟팅 작업에서 주의해야 할 것은 미국과 달리 우리나라는 승산이 그리 크지 않거나 완전히 우세인 지역일지라도 아주 외면할 수는 없다는 점이다. 우리의 정서상 해당 지역을 방문조차 하지 않으면 '건방진 사람'이란 말이 나올 수 있고, 농·어촌지역이라면 이런 평판의 전파는 생각보다 빠르기 때문이다. 이런 이유로 전략을 짜기 전에 지역의 사회·경제적인 사항과 정서를 잘 파악해 두어야 하는 것이다.

4. 선거 전략을 수립하기에 앞서 주목해야 할 사항들

선거에 있어 후보가 당선으로 가는 길, 그 길은 안개 속과 같아 예측하기 힘들고 고된 길이다. 단지 후보는 최선을 다해 선거에 임하고 민심의 선택을 기다릴 뿐이다. 즉 진인사대천명인 것이다. 물론 치열한 선거전에서 선의의 경쟁과 혼신의 노력을 다한 후보만이 개표방송을 볼 자격이 있다.

그러면 후보가 최선을 다한다는 것, 그것은 무엇을 어떻게 해야 한다는 것인가. 무작정 열심히 한다는 것은 어찌 보면 무모하다. 순수한 열정만으로는 당선을 보장할 수 없는 것이 선거의 현실이기 때문이다. 다시 말해 선거 전략의 목적인 당선에 가장 실질적인 영향을 미치는 것이 무엇인지 먼저 냉철하게 살펴보아야 한다.

북풍·탄핵풍 등과 같은 바람, 행정수도 이전, 무상급식 등의 선거 이슈, 후보 간 역학관계인 구도, 정당 공천, 지역·텃밭 등의 연고, 도덕성·참신성·경력 등의 인물, 구체적이고 실현가능한 공약인 매니페스토와 정책, 조직력, 정치자금, 법정선거운동, 투표율 등 무엇 하나 중요하지 않은 것이 없다. 그럼에도 불구하고 이 중 가장 영향력이 있는 순서대로 꼽는다면 '정당 공천', '인물', '구도', '투표율' 일 것이다. 기본 전략을 수립하기에 앞서 주목해야 하는 것들에서는 당선에 가장 실질적인 영향을 미치는 정당 공천, 인물, 구도, 투표율 등과 같은 하드웨어적 요소와, 이를 바탕으로 전략 수립의 방향타 역할을 하는 유권자 투표행태의 변화나 민심의 흐름 등과 같은 소프트웨어적 요소에 대해 살펴보고자 한다.

가. 당선에 영향을 미치는 주요 변수에 대해 주목하자

아무리 훌륭한 정치적 소신과 능력을 가지고 있다고 하더라도 선거에서 유권자의 선택을 받지 못한다면 후보에게도 유권자에게도 안타까운 일이 아닐 수 없다. 사실 선거에 있어 당선에 좀 더 다가가기 위해서는 당선에 영향을 미치는 주요 변수에 대해 먼저 살펴보아야 한다. 다음에서는 앞서 언급한 정당 공천, 인물, 구도, 투표율에 대해서 좀 더 구체적으로 살펴보자.

1) 정당 공천, 당선에 가장 영향력을 미치는 제1조건이다

선거에 출마한 경험이 있거나 후보의 선거캠프에서 활동한 적이 있는 사람들을 만나보면 당선에 가장 영향을 미치는 요인으로 정당 공천을 이야기하는 경우가 많다. 그간 여러 차례에 걸쳐 실시된 유권자의 지지 후보자 선택 기준에 대한 유권자 의식조사를 보면 '소속 정당'을 첫 번째로, 다음으로 '인물·능력'을 주요 기준으로 들고 있다.

현대 정당정치제도 하에서 국민들의 정당에 대한 투표는 가장 기본적인 국민의 정치적 의사표현이다. 「정당법」에서는 "정당은 국민의 이익을 위하여 책임 있는 정치적 주장이나 정책을 추진하고 공직선거의 후보자를 추천 또는 지지함으로써 국민의 정치적 의사형성에 참여함을 목적으로 하는 국민의 자발적 조직을 말한다."라고 정의하고 있다. 이처럼 정당은 선거에 있어 직접적인 당사자로서 후보를 추천·지지함은 물론 더 나아가 국민의 정치적 의사형성에 영향을 미치는 바람이나 선거이슈, 구도, 조직 등의 요소에도 직간접적으로 영향을 미친다.

사실 현역의원의 상당수가 유력 정당 소속인 점만 보더라도 후보의 소속 정당이 선거에 미치는 영향은 자명하다. 지역에 따라 그 정도의 차이는 있으나 특정 정당의 텃밭인 영호남 등에서는 당선보다 어려운 것이 정당 공천이라고 할 정도이다.

이처럼 본격적인 선거 전략을 세우기에 앞서 당선에 가장 영향을 미치는 것이 무엇인지 그 우선순위를 판단하는 것이 선행되어야 한다. 바로 그 첫 관문이 정당의 공천임을 명심하자. 13일이라는 짧은 법정선거운동기간이 선거구 유권자에게 출마 사실을 알리고 인사드리는 공식적인 시간이라면, 정당 공천을 받기 위한 과정은 오랜 시간 정성을 들여야 하는 시간이다. 힘들지만 영예로운 당선을 위해 유력 정당의 공천을 받는 것은 당선의 날개를 다는 것과 같을 것이다.

2) 인물, 정당을 압도하다

후보에게 있어 인물은 보통 도덕성을 말하기도 하고, 참신성, 또는 경력 등의 능력을 말한다. 즉 인물 됨됨이를 이르는 말로서 정치인의 덕목을 두루 갖춘 후보가 인물 적합도가 높다 할 것이다. 또한 시기에 따라 유권자들은 참신하고 개혁적인 인물을 선호하기도 하고, 때로는 노련하고 안정적인 인물을 바라기도 한다.

그러면 유권자들은 어떤 후보를 선호할까. 유권자들이 선호하는 유형이 따로 있는 것일까. 뒷 장의 다음 2016년도 조사 결과에서도 알 수 있듯이 후보 선택 시 점점 인물(능력)과 정책 위주로 투표하고 있다.

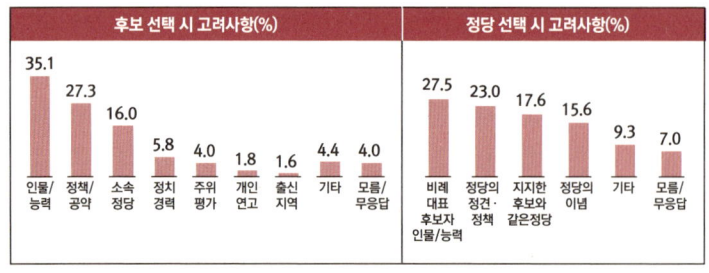

출처: 중앙선관위, 「제20대 국회의원선거 유권자의식조사」

한편 인물(능력)과 관련해 흥미로운 조사가 있었는데, 후보 득표율이 정당의 득표율보다 10% 이상 높게 나온 후보, 즉 정당 선호도를 앞서는 후보인 '선호 후보' 158명을 분석한 것이다. 이 조사 결과를 종합해보면 유권자가 선호하는 인물의 평균 유형은 50대 초반의 나이에 석·박사 학력을 가지고 있고, 직업은 전문정치인 출신의 초선의원인 것으로 드러났다.

이들 선호 후보 중 초선의원의 비율은 약 50%를 차지한 것으로 나타났다. 아울러 직업도 전문정치인 출신이 30.4%를 차지했는데, 이는 초선의원이나 전문정치인이 상대적으로 선거구 활동에 매진하고 공을 들인다는 뜻으로 해석된다. 영국에서는 노동당 초선의원들이 재선할 때 평균 1,500표 정도의 프리미엄 효과를 누렸다는 연구 결과도 있다. 또한 전문정치인에 대한 선호도가 높은 이유도 정치 선진국의 사례와 같이 정치도 하나의 전문 영역으로서 자리 잡아 가고 있다는 것으로 분석된다. 즉 지역 유권자의 의사를 꾸준히 수렴하고 대변하는 정치인 본연의 역할이 선호되고 있다는 반증이다.

선호 후보 158명 중 정치신인은 27명으로 이 가운데 23명이 수도권에 선거구를 두고 있다. 직업도 역시 전문정치인의 비율이 44.4%로 가장 높게 나왔는데, 이는 현역의원을 상대할 수 있는 정치 신인의 조건으로 수도권 지역에 기반을 둔 전문정치인이 유리하다고 해석할 수 있다.

　아래 도표는 제20대 국회의원선거의 직업별, 연령별 당선인 수에 대한 현황으로 앞에서 언급한 조사결과와 상당 부분 일치하고 있다.

직업별 당선인수

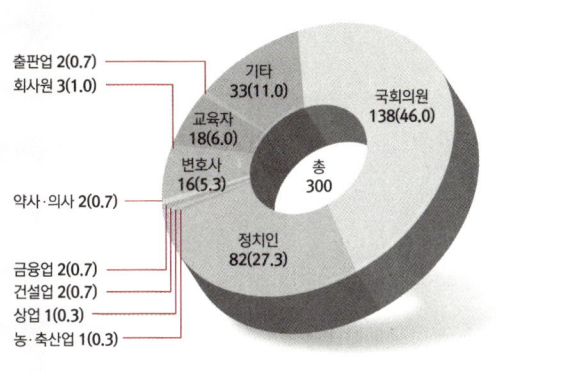

성별·연령별 당선인수

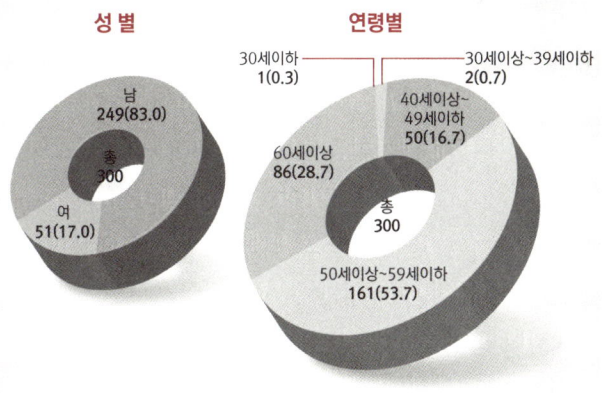

3) 구도, 뭉치면 살고 흩어지면 죽는다

현재 국회의원선거는 최다 득표자 1명만이 살아남는 소선거구제로서 구도는 중요한 전략적 수단이 될 수 있다. 양자 구도일 경우에는 일명 제로섬(zero-sum) 게임이 될 수 있고, 3자 구도 이상일 때는 다양한 시나리오가 가능하다. 마치 월드컵에서 한국 축구의 16강 진출 시나리오를 숨죽여 가며 계산하는 것과 흡사하다. 그러나 1명만 살아남는 현실에서 선거구도는 앞서 밝힌 정당이나 인물을 뛰어 넘는 다크호스와도 같을 수 있는데, 아무리 정당지지도가 높고 인물이 뛰어나더라도 구도가 어떻게 형성되느냐에 따라 승리의 여신은 내게 미소 지을 수도 있고 상대 후보에게 지을 수도 있다.

구도와 관련해 대표적으로 드는 사례가 있다. 지난 1997년 제15대 대통령선거에서 한나라당 이회창 후보와의 경선에서 패배한 이인제 후보가 국민신당을 창당하고 출마한 경우인데, 당시 국민회의 김대중 후보는 이인제 후보의 경선 불복에 따른 출마로 경쟁후보의 표가 분산되어 이회창 후보와 약 39만 표 차이로 승리를 거뒀다. 이는 구도의 변화가 선거결과에 결정적인 영향을 미친 것으로 평가되는 사례이다. 다시 말해 이회창 후보의 입장에서는 지지표가 분산되어 불리해질 수밖에 없었고, 김대중 후보에게는 이로 인해 상당 부분 반사이익이 되었던 셈이다. 아울러 당시 DJP연합에 따른 표의 결집 효과도 동시에 누렸다.

구도는 이처럼 상황에 따라 어떤 후보에게는 불리하게 작용할 수 있고 어떤 후보에게는 반사이익이 될 수도 있다. 예를 들어 후보 단일화의 경우 후보 본인에게는 지지표가 결집하는 것이지만 상대 후보의 입장에서는 반대표가 결집되는 것이다. 반대로 내부 경쟁자가 당내 경선에 불복하여 무소속으로 출마하는 경우에는 후보 본인은 지지표의 분산을 걱정하게 될 것이고, 상대 후보의 입장에서는 반대표의 분산이기 때문에 반사이익이 되는 것이다. 그러나 이에 못지않게 그간 선거 필패의 요인으로 꾸준히 제기되어 온 공천 논란이 잘 마무리 되지 않고 잡음이 계속된다면 구도 변화에 상응하는 영향을 미치게 될 것이다.

  사실 구도를 자신에게 유리하게 짜기 위해서 전략적인 접근을 할 수도 있다. 예를 들면 양자 구도 하에서는 상대 후보와 이미지나 출신지가 같은 사람을 출마시키거나 자신의 선거조직에 영입하는 방안이 있을 수 있고, 3명 이상이 경합하는 경우에는 자신의 이미지나 정치성향, 지지기반 등이 비슷한 후보를 먼저 공략하거나 단일화를 이끌어내 1:1 대결구도로 몰아가는 것이 유리할 것이다.

4) 투표율, 승부를 가르는 마지막 변수이다

'뉴실버세대', '젊은 세대의 반란', 'SNS가 투표율 견인' 등 요즘 치러지는 선거에서 높은 투표열기를 반영하듯 투표율의 상승을 두고 각 매체 및 정당, 후보들은 희비를 달리하며 다양한 반응을 나타낸다. 투표율의 변화는 단 몇 표 차이로 당락이 좌우되는 선거에 있어 민감한 사안이 아닐 수 없기 때문이다. 이처럼 선거에 있어 막판 중요한 변수로 작용하는 것이 투표율이다. 특히 수도권 등 격전지역에서는 당락을 가를 최대 변수로 꼽히고 있기 때문에 정당과 후보의 입장에서는 마지막까지 긴장의 끈을 놓을 수 없게 만든다.

  투표율과 관련해 정당 및 후보 간에는 어떤 상관관계가 있을까. 일반적으로 투표율이 낮을 경우에는 조직선거에 강한 정당과 후보가 유리하고, 반대로 투표율이 높은 경우에는 상대적으로 투표율이 저조한 층의 참여 증가로 이들의 성향에 따라 선호되는 정당이나 후보가 유리하다는 것이 대체적인 평이다.

투표율은 결국 지지층이 얼마나 투표에 참여했느냐와 부동층의 표심이 어디로 향했느냐의 문제로 귀결된다. 또한 투표율이 높아진다는 것은 그만큼 국민들의 정치참여 의식이 개선되고 정치현안에 대한 관심도를 드러내는 것이기 때문에 후보와 정당은 이러한 투표율의 변화를 적극적으로 이해하고 이를 유리한 기회로 활용하기 위한 맞춤 전략을 세워 나가야 할 것이다. 그렇지 않으면 막판 변수인 투표율은 치열한 박빙 지역에서 마치 농구의 마지막 종료 골과 같이 희비를 달리하는 버저비터(Buzzer Beater)가 될 수 있기 때문이다.

나. 선거의 맥을 짚어야 당선이 보인다

당선에 있어 실질적인 영향을 미치는 주요 변수에 대해 이해했다면, 이제는 유권자에게 어떤 내용을 전달할 것인가 하는 콘텐츠에 대해 주목하여야 한다. 그러기 위해서는 먼저 유권자의 투표행태의 변화를 읽어야 하고, 민심이 어떻게 변하고 있는지 항상 주의 깊게 관찰하여야 하며, 현장에 나가 이를 확인하고, 유권자에게 어필할 핵심 이슈를 찾아내야 한다. 또한 표심과 관련이 있는 대세론과 여론조사의 결과에 대해 후보가 유의해야할 사항은 무엇인지 파악하고, 마지막으로 선거 환경의 변화에 따른 새로운 돌파구에는 무엇이 있는지 살펴보아야 한다.

1) 투표행태의 변화에 주목하자

유권자의 투표행태를 분석하는 것은 표심을 좀 더 적극적으로 이해하여 선거전략 수립에 중요한 판단 자료로 활용하기 위해서이다. 그러기 위해서는 역대선거를 통해 유권자의 투표행태가 어떻게 변화하고 있는지 지속적으로 관심을 가져야 한다.

그러면 최근의 투표행태 변화를 살펴보자. 일반적으로 유권자들은 선거에 참여하는 동기나 목적, 이해관계, 사회적 배경 등에 따라 다양한 투표행태를 나타낸다. 이중 투표행태에 영향을 미치는 주요 변수를 예로 들어보자면 지역, 이념, 성별, 교육·경제수준, 정당소속감, 정책 지향적 합리적 선택, 세대 등이 있을 것이다. 이중 세대를 중심으로 투표행태를 살펴보고 그 변화를 정리해 보자

먼저 20대의 경우에는 이전 세대에 비해 안정적인 민주주의 제도 하에 정치·이념적인 사안에 대한 관심보다는 합리적인 사고를 바탕으로 취직 등 현실적인 문제에 더 큰 관심을 갖는 세대로 그동안 정치 무관심층이라고 인식되어 왔다. 그러나 대학등록금이 해마다 물가상승률의 2배에 달하는 속도로 오르고, 청년실업 등이 사회문제로 지속되면서 이들 세대 앞에 놓인 현실 문제를 해결하기 위해 투표 참여에 대한 인식이 높아지고 있다. 아울러 트위터 등 SNS의 급속한 이용 증가가 이들 세대의 투표 확산에 한몫했다는 평이다.

다음으로 30대는 일반적으로 가장 진보적인 성향을 나타내는 세대로 평가된다. 이들은 사회에 첫발을 내딛기도 전에 취업문제 등으로 경제적인 고통을 겪었으며, 지금은 가정을 막 이룬 세대로 전세가 상승 등으로 주거가 불안하고 육아와 보육에 어려움을 겪고 있다. 즉 30대라는 연령대는 가정이나 사

회에서 이제 자리를 잡아가는 과도기적인 세대로 기득권층에 대한 도전적인 성향이 강하다. 반면 합리적인 실리 추구 경향이 동시에 나타나기도 한다.

이들 20대와 30대를 하나의 세대로 구분 짓기도 하는데 소위 '소통 세대'로 불린다.[22] 소통세대는 산업화와 민주화 세대의 성과 위에 성장한 세대로 합리주의적인 사고 경향을 갖고 있다. 스마트폰 등 정보통신환경의 변화에 적응하는 속도가 빠르고 서로 간에 소통하기를 즐겨한다. 또한 이들은 특정한 이슈에 대해 자신들의 의사를 자유롭게 표현하는 세대로 스포츠 응원, 집회 등에 익숙하여 '광장 세대'라고 일컬어지기도 한다.

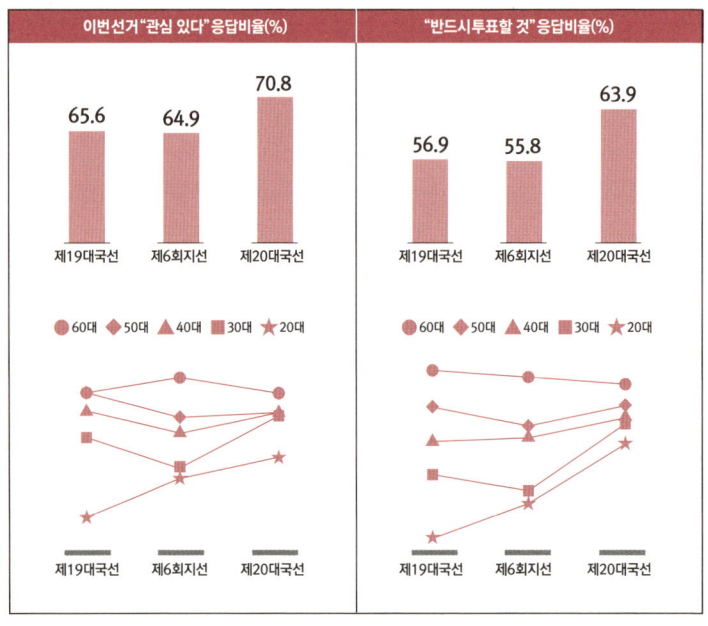

---

22) 김헌태, 2009, 〈분노한 대중의 사회〉, 203~206쪽, 후마니타스

좌측 하단 도표는 2016년 제20대 국회의원선거를 앞두고 중앙선거관리위원회에서 실시한 유권자 의식조사 결과이다. 이를 통해 전반적으로 과거에 비해 선거에 대한 관심도가 높아지고 있음을 알 수 있고, 연령에 따라 투표에의 참여 의향도 점차 변화하고 있음을 엿볼 수 있다. 특히, 20~30대 계층에서의 향상이 두드러진다.

40~50대는 현재 사회의 중심 세대로서 경제활동을 활발히 하고 있다. 이들은 나이에 따른 연령 효과로 실리를 추구하는 성향으로 접어들었다고 할 수 있으나, 동시에 이념적 투표성향도 가지고 있다고 할 수 있다. 이들 세대는 경제문제와 관련하여 정치권이 민생을 외면할 경우 일침을 가할 수 있는 캐스팅 보트를 쥐고 있는 것으로 평가된다. 또한 사회적 담론과 여론을 주도하는 오피니언 리더 그룹을 형성하고 있는 세대로서 실질적인 정치적 영향력은 투표율 그 이상이라고 봐야 할 것이다.

60대 이상은 정치적으로 영호남 등 지역주의 색채를 띠고 있다. 역대 선거에서도 나타나듯이 안정을 추구하는 세대로서 급격한 사회변화를 바라지 않으며, 정당 충성도가 강하여 지역이나 특정 정당에 대한 투표 성향이 뚜렷하다. 한편 이들 세대는 부동산 소유 비율이 높아 부동산 정책에 민감한 관심을 나타내며, 보수 지향적인 것으로 평가된다.

또한 고령화와 더불어 유권자에서 차지하는 비중이 점점 늘어나고 있으며, 다음 도표에서 드러나듯이 가장 높은 투표율을 보여주고 있다.

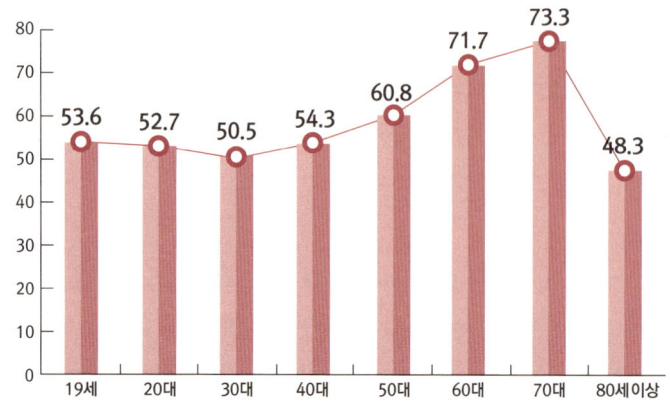

〈제20대 국회의원선거 연령대별 투표율〉

출처 : 중앙선관위, 「제20대 국회의원선거총람」

이상과 같이 각 세대에 따른 투표행태에 대해 살펴보았다. 이러한 세대별 투표 성향의 변화에서 나타나는 특징을 요약해 보면 다음과 같다.

첫째, 20~30대 젊은 세대의 투표율이 점점 더 증가하고 있는 추세이다. 이제 더 이상 이들이 정치에 무관심하고 투표에 참여하지 않는 층이라는 인식은 통하지 않을 것으로 보인다.

둘째, 각 세대가 안고 있는 민생현안에 대한 문제가 투표로 표출되고 있는 양상이다. 국민의 체감경기지수가 향상되고 있는 국가의 거시경제지표를 따라가지 못할 때 유권자들은 이전보다 현실문제에 민감하고 실리적인 태도로 변할 수 있다.

셋째, 유권자들이 전략적인 투표행태를 보이고 있다. 즉, 전략적 투표란 유권자가 최선이 아닌 차선의 선택을 통해 최종적으로 원하는 바를 얻기 위해 행하는 투표행위를 지칭한다.

넷째, 세대별로 투표의 쏠림 현상이 나타나고 있다. 20~30

대와 60대 이상의 세대 간 투표 성향이 극명히 갈리는 현상이 나타났다. 이런 가운데 뚜렷한 성향을 나타내지 않은 40~50대의 표심이 어디로 기우느냐에 따라 당락이 좌우될 수 있을 것으로 내다보인다.

2) 민심의 흐름을 읽고 변화를 주도하자

선거에 있어 후보가 유권자의 표를 얻는다는 것, 그것은 민심을 얻는 것과 같다. 그러면 민심이란 무엇이고 어디에서 연유하는 것일까. 대한민국 헌법 제1조에는 '대한민국은 민주공화국이다. 대한민국의 주권은 국민에게 있고 모든 권력은 국민으로부터 나온다'고 규정함으로써 국민 주권주의를 명백히 하고 있다. 즉 민심이 주권임을 유추할 수 있다.

또한 시대를 거슬러 올라가면 민심을 근간으로 하는 민본사상에서 율곡 이이[李珥, 1536~1584]는 공론(公論)을 통한 소통으로 민의의 수렴을 강조하였고, 모든 제도의 옳고 그름의 기준을 백성의 안정에 있다고 하여 민심을 강조하였다. 또한 경세유표, 목민심서 등 500여 권을 저술한 실학자 다산 정약용[丁若鏞, 1762~1836]은 그 학문적 관심이 오로지 수기안인(修己安人), 즉 어떻게 자신의 몸과 마음을 닦아 백성들의 삶을 행복하게 할 수 있는가에 있었다.

한편 인도의 네루(Jawaharlal Nehru) 전 수상은 "정치는 국민의 눈물을 닦아 주는 것"이라고 하여 민심이 정치의 근본임을 강조하였다.

선거가 끝나고 각 정당 및 후보는 선거 결과를 놓고 민심을 이야기한다. 당선된 쪽에서는 '국민의 승리다. 자만하지 말고 더욱 분발하자.' 등의 반응이 나오는가 하면, 낙선한 쪽에서는 '국민의 뜻을 겸허히 받아들이겠다.' 등 민심의 무서움을 확인하고 변화와 쇄신을 위한 수순을 밟는다. 일각에서는 민심의 절묘한 견제와 균형 심리에 탄복하기도 하는데, 이처럼 민심은 권력의 근원이자 당근과 채찍이라 할 수 있다.

중요한 것은 민심을 사전에 제대로 읽었는가 하는 것인데, 자칫 당장의 선거 결과만 놓고 사후약방문식 처방으로 끝나서는 다음 선거를 기약할 수 없음을 명심해야 한다. 왜냐하면 민심은 끊임없이 변하고 변화를 원하기 때문이다. 민심의 변화 때문에 선거에서는 영원한 승자도 영원한 패자도 없는 것이다. 그래서 민심을 파악하고 이에 부응하기 위해 부단히 노력해야 한다. 국민의 가려운 곳, 눈물이 있는 곳을 끊임없이 살펴 민심의 흐름을 주도해야 한다. 즉 현실적인 이슈를 찾아내고 발굴하여 변화를 이끌고 공감을 얻어내야 한다는 것이다.[23] 정치는 주도권 싸움이기 때문이다.

그러면 선거에 있어 민심을 어떻게 읽을 것인가. 민심을 읽기 위해서는 우선 민심의 눈높이에 맞추어야 한다. 사실 민심은 멀리 있지 않다. 후보 자신도 민심의 한 부분이기 때문이다. 단지 바라보는 가치관의 차이일 뿐이다. 민심은 '국정'이라는 숲을 보는 눈과 '지역'이라는 나무를 보는 눈으로 나눌 수 있을 것이다.

숲을 보는 눈이란 물가나 민생, 집값을 걱정하는 부동산 민심, 출산과 육아, 사교육비를 비롯한 교육 문제, 대학등록금과 청년실업, 노인 복지문제, 사회 양극화 문제, 대북관계 등 세대별·계층별로 매우 다양하다. 이러한 다양한 사회 전반의 문제는 현재의 국정운영과 밀접한 관계가 있는데, 미국 오바마 대통령의 선거 참모였던 액셀로드(David Axelrod)는 그의

---

23) 딕 모리스, 홍대운 역, 2002, 227쪽, 아르케

저서 《게임 체인지》에서 모든 선거는 현 국정에 의해 프레임이 결정된다고 보았다. 즉 선거는 현재의 국정운영에 대한 평가라고 할 수 있는 부분이다. 이러한 사회 전반의 문제에 대해서는 일단 정당 차원에서 접근해야 하겠지만, 후보 개인 차원에서도 평소 전반적인 관심을 갖고 자신의 경력 등에 비추어 특화시킬 수 있는 분야에 대해 자신의 정치철학과 소신을 녹여낼 수 있어야 한다. 즉, 숲을 볼 줄 아는 리더의 덕목이 요구되는 셈이다. 이는 국회의원이 선거구의 대표이면서 국민의 대표이기 때문이다.

다음으로 나무를 보는 눈이란 집값에 직접적인 영향을 미치는 지역개발사업, 신도시 건설, 국책사업 유치, 혐오시설 반대(NIMBY, not in my back yard), 문화·체육시설 확충, 공원 조성, 주차문제, 미세먼지와 같은 환경문제 등 자신이 살고 있는 지역 단위에서 일어나고 있는 현실적인 문제들이 이에 해당한다. 대개는 해당 지방자치단체에서 주도적으로 계획하고 집행하는 문제들로서 후보는 자신이 출마할 선거구를 발로 누비며 관심을 갖고 해결하는 데 앞장서야 한다. 지역현안 해결과 관련하여 주민들에게 신뢰와 진정성을 얻어낼 수 있도록 최선을 다해야 한다. 사실 그 이상도 그 이하도 없다. 아울러 지역을 움직이는 여론주도층과 긴밀히 협력하고 자문을 받는 것도 필수이다. 즉 만나야 길이 보인다.

'신발 다섯 켤레는 닳아빠질 각오로 지역을 뛰어라', '10당 9락, 하루 10시간씩 강행군' 등 선거가 끝난 후에도 이미 다음을 향한 총성 없는 전쟁이 시작되었다고 할 수 있다. 후보는 남다른 마음가짐을 가져야 한다. 즉, 밭을 가는 심정으로 민심을 헤아리고 살펴야 한다.

3) 핵심 이슈를 찾아내자

선거에 나서는 후보에게 있어 지역을 살피는 일은 전투에서 척후병을 보내는 것과 같다. 민심을 확인하기 위한 조사방법으로 핵심 이슈를 찾아보자. 민심을 확인하는 방법[24]에는 크게 정량조사(quantitative research)인 전화 여론조사와 정성조사(qualitative research)인 표적집단토의(FGD, focused group discussion) 및 심층인터뷰(In-depth interview)가 있다. 이중 지역 민심을 자세히 들여다 볼 수 있는 방법으로 잘 알려진 표적집단토의와 심층인터뷰에 대해 살펴보자.

우선 표적집단토의는 기업의 마케팅 조사 기법의 하나로 이를 선거에 응용한 것이다. 우선 연령대별·성별로 6~10명 단위로 동질적인 집단을 구성하여 특정 사안에 대해 서로 간에 자유스럽게 토론을 진행하는 것으로서, 사회자는 참여자로부터 지역의 현안과 숙원사업, 후보에게 바라는 생활주변의 애로사항 등 당장 이슈화할 수 있는 사항 등을 끄집어내야 한다. 이를 통해 연령대별·성별 관심사항에 대해 파악하고 우선순위를 가려내어 전략 수립에 귀중한 자료로 활용해야 한다.

다음으로 심층인터뷰는 선거구의 역사와 그간에 치러진 선거, 지역의 민심 등에 정통한 여론주도층을 섭외하여 인터뷰하는 것인데, 여기에는 이들의 정보력과 통찰력 등이 활용된다. 그 대상자로는 주로 지역 언론인이 적합하다고 할 수 있는데, 그 이유는 정보력뿐만 아니라 인적 네트워크가 풍부하고 기자로서의 객관적인 시각을 기대할 수 있기 때문이다. 다만

---

24) 이동욱, 장덕현, 2010, 〈이기는 선거와 현장조사-조사인과 후보자를 위한 선거조사 가이드북〉, 161~180쪽, 한국갤럽조사연구소

사안에 따라서는 언론사마다 입장이 다를 수 있기 때문에 항상 비판적인 시각을 견지해야 한다. 심층인터뷰를 통해서 확인해야 할 점은 다음과 같다.

첫째, 지역 내 여론을 이끌어 가는 여론주도층은 누구이며, 갈등 관계에 있는 집단과 캐스팅 보트(casting vote)를 쥐고 있는 전략 집단은 어디인지를 파악하여야 한다. 사실 지역에 따라서는 특정 동창회나 특정 문중 또는 특정 종교지도자의 영향력이 실로 크다는 점을 감안해 본다면 이해될 것이다.

둘째, 지역 내 현안은 무엇이고 관심 갖는 개발사업 등은 무엇인지, 그리고 침묵하는 다수 유권자의 관심을 유도할 수 있는 것은 무엇인지 성별, 세대별 등으로 다각적인 관심을 가져야 한다. 그래야 민심을 이해하는 데 있어 그 본질에 좀 더 다가갈 수 있다.

셋째, 민심을 주도하는 여론주도층과 단체를 확인하고 이들의 관심사항을 확인했다면 그에 따른 해결책을 찾아 이슈를 주도하고 선점하여야 한다. 물론 해결책이 실현가능한 것이어야 함은 당연하다. 그렇지 않으면 상대 후보에게 역공을 받아 낯 부끄러움 그 이상을 감수해야 할 것이다.

넷째, 심층인터뷰를 통해 확인한 사항은 다시 심화하고 검증하는 과정을 거쳐야 한다. 다시 말해 해당 이슈를 좀 더 구체화하고 확인하는 과정을 거쳐 최종적으로 유권자에게 내놓을 수 있는 것이어야 한다. 그러기 위해서는 관계 전문가의 검증을 받고, 실현 가능성을 검토해야 하며, 해당 이슈가 관심을 끌 수 있는 것인지 확인해야 한다. 이때 가장 효율적인 방법은 인터뷰 대상자로부터 최소 1명 이상을 소개 받아 꼬리에 꼬리를 무는 확인 절차를 거치는 것이다. 이를 눈덩이 표집, 또는 네트워크 추출법[25]이라고 하는데, 이 방법의 장점은 이러한 소개를 통해 전문가 등의 네트워크를 활용할 수 있다는 점이다.

　이상에서 살펴본 바와 같이 지역 민심을 확인하기 위한 표적집단토의와 심층인터뷰는 선거 전략을 수립하는 데 있어 중요한 기초자료로 활용된다. 그중 핵심 이슈를 끄집어내고 선점하는 것이 중요하므로 형식적인 조사에 그쳐서는 안 될 것이다. 이기는 선거를 위해서는 경쟁 후보보다 먼저 신속히 핵심 정보를 수집하는 것이 무엇보다 중요하기 때문이다.

4) 대세론과 여론조사의 한계를 염두에 두자

선거는 점차 조직 선거에서 정보력이 힘이 되는 선거로 변하고 있다. 마치 예전의 전쟁이 병력 등의 규모에 좌우되었다면, 현대전은 소수의 정예화 된 병력이 신속 정확한 정보에 의해 적을 선제 정밀 타격하는 양상으로 변모하고 있는 것과 같다. 이제 조직선거의 비중은 점차 줄어들고 있다고 할 수 있다. 다만 지역에 따라서는 그 위력이 여전한 곳도 있으나 그 의미는 점차 최후의 방어선이나 친위부대 정도로 축소되고 있다고 할 것이다.

　앞서 지역 민심을 살피기 위해 유권자에게 직접 다가가는 조사방법으로 표적집단토의와 심층인터뷰를 살펴보았는데, 이들 정성조사와 못지않게 유용하게 쓰이는 방법이 정량조사 (quantitative research)인 전화 여론조사이다. 전화 여론조사는 정보전인 요즘의 선거에 있어 정보수집 방법 중의 하나로서 한 시점에서의 유권자의 표심 등을 파악하고, 그 추이에 따라 선거 결과를 예측할 수 있는 자료로 활용된다. 또한 상황

앞 장　25) 김영천, 2006, 〈질적연구방법론 Ⅰ〉, 154쪽, 문음사

에 따라 선거 전략을 변경하고 대응책을 수립하는 데 중요한 근거 자료로 사용된다.

아울러 여론조사는 그 결과를 공표하는 경우 유권자로 하여금 당선가능성이 높은 후보를 선택하게 하는 밴드웨건(bandwagon) 효과나, 불리한 쪽을 동정하게 되는 언더독(underdog) 효과를 유발시키기도 한다. 이러한 효과로 인해 후보 및 정당은 여론조사를 선거 전략의 한 수단으로 이용하기도 하는데, 특히 대세론의 경우에 유권자가 사표방지심리에 의해 당선 가능성이 높은 후보를 선택하는 경향을 노리기도 한다. 그러나 역으로 역전 드라마를 기대하는 동정론을 부추길 수 있고 상대 후보의 지지자들을 더욱더 분발케 하여 결과적으로 세를 결집시키는 반작용 또한 만만치 않기 때문에 유의하여야 한다. 그래서 미국의 정치컨설턴트인 조셉 나폴리탄은 대세론 효과는 존재하지 않는다고 하였다.[26] 즉 대세론이 뒤처지는 상대 후보 지지자들의 전의를 상실케 해 일부 기권하게 만드는 효과는 있을 수 있으나, 자신의 지지자들을 자만케 해 결집을 방해하는 효과도 있기 때문에 결과적으로는 도움이 되지 못한다는 것이다.

따라서 여론조사는 어디까지나 유용한 참고자료로 활용해야지 대세론을 염두에 둔 선거 전략으로 이용하기에는 위험 부담이 크다는 점을 명심해야 한다. 또한 여론조사는 여러 변수로 인해 잘못된 결과가 도출될 수 있고, 이러한 결과가 다시 유권자에게 영향을 미치는 문제점이 있다. 더욱이 후보가 이들 자료에 근거해 상황을 오판하는 경우에는 더 큰 문제가 아닐 수 없다.

---

26) 조셉 나폴리탄, 김윤재 역, 2003, 〈정치컨설턴트의 충고〉, 22쪽, 리북

정치에 무관심한 가장 큰 벌은
가장 저질스러운 인간들에게
지배받는 것이다.

– 플라톤

III
조직, 어떻게 운영할 것인가

- 여전히 조직은 중요하다
- 실전 선거조직 운영 전략

1. 여전히 조직은 중요하다

조직은 후보와 함께 선거 전략을 실행에 옮기는 주체이다. 잘 짜인 전략도 조직이 없다면 실행에 옮길 수 없고, 조직이 있어도 비효율적으로 운영된다면 소기의 성과를 내기 힘들 것이다. 즉, 조직 운영은 전략 수립과 함께 당선에 결정적인 영향을 미친다고 할 수 있으며, 앞에서 언급한 바와 같이 선거에 있어 이슈를 선점하는 것이 유리하듯이 선거조직을 다른 후보보다 먼저 확고하게 구축하는 것이 유리하다. 선거조직의 중요성에 대한 미국의 한 연구 결과에 의하면, 효과적으로 선거운동 조직을 구축했을 경우가 그렇지 않았을 때보다 5% 정도 더 득표할 수 있는 것으로 보고되었다. 이처럼 선거에 있어 조직의 역할과 비중은 지대하다고 하겠다. 따라서 이하에서는 선거운동 조직을 어떻게 구축하고 운영하는 것이 득표 전략에 유리한지 살펴보기로 하자.

가. 효율적으로 조직 운영하기

선거조직은 당선이라는 목표를 위해 구성된 인적 집합체를 말한다. 선거법에서는 누구든지 선거에 있어 후보의 선거운동을 위하여 사조직을 설립하거나 설치할 수 없도록 규정하고 있다. 물론 선거운동을 하는 것이 금지되지 않는 단체가 당초의 설립 목적과 관련한 활동을 하면서 선거에 즈음하여 특정 정당이나 후보의 선거운동을 하는 것은 단체의 선거운동으로 허용되며, 이는 사조직으로 보지 않으므로 후보는 이러한 단체를 적절히 활용할 필요가 있을 것이다.

1) 선거조직, 미디어의 역할도 하다

합동 유세가 사라지고 TV토론이 도입된 이래 선거에서 미디어의 영향력이 커진 점은 부인할 수 없는 사실이다. 그런데도 국회의원선거나 지방선거의 경우 TV토론의 시청률은 단 한 번도 3%를 넘겨본 적이 없다고 한다. 만약 처음부터 끝까지 자기 지역구 후보들의 TV토론을 제대로 본 사람이 있다면, 아마도 그 사람은 그 후보들 중에서 한 후보의 열렬한 지지자이거나 참모일 가능성이 농후하다.

오히려 TV토론의 내용이 화제꺼리가 되는 것은 그 다음 날 여러 사람들이 모여 앉은 자리가 된다. '어제 토론 봤어요? 그 사람 정말 똑똑하던데', '그 친구 지금까지 한 게 아무 것도 없더군요.' 등이 그것이다. 바로 이때 자신의 지지조직이 있어야만 선거운동의 장을 효과적으로 펼칠 수 있다. 이것을 입소문 미디어라고 부를 수 있을 것이며, 이에 의해 상당 부분 선거민심이 영향을 받게 된다.[27]

흔히 현대 선거의 특성상 조직선거의 시대는 가고, 캠페인 선거의 시대가 왔다고 한다. 그렇다고 해서 조직의 중요성을 간과한다면 큰 낭패를 보게 될 것이 자명하다. 튼튼한 조직이 뒷받침 되지 않으면 미디어를 잘 활용할 수 없기 때문이다. 특히 지역선거에서는 자신을 지지해주는 튼튼한 조직이야말로 또 다른 형태의 미디어로서 역할을 해내기도 한다는 점을 유념해야 할 것이다.

2) 조직 구성을 미리 계획하라

선거에서의 공조직은 물적 요소인 법정선거운동기구(선거사무소, 선거연락소)와 이에 속한 인적 요소인 구성원을 말하며, 입후보예정자는 이러한 조직 구성을 사전에 계획해야 한다. 이러한 행위는 입후보와 선거운동을 위한 준비행위로서 선거법상 가능하다.

우선 물적 요소인 선거사무소의 경우, 예비후보자 등록을 하고 나면 선거사무소에 간판·현판·현수막을 수량 제한 없이 설치, 게시할 수 있다. 이는 자신이 이번 선거에 출마할 것임을 선거구민에게 대대적으로 알리는 첫 신호탄을 의미한다.

선거사무소 설치에 있어 설치권자가 우선적으로 고려할 점은 홍보의 용이성, 교통의 접근성, 그리고 그에 수반되는 비용 등이 있다. 선거사무소는 단기간 임차하는 것이고, 이러한 조건을 모두 충족시킬 수 있는 장소를 짧은 시간에 구하기는 쉽지 않으므로 미리 선거사무소로 사용할 곳을 물색하여 임시 계약을 해 둘 필요가 있다. 임시 계약을 할 때는 간판·현판·현수막 등의 설치·게시에 대한 사항도 반드시 사전에 명시해 건물주나 같은 건물에 입주해 있는 업체에게 양해를 구해야 한

앞 장 27) 세상모든소통연구소, 2018, 〈선거 칼럼 1-지역선거의 특징과 경향〉

다. 왜냐하면 선거사무소에는 홍보 효과 제고를 위해 주로 대형 현수막을 게시하게 되는데, 이는 같은 건물에 입주해 있는 다른 업체의 창문을 가리는 등의 민원을 야기할 수 있기 때문이다. 선거사무소 현수막을 설치할 때 통상적인 가격 범위 안에서 외벽면의 사용료를 지급하는 것은 선거비용으로 무방하며, 설치·게시할 간판·현판·현수막은 미리 기획하여 만들어 놓고 예비후보자등록 후 바로 설치·게시할 수 있도록 해야 한다.

선거사무소 설치할 때 유의사항 등

- 선거사무소가 같은 건물의 다른 층에 걸쳐 있거나 같은 층에 분리되어 설치되어 있더라도 선거사무소의 기능·조직에 있어 하나의 선거사무소의 일부로 운영되고 이를 사전에 신고한 때에는 하나의 선거사무소로 본다.
- 간판·현판·현수막은 애드벌룬을 이용한 방법으로는 설치·게시할 수 없으나, 야간에 잘 보이게 하기 위해 네온사인·형광, 기타 전광에 의한 방법으로 설치·게시할 수 있다.
- 처음 예비후보가 선거사무소를 설치할 때는 소규모 조직이지만, 후보자등록 후에는 선거사무원과 자원봉사자 등 많은 사람들이 드나들게 된다는 점을 고려하여 적절한 크기의 장소를 확보할 필요가 있다. 전화홍보실·회의실·접견실은 선거사무소 안에 별도 공간으로 마련하는 것이 좋으며, 선거사무원 및 자원봉사자들의 사기 진작을 위해 쾌적한 환경의 선거사무소 공간 설비도 중요하다.

다음으로 조직의 인적요소인 구성원은 선거법에서 규정하고 있는 선거사무장, 선거연락소장, 선거사무원, 활동보조인과 회계책임자, 배우자(또는 배우자 대신 후보가 그의 직계존비속 중에서 신고한 1인) 및 자원봉사자를 들 수 있다.

국회의원선거나 지방자치단체장선거의 경우 예비후보자등

록을 마친 후보는 선거운동을 할 수 있는 자 중에서 선거사무장을 포함하여 3인 이내의 선거사무원과 회계책임자 1인을 둘 수 있다. 또한 이후 후보자등록을 마치면 선거사무장은 선거에 관한 사무를 처리하기 위해 선거사무소에 구·시·군 안의 읍·면·동 수의 3배수에 5를 더한 수 이내로 선거사무원을 둘 수 있다. 다만, 하나의 선거구 안에 2이상의 구·시·군이 있는 경우에는 선거사무소를 두지 아니하는 구·시·군에는 선거연락소를 둘 수 있고, 관할 읍·면·동 수의 3배수에 해당하는 선거사무원을 둘 수 있다.[28] 이 외에 선거운동기간 중에 정당 또는 후보를 위해 선거운동에 대한 일체의 대가를 받지 않고 자발적으로 선거운동을 하거나 선거에 관한 사무를 보조하는 자원봉사자를 둘 수 있다.

이러한 인적 구성원들도 선거사무소 확보와 마찬가지로 사전에 신중히 확보해야 한다. 정당추천 후보는 당원협의회 산하 동 책임자나, 시·구의원들이 추천하는 사람을 활용할 수 있으나 그 수로는 부족할 수 있으므로 무소속후보를 포함한 후보들은 평상시 관리해 온 인맥을 활용하여 미리 인력을 확보해 놓아야 한다.

선거뿐만 아니라 일상에서 흔히 "사람의 마음은 험하기가 산천보다 더하고, 알기는 하늘보다 더 어렵다"는 말이 있다. 그만큼 사람을 쓰는 일은 어렵기 그지없다는 의미일 것이다. 자칫 성실하지 않거나 호감이 가지 않는 선거사무관계자를 선임하여 운영하는 경우 오히려 득표에 도움이 되지 않을 수 있고, 최악의 경우 선거사무장이나 회계책임자의 잘못으로

---

[28] 선거연락소를 두지 아니하는 경우에는 선거연락소에 둘 수 있는 선거사무원의 수 만큼 선거사무소에 둘 수 있다.

인해 당선무효가 될 수도 있으므로 충분한 시간을 갖고 신중하게 확보해야 한다.

3) 조직을 탄탄하게 다져라

조직의 규모는 인적요소인 구성원의 많고 적음으로 구별할 수 있는데, 선거조직의 규모를 어느 정도로 하는 것이 좋은가에 대해서는 의견이 다양하다. 선거조직은 통제가 가능하게 운영할 수 있도록 최소한으로 축소하여 지휘·명령 계통을 소수 정예로 하는 것이 효율적이라는 의견이 있다. 반면에 구성원들에게 조직의 직함을 부여하는 경우 더 열심히 활동하기 때문에 선거조직은 크면 클수록 좋다는 의견도 있다. 또 규모 자체를 선거조직이 가지는 능력의 구성 요소 중 하나로 보아 규모가 커야 유리하다는 의견[29]등 다양한 의견이 있다.

　규모가 큰 조직과 작은 조직은 각각 장단점이 있기 때문에 조직 규모를 어떻게 할 것인가 보다는 후보 자신이 구성한 선거조직이 크든 작든 간에 어떻게 효율적으로 운영할 것인가를 살펴보는 것이 더 중요할 것이다.

　선거조직은 짧은 기간 안에 구성·운영되므로 어떻게 운영하느냐에 따라 그 효용이 달라진다. 따라서 선거조직은 주먹구구식 운영이 아닌, 철저한 사전 계획에 의한 체계적이고 과학적인 운영이 필수라고 하겠다.

　후보는 선거운동기간에 돌입하게 되면 유권자와 접촉하는 일 등으로 여타의 시간적인 여유가 거의 없으므로 사전에 자신이 여러 경로로 확보한 인적 구성원의 특기 분야 및 자격, 자질 등을 고려하여 체계적인 업무 분장을 해야 한다. 업무 분

---

29) 이동욱, 장덕현, 2010, 〈이기는 선거와 현장조사〉, 99쪽, 한국갤럽조사연구소

장을 할 때는 형식적으로 직함만 부여하는 것이 아니라, 실질적으로 자신의 권한을 위임하고 그에 대한 책임을 명백하게 해야 한다. 이를 확실히 해 놓지 않으면 조직 내부에 갈등을 야기 시킬 우려가 있다. 왜냐하면 일반적으로 선거운동원들은 후보 지향적이어서 후보 이외의 사람이 내리는 명령에 대해서는 잘 따르지 않는 경향이 있기 때문이다. 또한 외부 인력들을 영입하는 경우 기존 선거조직 내 구성원들과 이들 사이에 불화 및 갈등이 생길 수도 있다. 이러한 갈등을 방치하거나 초기에 해결하지 못하면 선거조직이 와해되어 결정적 패인이 될 수도 있다.

조직의 능력을 끌어올리기 위해서는 조직 내 각 팀 간에 조화와 경쟁이 필요하다. 그러기 위해서 후보는 팀 간의 조화와 선의의 경쟁을 유도하기 위한 방안과 함께 갈등을 예방하기 위한 방안도 반드시 마련해 놓아야 한다. 왜냐하면 조직 내 각 팀 간의 경쟁이 순기능으로 작용한다면 조직의 능력이 극대화되어 당선에 기여할 수 있지만, 반대로 팀 간에 경쟁이 격화되고 갈등이 생기면 그것이 조직의 역량을 저하시키는 부작용으로 나타나기 때문이다. 이 경우 선거를 치러보기도 전에 낭패를 당할 수도 있음에 유의해야 한다.

따라서 후보는 조직 내의 갈등을 해소하기 위해 당선이라는 궁극적인 목표와 당면 과제를 명확하게 제시함으로써 운동원들 간에 원활한 협력 관계가 형성될 수 있도록 조정자 역할을 성실히 해야 한다. 또한 자신의 권한을 선거운동원들에게 위임할 경우 그 권한과 책임의 한계를 명확하게 하여 위임된 권한이 적정하게 행사되고 유지될 수 있도록 검증하는 방안도 강구해야 할 것이다.

4) 운동원의 사기를 북돋워라

후보에 대한 핵심 지지층을 두텁게 하고, 소극 지지층을 투표장으로 나오게 하며, 부동층을 설득하여 내 편으로 만드는 것이 선거조직의 힘이다. 과거 여러 선거에서 여론조사에는 뒤처지고 있었지만, 결국 부동층을 적극적으로 설득하여 투표소로 이끌어 승리한 사례들을 보면 선거조직의 역량이 얼마나 중요한 역할을 하는지 엿볼 수 있다. 이는 당선자를 예측하는 기존 여론조사 방식이 선거조직의 역량을 반영하지 못하는 한계가 있으므로 여론조사 외에 추가로 조직을 평가하고 진단하는 현장 관찰이 필요하다는 견해[30]에 힘을 실어주었다.

선거조직의 역량은 구성원 개인의 능력과 사기에 비례한다고 할 수 있다. 조직 구성원의 능력은 단기간에 높이기는 어려우므로 선거조직의 역량을 강화하기 위해서는 운동원의 사기를 높여야 한다. 사기란 자발적이고 적극적인 근무의욕과 태도를 의미한다. 즉 당선이라는 조직목표의 달성을 위하여 열성과 헌신을 다하여 협력하고 노력하려는 개인과 집단의 정신자세이자 태도라고 할 수 있다. 아무리 능력이 뛰어난 운동원이더라도 그 능력을 발휘하려는 의욕이 없다면 그 운동원은 선거조직에 전혀 도움이 되지 않을 것이다. 따라서 후보는 운동원의 사기를 앙양하는 일에도 세심한 주의를 기울여야 한다.

조직 구성원의 사기에 영향을 미치는 요인으로는 크게 보수 및 근무 환경, 조직에 대한 소속감 및 성취감을 들 수 있다. 우선, 보수 부분은 선거법에 규정된 수당과 실비를 준수하여 지

---

30) 이동욱, 장덕현, 2010, 〈이기는 선거와 현장조사〉, 228쪽, 한국갤럽조사연구소

급해야 한다. 선거법에 정해진 수당과 실비를 제공하는 경우를 제외하고는 수당·실비 기타 자원봉사에 대한 보상 등 명목 여하를 불문하고 선거운동과 관련하여 금품 기타 이익을 제공하거나 제공 의사를 표시할 수 없다. 그렇기 때문에 보수와 관련하여 후보가 조직 구성원의 사기를 높이기 위한 획기적인 방법은 없을 것이다. 기본적으로 유념해야할 점은 선거사무관계자에게 지급하는 수당·실비는 관할 위원회에 선임신고를 한 날부터 해임신고를 하거나 그 활동을 종료한 날까지의 기간 중 실제 근무한 일수에 따라 지급해야 하므로 관할 위원회에 선임신고를 제때 하지 못해 수당·실비를 덜 주는 일이 없도록 해야 한다.

앞서 선거사무소 설치와 관련하여 조직의 사기 진작을 위해 쾌적한 환경의 선거사무소 공간 설비가 필요하다고 언급했다. 좀 더 구체적으로 살펴보면 선거사무소는 허전할 정도로 너무 커서도 안 되고, 복잡할 정도로 비좁아도 안 된다. 조직의 규모와 선거사무소 상주 인원 등을 고려해서 운동원들이 효율적으로 일을 처리할 수 있는 공간을 확보해야 한다.

마지막으로 조직 구성원의 소속감 및 성취감의 경우, 후보는 당선이라는 목표를 달성하기 위해 구성원들이 자발적으로 행동하도록 동기를 부여하고 심리적 유대와 공감대를 형성해야 한다. 선거운동원들에게 자신의 출마 동기와 명분을 충분히 설명하고, 당선되기 위해서는 선거운동원들의 역할이 중요함을 주지시켜야 한다. 저명한 심리학자 프로이드는 '인간의 행동은 자신이 세상에서 가장 위대해지고 싶은 충동에 의해 발생한다'라고 했고, 매슬로우는 욕구단계이론에서 '인간의 다섯 가지 욕구 중 궁극적으로 발로되는 욕구는 자기실현의 욕구다'라고 말했다. 즉, 후보는 선거운동원 개개인이 후보의 당선을 위해 이 조직에 자신이 꼭 필요하며 자신이 하는 일이 가치 있는 일이라는 긍지와 자부심을 가질 수 있도록 해야 한다.

선거가 급박하게 진행되고 선거일이 다가올수록 후보는 초조함과 불안감이 생길 수 있지만, 선거운동원들에게 이런 모습을 보여서는 안 된다. 설사 자신이 지고 있더라도 이길 수 있다는 자신감과 의연한 모습을 갖고, 선거가 끝나는 날까지 선거운동원을 격려하고 응원해야 한다.

나. 인력 확보 방법 및 운영 전략

선거운동원 모집 방법에 대해 선거법에서는 누구든지 이 법에 규정되지 아니한 방법으로 인쇄물·시설물 그 밖의 광고물을 이용하여 선거운동을 하는 사람을 모집할 수 없다고 규정하고 있다. 즉, 바꿔 말하면 이 규정은 선거법에서 허용되는 방법으로만 선거운동원을 모집할 수 있다는 의미이다. 따라서 예비후보와 후보, 선거운동을 할 수 있는 사람은 법에서 허용하는 선거운동방법으로 선거운동을 하는 사람을 모집할 수 있다.

흔히 선거운동원을 모집하기 위해 예비후보자등록 후 명함, 예비후보자 홍보물, 선거사무소 현수막, (예비)후보가 개설한 홈페이지에 모집광고를 게시하는 방법이 있으나 이렇게 모집된 운동원에게 핵심적인 임무를 맡기기에는 다소 무리가 있을 것이다. 따라서 후보는 직접 단체에 가입하거나, 연고자 카드를 활용하여 신뢰할 수 있고 능력 있는 선거운동원을 물색하기 위해 노력해야 한다. 또 여력이 된다면 선거운동원의 경우 모집 인원을 선거법에 허용된 정수의 두 배 정도 더 모집해서 선거운동기간 중 교체하여 운영한다면 지지기반이 더 확대되어 구전홍보 효과의 극대화를 가져올 수 있을 것이다.

이렇게 여러 방면으로 모집된 대상자를 조직 구성원으로 최종 선정하기 전에 반드시 그 사람의 능력과 자질, 인성 등에 대한 세심한 검토가 필요하다. 그 이유는 잘못 확보한 구성원 때문에 오히려 표를 더 잃게 되는 경우도 있기 때문이다. 선거에 있어 표를 얻기는 어렵지만, 표를 잃는 것은 한 순간임을 명심해야 한다.

1) 핵심 운동원은 정치 인생의 동반자이다

선거조직은 소수의 핵심 운동원과 그 외 일반 운동원으로 나눌 수 있다. 핵심 운동원은 선거사무장, 회계책임자, 조직 내의 각 팀장을 들 수 있다. 이들은 후보의 당선이 자신의 당선이라는 마음으로 후보의 주요 업무를 대신하여 일반 운동원을 이끌어야 하는 중요한 임무를 갖는다. 따라서 후보는 자신의 분신과도 같은 핵심 운동원을 미리 확보해야 조직적이고 체계적인 선거준비를 할 수 있다. 선발된 이들은 선거에 있어서 한시적인 임용이지만, 멀리 내다 봤을 때 후보의 정치적 동반자로서 정치 운명을 함께 할 수도 있으므로 다소 시간이 걸리더라도 인물 선정에 신중을 기해야 한다.

핵심 운동원은 공통적으로 지역에서 평가가 좋고, 신뢰할 수 있으며, 열정과 능력이 있는 사람이어야 한다. 각 직책에 필요한 사항을 세부적으로 살펴보면, 선거사무장은 대외적으로 선거운동원을 대표하는 자리이므로 가급적 선거경험이 있어 선거이론과 실무에 밝아 업무 추진력이 있고, 선거운동원의 내부 갈등도 처리할 수 있는 포용력이 있어야 한다. 그리고 선거운동의 전략과 일정을 기획하는 능력까지 갖추었다면 금상첨화이다.

회계책임자는 돈과 관련된 일을 처리하므로 회계업무에 능통하고 무엇보다 신뢰할 수 있는 사람으로 선정해야 한다. 따라서 실수 없이 일을 처리할 수 있는 성실한 사람에게 맡기는 것이 좋다. 선임된 회계책임자는 선거의 큰 흐름을 사전에 파악하고, 그에 수반되는 예산 계획을 수립한 후 확보된 정치자금 범위 안에서 선거비용제한액이 초과되지 않도록 정치자금을 적절하게 집행해야 한다.

조직 내 팀은 일반적으로 수행·비서팀, 기획팀, 조직팀, 홍보·유세팀 정도를 들 수 있으며 각 팀의 업무에 적합한 자를 선정해야 한다. 우선 수행·비서팀장은 후보를 그림자처럼 따라다니며 후보 지원 업무를 총괄하는 업무이다. 후보를 단순히 따라다니는 것만이 아니라, 후보 일정에 착오가 생겼을 때는 순발력 있게 대처할 수 있어야 한다. 또한 상대 후보의 동향 파악 및 유세 현장의 모습과 문제점 등을 분석하여 선거사무장이나 기획팀장과 협의하여 차후 선거 전략을 수립하는데 도움을 줄 수 있는 역할을 담당해야 한다.

기획팀장은 선거 경험이 있고, 역대 선거와 여론조사의 결과에 대한 분석을 통해 선거운동에 대한 종합계획을 수립할 수 있는 능력을 갖추고 있어야 한다. 즉, 조직의 브레인으로 한정된 시간과 자원을 효율적으로 활용하여 각 분야별 선거운동의 전략과 전술을 제시하고, 선거 전반에 걸쳐 상대 후보의 전략·전술에 대해 분석해서 대응할 수 있는 순발력도 요구된다. 선거의 당락을 좌우하는 중책이므로 만약 주변에 기획팀장으로 적당한 사람이 없다면 외부 전문가의 도움을 받는 것도 고려해야 한다.

조직팀장은 일반 운동원의 전반적인 사항을 점검하고, 당원협의회 산하 여성·청년·직능·노동위원회 등 책임자와 동 책임자 등 지역 하부조직의 기반을 운영·관리하여 조직화하는 역할을 담당한다. 선거운동원들의 애로사항이나 건의사항 등 의견을 수렴하여 사기가 저하되는 것을 사전에 방지하고, 조직화 된 지역 하부조직과 연락망을 구축하여 지역 정보를 수집해야 한다. 따라서 지역구 사정에 밝고, 폭 넓은 인맥을 갖추고 있어 선거운동원 동원이 가능한 친화력 있는 인물이 적임자이다.

홍보·유세팀장은 수립된 홍보 전략에 맞춰 홍보물 작성, 언론홍보, 전화홍보, 구전홍보, 유세홍보, 사이버홍보 등을 분야별로 구성하여 운영하는 역할을 한다. 기본적으로 언론보도를 제공할 기사 작성 능력이 있어야 하며, 지역 언론사와 좋은 관계에 있는 사람이면 큰 도움이 될 수 있다. 기획팀장과 함께 후보의 좋은 이미지를 창출할 수 있는 전략적인 마인드도 필요하며, 후보의 강점과 상대 후보의 취약점을 일반 운동원에게 주지시켜 효율적으로 홍보 전략을 시행할 수 있어야 한다.

핵심 운동원을 확보하는 것이 선거준비의 절반이라고 한다. 미리 핵심 운동원과 파트너십을 형성하여 그들 스스로가 후보와 같은 마음으로 선거를 치러 나간다면 선거가 다가올수록 그 조직은 체계적으로 운영될 수 있을 것이다.

2) 연고자 카드, 인맥관리의 시작이다

선거운동의 시작을 위해 후보가 제일 먼저 해야 할 일은 친지, 동창, 지지자 등 자신의 인맥을 총동원하여 자신의 선거를 도와줄 사람을 추천해달라고 요청하는 일이다. 가급적 선거구 내 연고자를 추천 받는 것이 좋겠지만 선거구 내 연고자가 아니더라도 능력이 있거나 인맥이 넓은 사람을 추천 받아 핵심 운동원으로 임용하거나 그 사람의 인맥을 활용하여 재차 연고자를 찾을 수 있다.

  연고자를 찾는 방법으로는 후보가 개설한 인터넷 홈페이지에 '연고자 찾기'라는 제목으로 아래와 같은 서식을 게재하거나 당원 집회, 선거사무소 개소식에 서식을 비치하여 작성하게 하는 방법이 있다.

〈연고자 추천서 예시〉

추천자	성 명	연락처	비 고

이름	주 소	전 화	E-mail	직업	관계

작성하신 연고자 명단은 아래 메일이나 팩스로 보내주시기 바랍니다.
E-mail : dangseon@kkok.com
Fax. 1234-5678

이렇게 확보한 명단은 반드시 데이터베이스화해서 체계적으로 관리를 해야 한다. 명단은 선거운동원을 모집하거나 홍보

대상으로 활용할 수 있을 뿐만 아니라, 지역 주요인사의 성향이나 움직임까지 파악할 수 있는 귀중한 자료가 될 수 있기 때문이다. 연고자 명단 대상 중 자신의 당선에 도움을 줄 수 있는 사람은 직접 찾아가 인사를 하고, 주기적으로 전화를 하거나 전자우편(E-mail)을 보내 관심을 표명해야 한다. 그 대상이 많을 경우 동 책임자에게 나누어 줘서 대신 인사하게끔 하여 자신의 인지도를 높이고, 지지 기반을 확대해서 실제 선거운동을 할 때 실질적인 도움을 받을 수 있도록 해야 한다. 또한 명단 대상자를 후원금 제공과 자원봉사도 해줄 수 있는 사람, 후원금만 제공할 수 있는 사람, 자원봉사만 해 줄 수 있는 사람, 단순 지지자 등으로 기준을 정해 분류해야 한다.

본격적인 선거운동이 시작되면 유권자는 여러 후보 측에서 걸려오는 선거운동 전화에 짜증을 낼 수 있지만, 지인의 추천을 통한 선거운동 전화는 그 저항이 적어 후보의 호감도를 높이기 수월하다. 뿐만 아니라 계속해서 다른 연고자를 추천받으면서 연고자 범위를 지속적으로 확대하면 그 파급 효과도 커지게 될 수 있으므로 상시적으로 연고자 파악에 신경을 써야 한다.

3) 당원협의회를 움직여라

현재 각 정당은 고비용·저효율의 구조를 개선하기 위해 종전의 지구당 및 당 지부와 연락소를 폐지함에 따라 중앙당과 시·도당으로 구성되어 있다. 정당은 지역 당원들의 자발적인 지역 활동을 활성화하고, 정당 활동의 자율성을 확대하기 위해 국회의원지역구 및 자치구·시·군, 읍·면·동별로 당원협의회를 둘 수 있다. 시·도당의 하부조직인 당원협의회는 사무소를 두지 못할 뿐 예전 지구당의 체계적이고, 위계적인 조직을 변함없이 운영할 수 있다. 보통 당원협의회는 아래 그림처럼 실무를 책임지는 운영위원회와 정책개발을 담당하는 정책위원회 등으로 구성되어 있다.

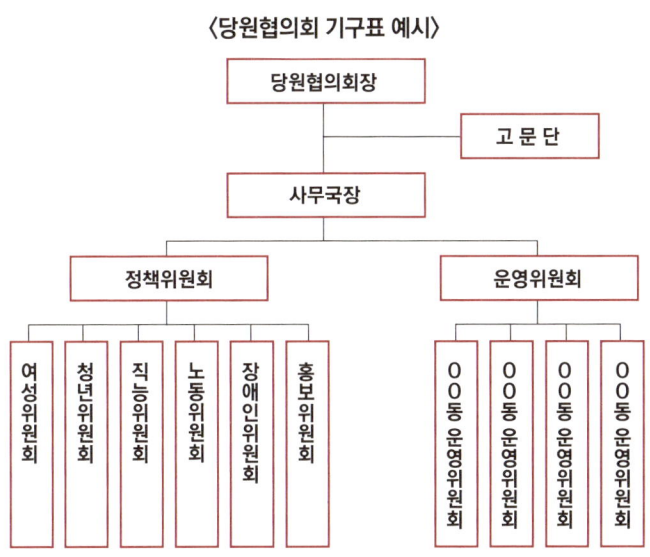

〈당원협의회 기구표 예시〉

운영위원회는 각 동의 책임자로 구성되는데, 이들은 평상시 지역 현황과 지역 내 주요인사 인적사항 및 성향 등을 파악하여 당원 가입 권유 등 지지자를 확보한다. 또 선거운동기간에는 선거사무소 주재 회의에 참석하여, 회의 때 결정된 사항 및 활동 지침에 따른 실천 방안을 계선 조직에 알리고, 후보의 유세 현장 분위기를 사전에 조성하며, 유세가 끝나고 난 후에는 지지·설득 및 지지자를 파악하는 역할을 한다. 보통 동 책임자는 해당 동에서 가장 영향력이 있고, 활동적인 유력인사로 선정하는 것이 좋다. 정당추천 후보의 경우 같은 정당 소속 구의원의 추천으로 동 책임자를 선정하는 경우가 많지만, 여의치 않을 경우 직접 각 단체의 장이나 명망이 높은 자를 선정할 수도 있다.

정책위원회는 여성·청년·직능·노동위원회 등 각 분야별로 위원회를 두고, 각 분야별 지역 현안 및 세부 이슈 마련을 위해 기획팀과 공조하여 후보의 공약 수립을 자문하는 역할을 한다. 또한 운영위원회와 마찬가지로 각 위원회의 특성에 맞는 활동을 하면서 지지자를 확보하고, 당원 가입을 권유하는 역할을 한다. 예를 들면, 청년위원회에서 선거일전 180일 전에 관내 대학교 홈페이지나 교내 게시판에 대학생 정책 인턴을 모집하기 위한 광고문을 게재하여 대학생을 정책 인턴으로 채용 후 당원으로 가입시킬 수도 있을 것이다. 정책위원회 위원장은 같은 정당 소속의 구의원이 맡기도 하지만, 각 분야의 전문가를 위원장으로 선정하는 것이 위원회 운영에 좀 더 효율적이다.

당원협의회 소속원은 대부분 많은 선거 경험으로 직접 선거에 도움을 줄 수 있는 사람이 대다수이고, 선거구민의 성향 분석이 되어 있으며, 지역정보에 밝다. 따라서 정당추천 후보는 당원협의회 조직을 보완하고, 새로운 당원을 늘리는 당원 배가 운동을 전개하는 등 효율적으로 운영한다면 선거에 큰 도움을 받을 수 있을 것이다.

2. 실전 선거조직 운영전략

훈련을 받은 병사와 받지 못한 병사가 전장에서 전투를 수행하는 능력은 엄청난 차이가 있다. 선거조직도 마찬가지이다. 선거조직과 관련된 모든 운동원들은 성공적인 선거 전략을 수행하기 위한 체계적이고 효율적인 훈련이 필요하다. 이번에는 후보가 선거준비 단계에서 구축한 조직과 자신을 지지하는 단체 및 팬클럽을 실전 선거에서 어떻게 운영해야 하는지에 대해 살펴보도록 하겠다.

가. 실전 배치에 활용하는 전투조직 운영

효율적으로 구성된 조직이 실제 선거에서 성공적으로 운영되기 위해서는 실행의 주체인 조직이 탄탄하게 구축되어야 하고, 그 구성원들이 전체 선거 전략과 조화를 이루면서 각자에게 부여된 임무를 정확히 주지하고 충실히 이행해야 한다.

1) 선거대책본부 구축으로 단결하라

조직구성 계획에 따라 핵심 관계자가 선임되고, 당원협의회 및 자원봉사자 조직 등이 구성되면 본격적으로 선거운동을 대비한 선거대책본부를 구축해야 한다. 선거법에서는 정당의 중앙당 및 시·도당 사무소에만 각 1개의 선거대책기구를 구성할 수 있도록 규정하고 있으나, 별도의 사무실을 설치하지 않고 효율적인 선거운동을 위한 내부조직을 구성하여 선거운동원이나 자원봉사자 등에게 직책을 부여하는 것은 선거운동 준비행위로서 충분히 가능하다.

선거대책본부 구성은 입후보예정자의 사정에 따라 다르겠지만 너무 늦게 구축하면 선거에서 활용이 불가능하고, 너무 일찍 구축하면 조직의 힘이 느슨해지므로 이러한 점을 고려하되, 늦어도 선거운동기간 한 달 전에는 구축해야 적응 기간을 거쳐 선거대책본부가 활성화될 수 있을 것이다.

이렇게 만들어진 선거대책본부는 선거운동 하나부터 열까지를 모두 운영해 가는 가장 중요한 조직이며, 더불어 모든 조직이 결합된 형태의 가장 큰 조직이기도 하다. 결국 선거를 위해 집행하는 모든 활동들이 선거대책본부를 중심으로 진행되므로 선거대책본부의 각 조직들이 유기적으로 움직일 수 있도록 구성해야 한다. 선거대책본부는 선거 규모와 후보의 상황에 따라 다양하게 구성될 수 있지만, 보통 아래 표와 같이 선거대책본부장 밑으로 사무국, 자문·집행위원회, 조직위원회를 두는 것이 가장 일반적이다.

〈선거대책본부 기구표 예시〉

```
                        후보 ── 배우자
                         │
                      선거대책본부
                         │
                         ├────── 고문단
        ┌────────────────┼────────────────┐
       사무국          자문·집행          조직위원
    ┌──┬──┬──┐   ┌──┬──┬──┬──┬──┬──┐   ┌──┬──┐
   기획 수행 총무 후원 여성 청년 직능 노동 장애인 홍보 대외   동별조직 조직팀
   팀  ·  · 원  위  위  위  위  위   위  협력   투표구별 홍보유세
       비  관  회  원  원  원  원  원   원  위원   통/반조직 청년기동
       서  리      회  회  회  회  회   회  회           투·개표
       팀  팀
```

위와 같은 선거대책본부는 형식적이고 획일적으로 구성되어서는 안 된다. 후보 자신이 강조할 선거운동 방식에 따라 선거운동원 배치 규모도 차등하여 정하고, 열세 지역인 곳은 특정일을 정해 모든 선거운동원을 투입하여 총력전을 펼치는 등 실질적이고 유동적으로 운영되어야 한다.

 마지막으로 선거대책본부와 같은 조직을 꾸리고 운영하는 것은 모두 선거승리를 위한 과정일 뿐이다. 여러 사람을 선거 조직에 참여시키기 위해 필요하지도 않은 자리를 만드는 위인설관(爲人設官)식 조직 운영방식은 조직 내 갈등만 조장할 뿐, 선거에도 부정적인 영향을 끼친다.

> **tip**
> **선거대책본부 구축할 때**
>
> ■ 선거대책본부를 구성하는 것은 단순히 후보 및 그 지지자 내부에서 이루어지는 준비행위로 그치는 경우에 한정되어야 한다. 이러한 한도를 초과하여 후보를 당선시키거나 당선되게 작용할 것을 목적으로 하는 것이라고 인정되는 경우 선거운동 준비행위가 아니라 선거운동임.
> ■ 입후보예정자가 특정인을 기존에 설립된 연구소의 기획실장으로 근무하게 한 다음 조사부장, 조직부장, 간사로 구성된 조직을 이용하여 연구소 직원이 본래의 업무가 아닌 선거 관련 일을 담당한 경우 유사기관에 해당된다.
> ■ 선거대책본부장은 다음과 같은 사람을 선임해야 한다.
>   - 후보가 신뢰할 수 있는 사람
>   - 지역 대표성이 있고, 선거 이론과 실무에 밝고 추진력이 있는 사람
>   - 리더십이 있어 조직의 마찰과 갈등을 조정할 수 있는 사람
> ■ 선거대책본부장은 후보에게 선거사무 대부분의 권한을 위임 받아 다음과 같은 역할을 한다.
>   - 후보의 분신이 되어 실질적으로 선거운동 전반을 총괄 관리
>   - 선거운동 일일 활동을 점검하여 선거 판세에 따라 선거전략 조정 및 대책 강구
>   - 자문위원회, 고문단, 후원회 대표자 등에게 선거운동 상황이나 소식을 알려 선거에 관심을 갖게 함.

2) 배우자는 또 하나의 후보다

후보의 배우자는 인생의 동반자이자 선거에 있어서 가장 중요한 동지이다. '부부는 일심동체'라는 말처럼 선거에서 유권자들은 후보의 배우자를 보고 그 후보를 지지한다거나 혹은 후보의 배우자 때문에 그 후보를 지지하지 않는다는 이야기가 나올 만큼 후보의 배우자는 득표에 많은 영향을 미친다. 선거에서 후보 배우자의 역할이 점차 커지면서 이들은 조용한 내조에서 벗어나 선거운동에 직접 참여하는 적극적인 내조를 펼치고 있다. 따라서 후보는 배우자의 내조에 따라 당선에 영향을 받을 수 있으므로 사전에 이러한 점을 배우자에게 주지

시켜야 한다.

　후보의 배우자가 후보를 따라 다니면서 인사만 했던 과거와 달리 지금은 별도로 수립된 후보 배우자 전략에 따라 후보가 시간이 없거나 다른 사정으로 직접 참석하지 못하는 곳에 후보 대신 참석하고 있다. 즉, 후보와 마찬가지로 후보의 배우자는 지역 또는 단체를 방문해서 유권자와 접촉함으로써 후보의 활동 반경을 넓히는 역할을 한다. 따라서 방문할 곳을 사전에 세밀하게 조사하여 상황에 따라 짤막하지만 호소력 있는 인사말도 준비해야 한다.

　그러나 자신이 선거에 출마하는 것은 아니므로 너무 앞에

후보 부인 행동지침

- 우리나라 유권자가 일반적으로 선호하는 후보 부인상은 봉사·희생적 이미지이며, 후보와의 관계에 있어서는 대등하고 상호 존중하는 모습이다. 그러나 20~30대 청년층, 고학력 및 고임금의 유권자는 적극적·전문적인 부인상을 선호하므로 접촉 대상에 따라 순발력 있는 이미지 변화가 필요하다.
- 행동, 언어, 옷차림 등 모든 면이 루머의 대상이 될 수 있으므로 가급적 불필요한 말은 삼가되, 지역 말씨를 사용하면서 항상 겸손하게 행동해야 한다. 용모는 너무 젊거나 화려하면 대다수 유권자에게 거부감을 줄 수 있으므로 화장과 옷차림은 수수하게 하고, 액세서리는 최소화하여 검소한 모습을 보여야 한다.
- 여성유권자나 여성단체에 접촉할 기회가 잦으므로 교육문제, 육아문제, 여성문제, 환경문제 분야에 관심을 갖고 후보의 여성층 공약을 반드시 숙지하고 있어야 한다.
- 여성표가 후보의 당락을 좌우할 수 있으므로 관내 조직구성이 방대한 단체의 행사에는 가급적 참석하고, 소속 여성들과 접촉·연계 활동을 하여 여성 단체 지원 및 홍보 활동으로 여성유권자에 대한 득표력을 높여야 한다.
- 찜질방, 미용실, 사회복지시설, 에어로빅센터, 노래교실 등 후보가 직접 커버하기 곤란한 곳을 중점으로 순회해야 한다.

나서지는 말고 적당히 이끄는 역량을 보여야 한다. 가급적 정치 현안 대화는 피하고, 누구나 공감할 수 있는 교육·육아·여성 및 물가·민생·치안 문제 등의 대화는 동조하면서 상대방 감정에 호응해야 한다.

3) 자원봉사자를 200% 활용하라

선거운동 자원봉사자는 선거운동기간 중에 후보를 위해 선거운동에 대한 대가를 받지 않고, 자발적으로 선거운동을 하거나 선거에 관한 사무를 보조하는 자를 말한다. 선거법에서는 선거사무원 수가 엄격하게 제한되어 있기 때문에 자원봉사자의 도움을 받아야 활발한 선거운동을 펼칠 수 있다.

자원봉사자는 보통 혈연, 지연, 학연으로 맺어진 지인이나 소속 정당의 당원, 후보의 정치적 이념에 동조하는 지지자들이다. 이러한 사람들만으로 부족하다면 연고자 카드를 활용하거나 후보가 속해 있는 종교단체나 친목단체 소속 회원들에게 자원봉사에 참여해달라고 권유·설득하여 그 범위를 확대해 나가야 한다. 하지만 자신의 시간과 노력, 심지어 자신의 돈을 쓰면서까지 자원봉사를 하려는 사람을 구하는 일이 말처럼 쉬운 일은 아니다. 실제 선거에서는 자원봉사자 제도가 본래 취지에서 벗어나 선거사무원 외에 추가로 필요한 인력을 자원봉사자라는 명목으로 더 뽑은 후, 선거사무원과 마찬가지로 수당·실비 등을 지급하는 경우가 있다고 한다. 그러나 이처럼 자원봉사자로 선임된 사람이 포상금을 노리고 수당·실비를 받고난 뒤 바로 선관위에 신고하는 선거파파라치가 등장한 경우가 있으므로 자원봉사자 제도의 본래 취지에 맞게 운영하는 것이 바람직할 것이다.

자원봉사자는 선거운동기간 중 후보를 위해 선거법에 제

한·금지되지 않는 범위 내에서 각종 선거운동을 할 수 있다. 그 대표적인 선거운동방법으로는 공개 장소에서 지지 호소, 전화 및 정보통신망 이용 선거운동, 상대 후보의 불법선거 감시, 기타 각종 연설·대담·토론 자료 작성, 연설·대담 장소 준비 및 정리, 선거사무소 사무처리 보조 등이 있다. 따라서 자원봉사자들의 성별, 연령, 경력, 특기 및 관심 분야 등을 고려하여 적재적소에 배치하고 임무를 부여해야 한다.

자원봉사자 운영에 대해 좀 더 구체적으로 살펴보면, 우선 전화홍보는 음성이 좋고 정확한 발음을 구사하는 사람을 선발한 후, 후보에 대한 홍보 내용을 완전히 숙지시키고, 유권자 반응에 따른 차별적인 대응방식의 훈련을 실시해야 한다. 그리고 구전홍보는 주로 여성들 중에 입심이 좋고, 지역주민들에게 선거운동을 하는 사람으로 노출되지 않은 사람을 선발해야 한다. 유권자들이 밀집한 미용실, 찜질방, 음식점 등에서 2~3명이 한 조가 되어 자연스러운 대화를 통해 후보의 장점과 상대 후보의 단점을 선전하는 역할을 한다. 또 '지피지기 백전불태(知彼知己 百戰不殆)'라는 말이 있듯이 젊은 층으로 구성된 청년기동단을 만들어 상대 후보 측의 움직임과 정보를 파악하고, 부정선거를 감시하여 적발하는 임무를 부여해야 한다. 마지막으로 공개 장소에서 연설·대담은 유권자에게 조직의 수준을 보여주고, 후보의 이미지를 각인시킬 수 있는 중요한 선거운동 방법이다. 그러므로 적극적으로 유세 분위기를 고무시킬 수 있는 능력이 있으면서 인상이 좋아 호감이 가는 자원봉사자를 선정해야 한다.

자원봉사자들은 물질적 대가 없이 그들의 시간과 노력을 제공하는 고마운 사람이므로 진심으로 감사하는 마음을 가져야 하며, 선거사무소에 꼭 필요한 존재라는 인식을 심어주어 자원봉사자들로 하여금 보람과 긍지를 느낄 수 있게 함으로써 정신적으로나마 보상이 될 수 있도록 배려해야 한다.

4) 투·개표참관인은 선거 최후의 조직이다

사전투표참관인은 선거일전 7일까지, 투표참관인과 개표참관인은 선거일전 2일까지 관할선거관리위원회에 신고해야 한다. 그런데 조직이 없거나 지지 기반이 약한 후보는 투·개표참관인을 인선하는 것도 결코 쉬운 일이 아니다. 투·개표참관인을 선정하려고 해도 하지 못하는 후보는 당선권에서 멀어진 후보일 가능성이 많다. 즉, 후보를 지원하는 조직이 없다는 의미이며 당선 가능성이 거의 없기 때문에 사람이 모이지 않았음을 반증한다.

투·개표참관인은 오랜 시간동안 참관 업무를 해야 하므로 끈기 있고 성실한 사람을 선정하거나 교대 및 교체 참관을 할 수 있게 하여야 한다. 투·개표 참관인에게는 참관 요령과 상황 발생 시 대처 요령 등을 반드시 숙지시켜야 한다. 이들의 임무에 대해 구체적으로 살펴보면, 투표참관인은 투표소 내부의 전반적인 상황을 살피고 투표용지 교부 상황과 투표 상황을 참관하는 역할을 한다. 그러나 참관 도중 선거인에게 직접 질문하거나 투표사무를 방해·간섭·지연시키는 등 선거에 영향을 주는 행위를 해서는 안 된다. 또 투표인이 기표소에서 디지털카메라나 핸드폰을 이용하여 투표지를 촬영하는지 주의 깊게 관찰하여 상대 후보 측의 매표 행위 여부도 감시해야 한다.

개표참관인은 당일에 개표가 시작되기 전 개표장에 도착해서 대기하고 있어야 한다. 개표는 투표가 종료되고 투표함이 개표장으로 이송되어 오면 시작되지만, 개표 시작 전에 선관위에서 그 과정 전반에 걸쳐 개표참관인이 알아야 할 사항에 대해 교육을 하므로 개표참관인은 미리 도착해서 교육을 받아야 개표 과정에서 발생할 수 있는 혼란을 예방할 수 있다. 개표가 시작되면 우선 자신이 담당한 구역의 투표구에서 이송된 투표함의 봉쇄·봉인을 확인하고, 개표 과정 전반을 참관하는 역할을 한다. 후보자별 득표수가 공표될 때마다 후보자별 득표 상황을 선거사무소 및 방청석에 보고해야 하며, 표 차이가 적은 박빙일 때는 개표에 지장을 주지 않는 범위에서 유·무효 판정이 애매한 표에 대해 이의를 제기하여 선관위 위원의 유·무효 심사를 유도해내어야 한다.

투표참관인은 득표에 도움이 될 수 있다

- 투표참관인 구성은 각 읍·면·동의 투표구별로 조직을 점검하는 차원에서 인선하며 지역에서 인심을 잃지 않은 사람을 인선해야 한 표라도 더 보탬이 된다. 어떤 후보의 참관인지 공개가 되기 때문에 투표 현장에서 그 사람의 얼굴을 보고 마음을 정하는 사람이 생길 수 있기 때문이다.
- 한 투표소당 투표참관인 수는 8명이고, 후보자수가 8명을 넘을 때에는 후보자별로 1명씩 우선 선정한 후 추첨에 의해 8명을 지정한다. 후보자 수가 8명에 미달하되 후보자가 선정·신고한 인원수가 8명을 넘을 때에는 후보자별로 1명씩 우선 지정한 후 나머지 인원은 추첨에 의하여 지정하므로 투표참관인 신고를 할 때 지정 순위도 고려해야 한다.

나. 별동부대를 이용한 조직 구성과 운영

보통 조직은 공식적 조직과 비공식적 조직의 양면으로 이루어진다. 후보를 지지하는 조직도 마찬가지로 공식적 조직인 공조직과 비공식적으로 후보를 지지하는 단체 및 팬클럽 등으로 나누어 볼 수 있다. 흔히 선거에서 공조직이 앞장서고, 비공식 조직은 뒤따르게 하라는 말이 있다. 이 장에서는 비공식 조직인 단체 및 정치인 팬클럽을 활용하여 뒤에서 후보를 지지할 수 있게 하는 방안에 대해 알아보도록 하겠다.

1) 단체를 얻는 것은 곧 〈천군만마〉를 얻는 것이다

선거법에서는 선거운동을 할 수 없는 단체를 명시하고 있다. 바꿔 말하면 후보는 선거법에 규정된 선거운동을 할 수 없는 단체를 제외한 모든 단체를 이용하여 자신을 위한 선거운동을 하도록 할 수 있다는 것이다. 그렇다면 후보가 선거운동에 이용할 수 있는 단체는 어떠한 것들이 있고, 이러한 단체들은 후보를 위해 무슨 일을 할 수 있을까?

선거운동을 할 수 있는 가장 대표적인 단체로는 노동조합(선거운동을 할 수 없는 자로 구성된 공무원 노동조합 등은 제외)을 들 수 있다. 노동조합은 조합원을 대상으로 관련법규 및 내부규약 등에서 정한 통상적인 의사결정 방법과 절차에 따라 지지할 정당이나 후보(입후보예정자 포함)를 결정하고, 결정된 조합의 의사를 소속 조합원에게 기관지·내부문서·인터넷홈페이지 등 통상적인 고지·안내 방법으로 알리는 것이 가능하다. 그리고 결정된 사항에 따르도록 단순히 권유·협력할 것을 당부하거나, 언론기관의 취재·보도하는 자를 대상으로 보도 자료를 제공하거나, 기자회견을 통하여 이를 공표할 수 있다. 또한 노동조합은 선거운동기간 중에 지지하기로 결정된 후보의 선거운동을 위해 그 명의 또는 대표자 명의로 조합원에게 전자우편, 휴대폰 문자메시지(자동 동보통신의 방법은 제외함)의 방법으로 지지를 호소할 수 있다. 유권자 중 많은 수가 노동자임을 고려해보면 노동조합을 이용한 선거운동의 파급력을 가늠할 수 있을 것이다.

한편 의사회·약사회·변호사회 등 각종 이익단체, 환경보호협회, 한국노년유권자연맹 등 각종 시민·사회단체, 대학교의 학생회 등도 선거운동을 할 수 있는 단체들이다. 이들은 앞의 노동조합과 같은 방법으로 지지후보를 위하여 선거운동을 할 수 있다. 또한 이러한 단체들이 그의 명의나 대표의 명의로 선거벽보나 선거공보에 지지·추천사를 게재할 수 있고, 거리유세 시 후보 등으로부터 지정받아서 유권자를 대상으로 지지를 호소할 수 있으며, 이들 단체의 사무소에 이미 설치된 전화나 컴퓨터를 이용하여 선거운동을 할 수 있다.

☞ 공직선거법 제87조 – 선거운동이 금지되는 단체

1. 국가·지방자치단체
2. 「공공기관의 운영에 관한 법률」 제4조의 규정에 해당하는 기관 중 정부가 100분의 50 이상의 지분을 가지고 있는 기관(한국은행 포함)
3. 「농업협동조합법」, 「수산업협동조합법」, 「산림조합법」, 「엽연초생산협동조합법」에 의해 설립된 조합
4. 「지방공기업법」 제2조(적용범위)에 규정된 지방공사와 지방공단
5. 향우회·종친회·동창회, 산악회 등 동호인회, 계모임 등 개인 간의 사적 모임
6. 바르게살기운동협의회·새마을운동협의회·한국자유총연맹
7. 법령에 의하여 정치활동이나 공직선거에의 관여가 금지된 단체
8. 후보자등이 임원으로 있거나, 후보자등이 재산을 출연하여 설립하거나, 운영경비를 부담하거나 관계법규나 규약에 의하여 의사결정에 실질적으로 영향력을 행사하는 기관·단체
9. 구성원의 과반수가 선거운동을 할 수 없는 자로 이루어진 기관·단체

후보는 이러한 단체를 적극적으로 활용해야 한다. 즉, 후보가 선거운동을 위하여 이러한 단체나 조직을 설립·설치할 수는 없지만, 기존의 단체가 내부규약 등 의사결정 방법에 따라 스스로의 의사결정을 통하여 후보를 지원할 수 있도록 해야 할 것이다. 특히 영향력 있는 사회단체를 포섭하는 것은 천군만마를 얻는 것과 같다. 이들을 활용하여 초기 선거 분위기를 주도한다면 당선에 한 걸음 더 가까워질 수 있을 것이다.

선거법상 금지된 사조직의 범위

선거법상 사조직의 설립 또는 설치 행위만을 금지하고 있을 뿐 이미 설립된 사조직을 이용하는 행위에 대해서는 금지하고 있지 않다. 그러므로 특정 선거후보자의 지시나 공모 없이 회원들이 자발적으로 모여 사조직을 만들었다면, 그 조직의 설립 후에 특정 후보자가 여러 차례 모임에 참석하였다는 사실만으로는 그 후보자가 사조직을 설립 또는 설치하였다거나 그에 공모하였다고 인정할 수 없다는 대법원 판례가 있다.

2) 후보의 든든한 지원군, 정치인 팬클럽

정치인 팬클럽의 유래는 2002년 대통령선거를 앞두고 결성된 '노무현을 사랑하는 모임' 약칭 '노사모'로 거슬러 올라간다. 이전에도 정치인의 신념이나 인생철학을 동경하여 선거와 무관하게 그들을 지지하는 모임이 있어 왔으나, 이런 모임이 조직적으로 활동한 것은 이때가 처음이라고 해도 틀린 말은 아닐 것이다. 이후 여러 정치인들의 지지 모임이 결성되어 활동하고 있으며, 이러한 모임의 회원들은 후보에게 여러 방면에서 큰 도움을 주고 있다.

정치인 팬클럽은 사실상 그 존재 자체만으로도 후보의 든든한 지원군이 된다. 통상 정치인 팬클럽은 그 명칭에서 해당 정치인이 누구인지 유추된다. 게다가 팬클럽의 구성원들이 특정 정치인을 선호·지지·지원하고자 하는 사람들이며, 외견상 나타나는 활동이 주로 해당 정치인을 선전하는 행위의 성격을 띠게 된다. 즉, 정치인 팬클럽이 자신들의 이름을 세상에 알리는 것은 곧 후보의 인지도와 직결되는 것이다.

그러나 정치인 팬클럽의 활동 범위는 제한적인 것이 사실이다. 정치인 팬클럽은 그 성격이 규제 대상에 해당되는 '사조직'과 합법적으로 활동 가능한 '일반사회단체'의 경계선 사이에 위치하고 있다. 즉, 어떤 활동은 합법인 반면 어떤 활동은 위법의 소지를 안고 있는 것이다. 그렇다면 정치인 팬클럽의 활동 중 법에 위배되지 않으면서도 후보에 유리한 활동에는 어떠한 것들이 있을까?

우선 팬클럽 명의의 홈페이지 개설이 가능하다. 이를 통해 입후보예정자(후보 포함)의 연설 내용이나 활동 상황 및 동정 등을 게시하는 것은 무방하다. 이는 특정 개인의 블로그에 자신이 좋아하는 정치인의 사진이나 활동 내용 등을 게시하는 것을 그 개인의 정치적 의사표현의 자유 영역으로 보아 사전선거운동으로 보지 않는 것과 일맥상통한다.

그리고 회원을 대상으로 산행·체육대회, 학술·문화행사 등을 개최하는 것 역시 그 행사의 목적을 벗어나지 않는 한 가능하다. 또한 당원만을 대상으로 하는 경선의 경우에는 당해 정당의 당헌·당규 등에서 정한 바에 따라 해당 경선 입후보예정자를 지원하거나 경선에 참여할 수도 있다.

정치인 팬클럽은 자생적으로 생겨난 후보의 지지자들이다. 즉, 언제라도 후보를 위해 자원봉사를 할 준비가 되어 있는 사람들이다. 이와 같은 지원군을 선거법에 위반되지 아니한 범위 안에서 어떻게 활용할지는 후보자의 능력에 달려 있다.

스스로 말고는 아무도
투표권을 빼앗지 못할 것이며,
그럴 수 있는 유일한 방법은
스스로 투표를 하지 않는 것이다.
- 프랭클린 루즈벨트

IV
자금, 어떻게 운용할 것인가

자금부터 확보하자

후원회 제대로 활용하기

지출도 전략이다

1. 자금부터 확보하자

정치에서 주요한 세 가지 요소는 자금·조직·선거이다. 선거에 있어서는 자금·조직에 더해 구도와 바람을 추가하고 있다. 이렇게 볼 때 현대 정치 및 선거에 있어 자금이 없이는 아무것도 할 수 없다는 말이 성립된다. 더욱이 정당정치가 발전하고 선거를 통한 정책 경쟁이 심화됨에 따라 정치자금에 대한 수요는 점차 증가하고 있다.

특히 선거에서 정당 및 후보 간의 정책 대결이 치열해질수록 유권자들에게 정당 및 후보의 메시지를 알리는 선거운동 과정에서 조직, 인력, 장비 등에 소요되는 비용은 상승할 수밖에 없다. 그러므로 선거를 구체적으로 준비하고 기획하는 단계에 들어가기에 앞서 소요될 자금의 수요를 예측하고 이를 확보하는 일이 선행되어야 한다. 후보의 인품이 아무리 훌륭하고 공약이 뛰어나더라도 자금 없이는 유권자에게 아무것도 알릴 수가 없기 때문이다.

이제부터 선거의 필수조건인 정치자금의 정의와 종류 그리고 이를 합법적으로 조달할 수 있는 방법에 대하여 알아보고자 한다.

가. 정치자금이란

'정치자금'은 정치활동을 위하여 정당(중앙당 창당준비위원회를 포함한다)이나 공직선거의 후보 등 정치활동을 하는 자에게 제공되는 금전이나 유가증권 그 밖의 물건과 그 자의 정치활동에 소요되는 모든 비용 및 당비, 후원금, 기탁금, 보조금, 정당의 당헌·당규에서 정한 부대수입을 말한다. 여기서 정치활동을 하는 자란 공직선거 당선자, 공직선거의 후보나 입후보예정자, 후원회·정당의 간부 또는 유급사무직원 등을 뜻한다.

선거와 관련한 활동 또한 정치활동에 포함되기 때문에 후보 혹은 입후보예정자가 선거와 관련하여 지출하는 경비는 모두 정치자금에 해당된다. 이중에서 정당·후보가 선거운동을 위하여 부담하는 비용(금전·물품 및 채무 기타 모든 재산상의 가치가 있는 것)을 '선거비용'이라고 한다. 즉 정치자금이라는 범주 안에 선거비용이 들어가 있는 형식이다.

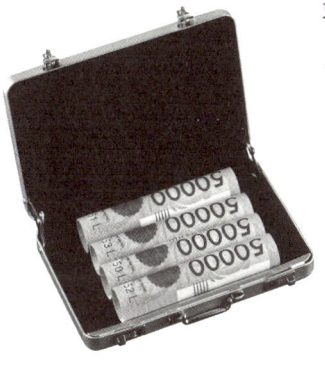

여기서 확실하게 알아둬야 할 것은 선거와 관련하여 지출하는 경비 전부가 선거비용이 아니라는 사실이다. 뒷 장의 〈그림 1〉처럼 정치자금은 '선거비용'과 '선거비용 외 정치자금'으로 나눌 수 있다. 이때 선거와 관련하여 사용하는 경비 중에서 선거운동을 위하여 지출한 비용만을 선거비용이라고 하고, 여기에 해당되지 않는 모든 비용은 선거비용 외 정치자금으로 분류한다. 따라서 선거와 관련하여 지출한 경비라도 선

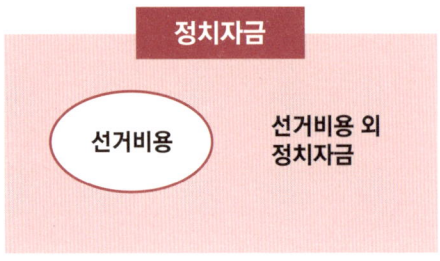

〈그림 1〉 선거비용과 선거비용 외 정치자금

거운동에 사용되지 않았다면 그 비용은 선거비용 외 정치자금에 해당되는 것이다.

또한 선거비용은 지출 총액이 제한되어 있는 반면, 선거비용 외 정치자금은 지출 한도가 정해져 있지 않다. 하지만 정치자금을 많이 지출한다고 해서 무조건 당선될 수 있는 것도 아니고,[31] 선거법에 위반되는 선거운동을 위하여 지출한 위법비용과 기부행위 제한 규정을 위반하여 지출한 비용도 선거비용에 포함시키게 되므로 선거법을 위반하지 않으면서 자금을 효율적으로 운용하는 것이 중요하다.

나. 정치자금에는 어떠한 것이 있나

우리가 흔히 말하는 정치자금은 조달 방법이나 출처 등에 따라 후보의 자산, 차입금, 후원금, 정당의 지원금으로 나뉜다. 정치자금을 조달하는 데에 있어 많은 자금을 확보하는 것도 중요하지만, 그것보다 더 중요한 것은 법에 위반되지 않는 방

---

31) 원찬희, 2010, 〈정치자금집행액이 득표율에 미치는 영향에 관한 실증적 연구〉, 고려대 정책대학원 석사학위 논문

법으로 자금을 확보하는 것이다. 이제부터 후보가 선거에서 조달할 수 있는 정치자금의 종류에 대해 알아보고 자금을 합법적으로 확보할 수 있는 방법에 대해서도 언급해 보고자 한다.

〈그림 2〉 정치자금의 종류

1) 자산 ; 남의 돈도 내 돈이 될 수 있다

자산은 개인이나 법인이 소유하고 있는 토지·건물·금전 등 경제적 가치가 있는 유·무형의 물질을 말한다. 하지만 정치자금에서의 '자산'은 후보나 입후보예정자가 정치활동을 하면서 사용할 수 있는 자신의 금전이나 차량, 장비, 물품 등을 의미한다. 법인의 재산 등은 「정치자금법」(이하 '자금법'이라 한다)상 자산의 범주에 포함되지 않는다.

자신의 자산만으로도 정치자금을 조달할 수 있는 후보는 타인에게 금전적인 도움을 받아야 하는 후보에 비하여 비교적 여러 제약 없이 자유롭게 활동할 수 있지만 이런 후보는 그리 많지 않은 것으로 파악된다. 회계보고 및 각종 연구, 조사에 의하면 대부분의 후보는 자산 외에 차입금과 후원금 등을 통해 정치자금을 마련하고 있음을 알 수 있다.

정치자금에서의 자산은 남의 돈도 내 돈이 될 수 있다는 점을 주목해야 한다. 후보가 「민법」 제777조의 규정에 의해 친족에게 빌리거나 무상으로 지원 받은 금전 등은 자신의 자산으로 간주할 수 있다. 「민법」 제777조의 "친족(이하 '친족'이라 한다)"이라 함은 배우자, 8촌 이내의 혈족 및 4촌 이내의 인척을 의미하는데, 이들 친족으로부터 금전 등을 지원 받는 것은 타인으로부터 지원을 받는 경우에 해당되지 않아 자금법의 규제 대상이 되지 않는다. 친족으로부터 지원받은 정치자금은 후원금과 달리 금액 한도에 제한이 없고, 또한 일반 차입금과는 달리 무이자로 빌려도 문제가 되지 않는다. 이 경우 금전 등의 변제 여부는 사인 간의 계약에 따른 문제일 수 있으나 자금법 위반은 아니다.

선거를 포함하는 정치활동을 하기 위해서는 적지 않은 비용이 소요된다. 그러나 자산이 없다고 해서 선거에 출마할 수 없는 것은 아니다. 제한적이긴 하지만 자금법에 위반되지 않는 범위 안에서 타인 등의 도움을 받아 자금을 조달할 수 있는 방법이 있기 때문이다.

2) 차입금 ; 또 하나의 방법 '상환조건부 모금'

차입금은 일정 기한 내에 원금 상환과 이자를 지급한다는 계약에 따라 조달된 자금이다. 쉽게 말해서 빌린 돈이다. 후보가 자신의 자산으로만 선거를 치를 수 있다면 좋겠지만, 그렇지 못한 경우에는 금융기관에서 대출을 받거나 개인에게 차용증서 등을 작성하고 빌리게 된다. 이때 금융기관에서 대출 받거나, 금융기관의 대출금리 또는 법정이자율에 준하는 통상의 이자를 지급하고 타인에게서 차용하는 것은 자금법상 아무런 문제가 되지 않는다. 다만 자금을 무상으로 제공받거나, 무이자 혹은 통상 이율보다 현저히 낮은 이율로 빌리는 것은 자금법에 위반된다. 그러므로 타인에게서 자금을 빌릴 때에는 반드시 법적으로 문제가 없는지 꼼꼼하게 살펴보아야 한다.

그렇다면 이왕 돈을 빌리는 경우에 돈도 빌리면서 후보 본인을 알리고 세간의 이목까지 끌 수 있는 방법은 없을까? 최근의 트렌드로 소개할 만한 정치자금 차입 방법 중 하나가 바로 '상환조건부 모금'이다. 이 방식은 처음으로 2010. 6. 2. 제

5회 전국동시지방선거에서 후보의 이름에 펀드를 붙인 '○○○펀드'라는 명칭으로 불렸는데, 대표적인 예로는 '□□□ 펀드(시·도지사선거)'가 있다. □□□ 후보는 이 방식으로 3일 만에 5339명이 약정하여 41억 원(당시 시·도지사선거의 선거비용제한액이 40억 7천 3백만 원이었음)의 모금을 달성한 바 있다. 또 △△△ 후보(시장선거)는 4일 만에 331명이 약정해 5억 2천만 원을, ◎◎◎ 후보(교육감선거)는 29일 동안 1,196명이 약정해 2억 3천 28만 원을 모금한 사례도 있었다.

상환조건부 모금이란 개인이 특정 후보에게 돈을 빌려주고 일정 기간이 지난 후 그 후보로부터 당초 약정했던 이자와 함께 원금을 돌려받는 방식이다. 따라서 후원회에서 후원금을 모금하는 것과는 전혀 다르다. 후원회가 후원인에게 정치자금 영수증을 발행·교부하는 방식이라면 '상환조건부 모금'은 후보가 후보 명의의 차용증을 발급한다. 또한 후원회를 통한 후원금은 돈을 갚지 않는 반면 상환조건부 모금은 후보가 추후에 이자를 계산하여 원금과 함께 상환하는 방식이다.

이는 사인 간의 계약 관계(민법상의 채권·채무 관계)로서 자금법에 어긋나지 않고, 정치자금을 음성적으로 조성하지 않는다는 점뿐만 아니라 유권자가 간접적으로 정치에 참여할 수 있다는 장점도 있다. 또한 이러한 형태의 정치자금 모금방식을 잘 활용할 경우 자금을 확보하고 덤으로 후보를 홍보하는 효과까지 누릴 수 있다. 그리고 유권자 개개인에게 소액의 자금을 빌리는 것이므로 빌려주는 사람도 부담이 없고, 소액 다수의 정치자금 조성이라는 취지에도 부합한다.

또한 상환조건부 모금은 사인 간 채권·채무이므로 이 모금에 참여한 사람도 연간 2천만 원까지(단, 하나의 후원회에 최대 5백만 원까지) 후원회에 후원금을 기부할 수 있다.

다만, 상환조건부 모금은 후원금과 달리 약정한 기간이 지나면 돈을 돌려주는 구조이므로 선거가 끝난 후 빌린 돈을 상환하기 위해서는 목돈이 필요하다. 그러므로 이 모금 방식을 시도해보려는 후보라면 선거 종료 후 받을 수 있는 목돈인 보전금액으로 빌린 돈을 상환한다는 전제를 하는 것이 안전할 수 있다. 따라서 당선이 되지 않더라도 현실적으로 선거비용을 보전(득표율이 15%이상일 경우 전액 보전, 10% 이상~15% 미만인 경우는 반액 보전)받을 가능성이 있는 후보가 시도하는 것이 유리하다.

만약 선거비용을 보전 받지 못하거나, 돈을 갚지 못할 경우 불특정 다수에게 돈을 빌렸기 때문에 그에 따른 파장이 클 수 있다. 따라서 인지도가 떨어지는 정치신인 혹은 무소속 후보에게는 다소 위험이 따르는 방식일 수도 있다. 하지만 높은 득표율을 얻을 수 있는 후보라면 돈을 빌리면서 덤으로 홍보까지 할 수 있는 상환조건부 모금 방식을 고려해 볼만하다.

3) 후원금 ; 돈으로 받고 정책으로 갚아라

'후원금'이란 후원인(후원회에 돈을 기부한 자를 말함. 회원 또는 회원이 아닌 자 모두 후원할 수 있음.)이 후원회에 기부하는 금전이나 유가증권, 그 밖의 물건을 말한다. 후원인이 후원회에 금전 등을 기부하면 후원회는 모금된 후원금을 후원회 지정권자에게 전달한다. 지정권자에는 현직 국회의원, 지역구국회의원선거 (예비)후보, 지방자치단체장선거의 후보자가 포함된다.

선거에 직접 참여한 보좌관 등을 대상으로 한 설문조사에 의하면 정치인들의 정치자금 조달 방식은 대체적으로 차입금과 후원금이 우선이고 그 다음이 자산인 것으로 나타나 후원금이 정치자금 조달에서 적지 않은 비중을 차지하고 있는 것을 알 수 있다.

자산이 풍족하여 자산만으로 비용을 조달할 수 있는 후보는 드물 것이고, 차입금은 다른 사람에게서 빌린 돈이므로 결국 갚아야 할 빚이다. 하지만 후원금은 타인의 돈을 합법적인 과정을 거쳐 모금하고 자신의 정치자금으로 쓰면서 갚지는 않아도 되는 일종의 정치자금 무상조달시스템이므로 후원금이 잘 모금된다면 가장 효율적인 자원 조달방법이 되는 셈이다. 그렇다고 해서 후원금을 간단하게 생각해서는 안 된다. 후원금은 타인의 돈을 쓰는 것이다. 그렇기 때문에 더욱더 자금법에서 정한 방법으로 모금과 기부가 이루어져야 하며 회계보고는 진실하고 투명하게 이루어져야 한다.

4) 지원금

지원금이란 각 정당이 자당에 소속된 (예비)후보에게 제공하는 금전으로서, 금전 외에 정당에서 제작·지원하는 선거운동용 물품·장비 등(예 : 기탁금, 로고송 등)도 포함된다. 따라서 무소속 후보의 경우에는 정당의 지원금이 있을 수 없다.

정당이 지역별로 지원해주는 보조금의 규모를 보면 약간의 규칙성이 나타나는데, 주요 정당들은 경합지역으로 분류되는 곳에 전략적으로 좀 더 많은 보조금을 지원하는 경향이 있다. 그러나 일반적으로는 정당이 선거 상황에 따라 지원 규모를 달리하여 소속 후보에게 지원금을 제공하고 있는데, 그 금액은 크지 않은 것으로 보이고 자금보다는 로고송 등 선거운동용 물품·장비 등을 제공하는 경우가 더 많다.

정치자금 회계처리와 관련하여 수입계정의 지원금은 '보조금인 지원금'과 '보조금 외 지원금'으로 나뉘는데 여기서 '보조금'이라 함은 '국가가 정당에 지급하는 자금'을 말한다. 즉 '보조금인 지원금'은 정당이 국가에서 받은 자금을 후보에게 지원해주는 지원금을 의미하며, '보조금 외 지원금'은 말 그대로 정당이 국가보조금이 아닌 당비 등 정당 수입으로 지원해주는 지원금이다.

　대체적으로 정당에서 제공해주는 지원금은 후보가 주요 자금원으로 기대하기에는 턱없이 부족한 금액이므로 정당의 지원금은 없다는 전제 하에 자금을 확보해야 할 것으로 보인다.

2. 후원회 제대로 활용하기

앞서 정치자금의 종류에 대해 알아보았다. 그 중 후원금은 후보가 정치자금을 마련하는 데 있어 커다란 비중을 차지한다. 이런 후원금을 모금하여 후보에게 전달하는 중간 매개체가 바로 후원회이다. 대부분의 후보는 후원회를 그저 자금을 모금하여 지정권자인 후보에게 전달하는 단순한 조직으로 생각하지만, 후원회를 잘 운영하면 정치자금 확보뿐만 아니라 모금 활동의 과정에서 자연스럽게 선거운동의 효과를 누리는 반사적 이익도 얻을 수 있다.

여기에서는 후원회 조직 및 모금 활동에 사용할 수 있는 실전 기법을 안내하고자 한다. 이제부터 제대로만 활용하면 일거양득의 효과를 얻을 수 있는 후원회에 대해 알아보자.

가. 후원회도 조직이다

1) 후원회란 무엇인가

'후원(後援)'의 사전적 의미는 '뒤에서 도와준다'라는 뜻이다. 여름에 홍수가 발생하여 실의에 빠진 이재민을 돕는 행위도 후원이고, 멀리 오지에 사는 아이들을 돕는 행위도 후원이다. 자금법에서 말하는 '후원'도 마찬가지이다. 자신과 정치적 성향이 같거나 아는 사람, 혹은 기타 등등의 이유로 정치인의 활동을 뒤에서 돕는 것을 후원이라고 말한다. 개별적인 의미의 '후원'은 '후원회'를 통해 그 의미가 조직화된다. 후원회 제도는 오늘날 정치인들이 정치자금을 투명하게 합법적으로 조달할 수 있는 가장 중요한 통로이다.

후원회의 역할은 후원인으로부터 후원금을 모금하여 후원회 지정권자에게 기부하는 것인데, 여기서 후원회는 후원인과 지정권자를 연결해주는 매개 역할을 한다. 만약 후원인이 후원회를 통하지 않고 지정권자에게 직접 후원금을 기부한다면 자금법에 위반이 된다. 후원회가 주체가 되어 후원인으로부터 모금한 후원금이 지정권자에게 전해지는 흐름은 아래의 〈그림 3〉과 같다.

후원회는 모금된 후원금 중에서 후원금을 모금하는 데 직접

〈그림 3〉 후원회가 주체가 되는 후원금 모금·기부의 흐름도

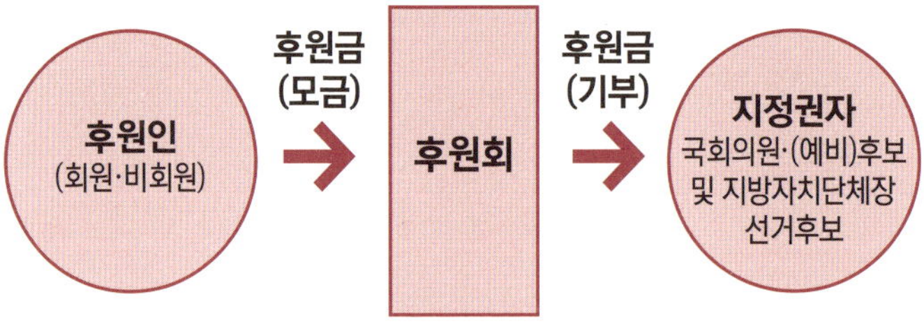

후원인(회원·비회원) →후원금(모금)→ 후원회 →후원금(기부)→ 지정권자(국회의원·(예비)후보 및 지방자치단체장 선거후보)

소요된 경비 및 유급사무직원에게 지급하는 인건비, 사무소 설치·운영에 필요한 경비 등 최소한의 경비만 지출할 수 있고, 이를 제외한 일체의 후원금은 지체 없이 후원회 지정권자에게 기부하여야 한다.

 선거가 없는 시기에는 현직 국회의원만이 후원회를 두어 정치자금을 조달할 수 있지만, 선거가 있는 시기(국회의원선거 기준)에는 예비후보자등록 후 바로 자신의 후원회를 만들어 정치자금을 조달할 수 있다.

2) 대표자, 후원회의 얼굴

후원회의 기능은 후원인으로부터 후원금을 모금하여 후원회 지정권자에게 연간 모금 한도액 이내에서 기부하는 것이다. 그렇다면 후원회 조직을 어떻게 구성해야 후원금을 잘 모금할 수 있을까?

 후원회의 조직을 구성할 때 가장 중요한 것은 후원회 대표자와 회계책임자를 선임하는 일이다. 후원회 대표자로는 명망가 혹은 재력가 등 지역에서 영향력을 발휘할 수 있는 인물이 적합하다. 지정권자로서도 이런 사람을 선호할 수밖에 없다. 왜냐하면 지역에 영향력을 행사할 수 있는 인물은 자신의 폭넓은 인맥을 이용하여 많은 금액의 후원금을 모금할 수 있고 지역 내 많은 표를 가져올 수도 있기 때문이다. 이런 인물을 대표자로 선정할 수 없다면 최소한 후원회 회원으로는 가입하게 하는 것이 좋다.

 현역 국회의원후원회 대표자들 중에 유명 정치인이나 연예인, 지역의 명망가 등 지역사회에 영향을 미칠 수 있는 인물이 다수 포진되어 있는 것만 보아도 대표자 선정과 후원금 모금액 간의 상관관계를 미루어 짐작해볼 수 있다. 후원회는 후원회 정관에 따라 공동대표자를 두는 것이 가능하므로 후원회를 홍보하는 역할을 맡는 유명인 등과 실질적으로 모금에 전념할 수 있는 인물을 공동 대표로 선임하여 역할을 나누어 후원금을 모금하는 것도 효과적인 방법 중의 하나이다.

한편 회계책임자는 각종 회계보고 및 정치자금 영수증 발급 업무 등 모금에 있어 실질적인 부분을 책임지기 때문에 회계 실무 능력이 탁월한 사람을 선임하는 것이 좋다.

3) 후보의 강력 지지자, 회원을 확보하라

후원회는 회원이 아닌 자에게서도 후원금을 모금할 수 있지만, 후원회 회원[32]의 수를 자금법에서 제한하고 있지 않으므로 가급적 많은 회원을 확보하면 안정적인 모금을 할 수 있어 좋다. 후원회 회원이 되면 연간 1만 원 또는 그에 상당하는 가액 이상의 후원금을 기부해야 하는데 이런 사람은 '자신의 돈을 내면서 지정권자를 지원해주는 강력 지지자'일 확률이 높다. 더군다나 지역구 내의 후원회 회원이라면 그것은 곧 '표'로 연결될 가능성이 크다. 따라서 지역구 내 후원회 회원이 많다는 것은 나를 선택할 유권자가 많다는 뜻이 되기도 한다. 그러므로 지역구 내에서 안정된 지지기반을 구축하는 일은 회원을 잘 관리하고 더 나아가 후원인을 더 많이 확보하는 데에서 시작된다.

후원회는 법에서 정한 방법으로 회원을 모집할 수 있고 지인 혹은 친분이 있는 자 등을 대상으로 단순하게 후원회 가입

---

32) 개인은 자유의사로 하나 또는 둘 이상의 후원회 회원이 될 수 있다. 다만 외국인, 국내외의 법인, 정당의 당원이 될 수 없는 자(국회의원 선거권이 없거나 국가공무원법, 지방공무원법에 규정된 공무원, 사립학교 교원, 법령의 규정에 의하여 공무원의 신분을 가진 자)는 회원이 될 수 없다.

을 권유하는 방식으로도 회원을 모집할 수 있다. 다만 거리 등에서 불특정 다수의 선거구민에게 안내장을 보여주면서 후원회를 홍보하고 회원을 모집하는 것은 지정권자를 선전하는 행위가 되어 선거운동의 목적을 가진 것으로 보아 선거법에 위반되므로 삼가야 한다.

후원회가 회원을 확보하였다면 회원을 관리하는 것 또한 중요하다. 조직에 대한 소속감 및 책임감을 갖게 하는 방법 중의 하나는 후원회 회원에게 회원증을 발급하는 것이다. 회원증을 고가의 재료로 제작하여 재산상의 가치가 더해지는 경우 선거법상 기부행위에 해당되어 문제가 될 수 있지만, 통상의 회원증을 제작·발부하는 것은 선거법에서 제한하고 있지 않다. 다만 회원증에 지정권자를 지지·홍보하는 문구가 포함되어 있을 경우 선거법에 위반될 수 있으므로 유의하여야 한다.[33]

창립총회 등 집회를 통해 회원을 관리하는 방법도 있다. 자금법에서는 집회에 의한 방법으로 후원금을 모금하는 것을 금지하고 있지만, 모금을 위한 행사가 아닌 후원회 설립 준비단계에서 개최하는 창립총회나 정기총회 및 회원 확보와 금품 모집방법의 논의 또는 후원회원 간 친목도모를 위해서 회원들이 자발적으로 개최하는 각종 행사는 언제든지 가능하다. 다만 이 경우에도 선거기간 중에 선거에 영향을 미칠 목적으로 각종 모임을 개최하는 것은 선거법에서 금지하고 있으므로 주의해야 한다.

또한 후원회가 후원금 모금, 기부내역을 공개하는 등 활동상황을 회원에게 알리는 소식지를 발행하여 지속적으로 회원

---

[33] 공직선거법 제93조제3항과 관련됨.

들과 소통하는 것도 좋은 방법이다. 그리고 회원의 경조사에 지정권자 명의의 의례적인 전보나 편지를 보내 항상 회원들에게 관심이 있고 감사하고 있다는 것을 지속적으로 알려 지정권자와 후원회 회원 간의 관계를 돈독하게 하는 것도 바람직한 회원관리 방법이라고 할 수 있다.

회원이 자발적으로 개최하는 행사

후원회 창립준비위원회가 그 구성원이 참여하는 창립총회를 개최하거나 회원이 자발적으로 행사를 개최하는 것이 가능하다. 여기서 중요한 것은 행사에 소요되는 비용은 구성원이 갹출하여 부담해야 한다는 점이다. 행사에 소요된 비용은 모금에 직접 소요된 비용에 해당되지 않기 때문에 모금한 후원금에서 지출하는 것은 자금법에 위반된다. 또한 소수의 뜻이 있는 자가 비용을 부담하는 것도 선거법에서 상시제한하고 있는 제3자의 기부행위에 해당하므로 주의를 요한다.

후원회의 각종 행사 개최 시에는 의례적인 범위의 내빈을 초청할 수 있고, 구성원이 자발적으로 참여하는 간단한 문화행사(풍물놀이, 축가 등)를 개최하여 행사의 흥을 돋우는 것도 가능하다. 하지만 연예인이나 외부단체 등을 초청하여 공연에 이르는 정도의 행사를 개최하는 경우 선거법상 기부행위에 해당될 수 있으므로 주의하도록 하자. 행사를 진행하면서 후원회 지정권자가 후원회 운영진 등에게 지정권자 명의의 감사패를 수여하는 것은 가능하다. 후원회는 지지 세력의 결집 단체이므로 유공자 표창 등을 통해 내부 결속을 공고히 다지는 것도 운영의 묘를 살리는 방법이라고 할 수 있다.

4) 탄탄한 지지층, 소액 후원인을 확보하라

국회의원 후원회에서 제출하는 회계보고를 살펴보면 대부분의 경우 고액 후원인보다 소액 후원인이 훨씬 많다는 사실을 알 수 있다. 소액 후원금과 고액 후원금의 비율은 대략 7:3 정도로 나타난다. 이는 후원회의 주요 수입원이 소액의 기부금임을 뜻하는데, 후원인으로서도 소액을 기부하는 것이 금전적으로 부담이 되지 않고 면세 혜택도 있기 때문인 것으로 추정된다.

후원회 회원이 아닌 소액 후원인 역시 지정권자에게 금전적인 후원을 하는 지지자들인 경우가 많기 때문에 이들을 많이 확보하는 것은 후원금 확보와 더불어 지지층도 탄탄하게 할 수 있는 것이다.

지정권자인 후보가 선거구민을 위하여 좋은 정책을 지속적으로 발굴하여 추진하고, 그의 정치적 신념이나 정치적 역할에 공감한 유권자들이 그를 후원하게 한다면 후원금도 모금하고 아울러 '표'까지 얻을 수 있어 가장 바람직하다. 하지만 현실적으로 후원금의 모금 형태는 소액 후원인이든 고액 후원인이든 대부분 혈연·학연·지연 등 인맥을 통해 이루어지는 것으로 보인다.

앞서 '조직' 부분에서 언급한 연고자 카드 작성과 관련하여 만약 관리하는 연고자 카드가 있다면 그중 후원금을 기부할 수 있는 사람을 추출하여 별도 관리하는 것도 하나의 방법이다. 또한 거주하는 지역의 이웃, 학교 동창 및 선·후배, 지역 내 활동하는 단체 및 각종 동호회 등을 기초로 이들의 인맥관계까지 활용하여 자신을 후원해 줄 것을 부탁해보자. 동창회보나 동창회 홈페이지 등에 후원회 계좌번호와 연락처 등을 게재·게시하는 것도 좋은 방법이다. 이때 필요 이상으로 자주 게재하거나 사진·경력·학력을 게재하여 후보를 선전해서는 안 된다.

소액 후원인들에게 후원금을 받았다면 그것으로 끝이 아니다. 그들과 계속적으로 유대관계를 유지해야 한다. 후원인에게 기부한 데에 대한 감사의 편지나 전자우편을 보내고, 이들의 요구에 대해 최대한 정책에 반영하려는 자세가 필요하다.

또한 그들의 생일 및 경조사를 파악하여 축하 또는 위로의 의례적인 인사를 전하는 방식으로 유대를 돈독히 함으로써 지정권자인 후보가 항상 관심을 갖고 있다는 것을 알리는 것도 중요하다.

5) 고액 후원인이 많으면 모금이 쉬워진다!
소액의 후원층을 확보하는 것이 지정권자의 안정된 지지기반을 다지는 것이라면, 고액의 후원층을 확보하는 목적은 무엇보다 정치자금을 원활히 조달하는 데 있다. 고액 후원인 1명이 낸 기부금이 소액 후원인 수십 명이 낸 기부금과 같다면 후원회는 당연히 고액 후원인 1명을 선택할 것이다. 모금의 효율성 측면에서 본다면 고액 후원인을 많이 확보하는 것이 모금을 수월하게 할 수 있는 방법이다.

효율적인 모금을 위해서는 고액 기부금부터 먼저 확보하는 것이 도움이 된다. 소액 기부금을 먼저 모으려다가 고액 후원금을 놓칠 수 있기 때문이다.[34] 개인이 한 후원회에 연간 후원할 수 있는 금액은 최대 5백만 원이므로 고액의 금액을 기부할 수 있는 후원인을 먼저 공략하여 활동 초기에 모금할 수 있는 후원금을 극대화한다면 후원회로서도 모금에 대한 부담을 덜 수 있게 된다.

연간 300만 원 초과 기부자(이하 '고액후원인'이라 한다)를 살펴보면, 친인척을 비롯해 이해관계 및 정치적 목적 등을 바탕으로 하는 기부가 주를 이루고 있다. 이처럼 후원인들이 친분이나 이해관계에 있는 정치인들에게 후원하는 경우는 흔히 있는 사례이다. 하지만, 소액 다수의 기부문화 정착을 위해 후

---

34) 로널드 A. 포첵스, 2010, 〈정치캠페인 솔루션〉, 140쪽, 나남

원회 제도가 만들어졌음을 생각했을 때 후원회는 이에 부합하는 방식으로 모금활동을 전개하는 것이 바람직하다.

그렇지만 최근에는 친분관계나 이해관계 등에 의하지 않고 지정권자의 정치적 입지나 위상, 후보의 정책이나 정치적 신념 등을 보고 후원의 기준으로 판단하는 경우도 점차 늘어나고 있다. 이런 경우 후원인들은 지정권자의 정치적 위상 하락에 민감하게 반응하는데, 이들은 후원 가치가 없다고 여겨지면 후원을 중단하게 될 가능성이 높다. 따라서 평상시 자신의 능력과 정치적 소신 및 정치 철학 등을 후원인들에게 확고히 각인시킬 수 있는 노력이 필요하다.

tip 후원금, 면세혜택이 궁금해요!

소액 후원인들은 대부분 1회 10만 원을 후원하는 경우가 많은데, 이들에게는 「조세특례제한법」이 정하는 바에 따라 그 정치자금에 상당하는 금액에 대한 소득세 및 증여세를 면제받을 수 있다. 개인이 기부한 정치자금에 대하여 10만 원까지는 세액을 공제하고 10만 원을 초과하는 금액에 대해서는 당해 후원인의 소득액에서 공제한다는 혜택을 알려주는 것이 좋다. 다만 이 경우 후원인이 익명으로 기부하거나, 후원회 지정권자가 후원회 또는 소속 정당 등으로부터 기부 받거나 지원받은 정치자금을 또 다른 후원회에 기부하는 경우에는 면세혜택 대상에서 제외된다.

나. 후원금 모금에도 전략이 있다

이제부터 이야기하고자 하는 후원금 모금은 자신이 지지하는 정치인을 돕기 위한 것이므로 자선사업이나 공공사업을 위한 모금과는 그 목적이 다르다. 또한 자선사업 등을 위한 모금은 자선단체나 시민단체 등 비영리단체에서 주로 주도하는 반면 정치인을 위한 모금은 후원회에서 주도하므로 모금의 주체도 확연히 다르다. 하지만 이렇게 주체와 목적이 달라도 사람들의 기부를 유도해서 모금을 해야 하는 본질적인 목표는 같다고 볼 수 있다.

미국의 비영리단체에서 활발한 모금활동을 하고 있는 모금 전문가 킴 클라인(Kim Kline)은 모금활동과 관련하여 〈모금의 10가지 팁, Top ten fundraising tips〉에 대해 다음과 같이 말한다.

1. 모금을 하려는 이유를 명확히 하라
2. 기꺼이 돈을 요구하라
3. 사람들이 돈을 내려는 마음을 갖도록 하라
4. 기부 가능성이 있는 집단을 찾아라
5. 각각의 기부에 대해서 감사하는 마음을 보여줘라
6. 기부자들에게 그들이 기부함으로써 달라진 것을 알려줘라
7. 과거의 기부자에게 기부를 요청하라
8. "안돼"라는 말은 "지금은 안돼요"의 줄임말이다
9. 다른 조직에도 관심을 가져라
10. 자금의 원천이 되는 가치를 적용시켜라

이는 비영리단체 모금활동에 대한 조언이지만 정치자금을 모금하는 후원회에도 훌륭한 지침이 될 수 있다. 모금은 전문적인 분야이다. 주먹구구식으로 모금을 해서는 절대 좋은 성과

를 이룰 수 없다. 보다 전략적이고 기술적인 방식으로 모금 활동이 이루어져야 한다.

여기에서는 보다 전문적으로 모금 활동을 펼치고 있는 비영리단체의 모금 기법을 참고하여 후원회가 합법적으로 정치자금을 모금할 수 있는 방법에 대하여 안내하고자 한다.

1) 후원인 데이터베이스를 구축하라

우선 모금을 하기 위해서는 먼저 '나는 왜 모금을 해야 하는가'에 대해 생각해 볼 필요가 있다. 단지 단기간에 자금을 확보하는 것만이 후원회 활동의 전부라고 생각하는가. 정치활동은 장기적으로 바라봐야 한다. 이런 관점에서의 모금활동은 단지 정해진 한도액을 모아서 자금으로 확보하는 것이 아닌, 광범위한 후원인 데이터베이스를 구축하는 것이라 할 수 있다. 좀 더 간단히 말해, 모금의 목적은 돈을 모으는 것이 아니라 후원인을 모으는 것이다. 돈을 원하는 것이 아니라 기부하는 사람들을 원해야 한다.[35]

후원인은 데이터화하여 관리하는 것이 중요하다. 연고자 카드를 관리하고 있다면 이를 정치적 협조 요청 명단과 금전적 후원 요청 명단으로 나누어 관리하는 것이 효율적일 수 있다. 금전적 후원 요청 명단을 작성할 때에는 이를 다시 고액후원인·소액후원인·잠재후원인군으로 나누는 것이 좋다. 막연히 자신에게 금전적으로 도움을 줄 수 있을지를 알고 있는 것만으로는 체계적으로 모금을 요청하는 데에 한계가 있기 때문이다.

---

35) 킴 클라인, 2009, 〈모금이 세상을 바꾼다〉, 35쪽, 아르케

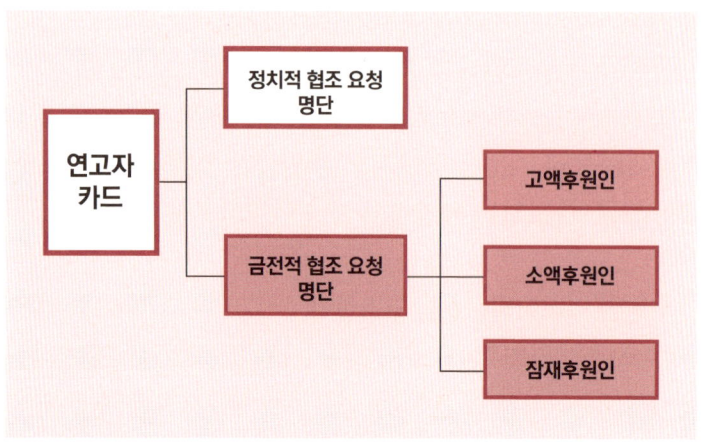

2) 구체적인 메시지를 전달하라

중앙선관위에서 제20대국회의원선거를 앞두고 실시한 유권자 의식조사에서 정치 후원금 기부 의향에 대한 결과를 살펴보면, 기부 의향이 없다는 응답이 75.7%로 압도적으로 많았다. 그 이유로는 '가계의 경제적 부담 때문에'와 '기부할 만한 정치인이 없어서'가 높은 비율을 차지했다. 반면 기부 의향이 있다는 비율은 21.6%이고, 그 이유로는 '우리나라의 정치발전을 희망하기 때문에'라는 의견이 다수를 차지했고, 다음으로는 '세액공제의 혜택이 있기 때문에' '정치부패를 근절하기 위해서' 등의 순으로 나타났다.

이러한 응답 내용에서 알 수 있는 것은 후원금에 대한 세액공제 혜택이 후원인의 흥미를 끈다는 점이다. 따라서 후원금 요청과 더불어 10만 원까지는 전액 세액공제를 받는다는 내용을 홍보하는 것이 모금에 유리하다. 또한 후보에게 후원이 꼭 필요하고, 정치발전을 위해 후원금을 쓰겠다는 메시지를 명확하고 적절하게 전달해야 한다. 어떠한 필요에 의해 돈을 요청하는지를 설명하면 설득의 명분이 생긴다.

3) 잠재후원인의 관심사를 파악하라

앞서 언급한 방법이 주로 소액·고액 후원인들에게 해당되는 것이라면, 관심사를 파악하는 것은 주로 잠재적인 후원인에 대한 모금 전략이다. '잠재 후원인'이란 후보에 대해 지지할 의사가 있지만 아직 후원 동기가 부여되지 않은 사람, 즉 후원할 마음만 먹으면 돈을 기부할 가능성이 높은 후원 예상자를 의미한다. 잠재 후원인에게는 이들이 계속적으로 후보에 대해 긍정적인 감정을 갖도록 관심을 가지며 후원동기를 부여해 주는 것이 중요하다.

잠재후원인에 대해 많은 것(관심사, 과거 후원 실적, 개인적 및 직업상 관계들)을 아는 것은 그들에게 언제, 어떻게, 어떤 수준으로 후원 요청을 할지를 파악하는 데 중요하다. 미국 민주당 정치컨설턴트 캐시 알렌(Cathy Allen)은 "고액후원금을 모금하기 위해 목표로 삼아야 할 것은, 후보가 전화를 거는 사람들이 후보에 대해 아는 것보다 후보가 그들에 대해 더 많은 것을 아는 것"이라고 하면서 잠재적 후원인 파악의 필요성을 강조했다.[36]

잠재후원인의 관심 영역을 파악하고 그중에서 후보와 공감대를 형성할 수 있는 주제가 있다면 그들이 후보에게 기부할 확률은 높아진다. 그 주제가 사회·정책적인 영역이라면 기부에 대해 동기부여 혹은 후원의 타당성을 제시하기 수월할 수 있으므로 가장 좋고, 종교·봉사 등 지극히 개인적인 영역이라도 공감할 수 있는 주제를 찾을 수 있다면 그들에게 접근하기

---

[36] 로널드 A. 포첵스, 2010, 〈정치캠페인 솔루션〉, 137쪽, 나남

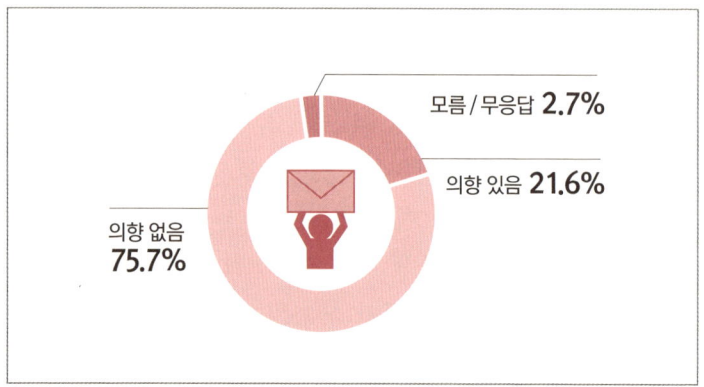

〈정치후원금 기부의향 조사〉

모름/무응답 2.7%
의향 있음 21.6%
의향 없음 75.7%

	계층별 분석	사례수	의향이 있다	의향이 없다	모름/무응답
	전 체	(1500)	21.6	75.7	2.7
연령	19-29세	(261)	16.0	81.8	2.2
	30대	(275)	23.0	75.9	1.1
	40대	(319)	29.1	68.8	2.1
	50대	(298)	28.3	70.4	1.3
	60대 이상	(347)	12.0	81.6	6.3
지역	서울	(299)	26.3	72.8	0.9
	인천/경기	(441)	20.9	77.1	2.0
	대전/충청/세종	(157)	24.1	71.8	4.1
	광주/전라	(154)	22.0	73.4	4.6
	대구/경북	(150)	16.9	80.6	2.5
	부산/울산/경남	(235)	17.7	77.9	4.4
	강원/제주	(64)	23.0	73.6	3.4
직업	화이트칼라	(457)	26.5	71.9	1.6
	블루칼라	(124)	23.0	75.7	1.3
	자영업	(283)	31.1	67.8	1.1
	농림수산업	(51)	13.8	76.4	9.7
	주부	(324)	11.9	82.2	5.9
	학생	(100)	13.0	86.0	1.0
	무직/기타/무응답	(162)	17.0	80.3	2.7

가 용이하므로 잠재후원인의 관심영역이 무엇인지 파악하는 것은 아주 중요하다.

잠재후원인의 후원 가능성은 후보 등[37])의 인맥, 후원인의 경제적 능력 및 지정권자인 후보의 정책 등이 그의 관심사에 부합하는 정도에 따라 좌우된다고 할 수 있으므로 명단 작성 시 이 세 가지를 반드시 체크해주는 것이 좋다. 그중 인맥의 경우 잠재후원인과 후보와의 사이에 인맥을 통한 연결고리가 있다면 명단 작성 시 함께 체크해서 관리해야 한다.

한편, 앞에서의 정치 후원금 기부 의향에 대한 도표에서 보듯이 국회의원 후보자의 후원회에 기부할 의향이 있는 사람은 40~50대에서의 응답 비율이 상대적으로 높았음을 유념해서 볼 필요가 있겠다.

4) 실전 모금 기법 적용해 보기

직접 모금활동을 시작하기에 앞서 모금을 하는 데에 어느 정도의 비용이 소요될지를 예상해 보는 것은 꼭 필요하다. 후원회가 후원금을 모금한 때에는 모금에 직접 소요된 경비를 공제하고 지체 없이 이를 후원회 지정권자에게 기부하도록 되어 있기 때문에 모금에 소요되는 경비가 많아질수록 지정권자에게 기부할 금액은 그만큼 줄어들 수밖에 없다. 게다가 모금활동에 소요되는 경비를 별도로 마련하는 것도 금지되어 있으므로 모금하는 데에 많은 비용을 지출하는 것은 바람직하지 않다.

또한 지정권자가 현직 국회의원 출신 후보가 아닌 경우 초기 모금활동에 소요되는 비용을 마련하는 것도 고민이 될 수

---

37) 여기서는 지정권자 및 후원회 대표자 등 후원회 관계자를 지칭함.

있다. 후원회를 설립한 뒤 예산이 전혀 없는 상태에서 모금활동을 시작해야하기 때문이다. 이때 모금활동에 소요될 비용을 차용해서 지출한 후, 후원금이 모아지면 추후에 변제하는 것이 가능하므로 크게 걱정할 필요는 없다. 투명하고 적법한 절차에 의해서 차용 및 변제가 이루어지고 그 내역이 회계보고에 포함된다면 문제가 되지 않는다.

후원회가 후원금 모금에 대한 고지·광고를 할 때는 모금에 대한 안내와 더불어 지정권자를 홍보하는 것이 가능하므로 직접 선거운동은 아니지만 선거운동을 한 것 같은 효과를 볼 수 있다. 다만, 이때 광범위한 선거구민을 대상으로 하는 경우에는 선거운동에 해당될 수 있으므로 주의하여야 한다.

각 후원회마다 재정적 여건 및 주력할 수 있는 모금 방법이 다를 것이다. 여기에서 소개하는 방법을 모두 사용하기보다 자신의 후원회 특성에 맞는 방법을 취사선택하여 실전에 활용할 수 있다면 보다 효율적인 모금활동을 할 수 있다. 처음 시작할 때에는 망설여지고 과연 후원을 해 줄까 하는 의구심이 들겠지만 "모든 사람이 나의 후원 요청을 기다리고 있다"라는 긍정적이고 적극적인 자세로 모금활동을 시작해보자.

가) 안내장 보내기

안내장 발송은 후원회만이 할 수 있는 모금 방법으로 비교적 저렴한 비용으로 많은 사람에게 메시지를 전달할 수 있다는 장점이 있다. 또한 잠재후원인을 신규 후원인으로 확보하는 데 있어 동기부여를 가장 확실하게 해줄 수 있고, 이미 확보한 후원인에게는 반복적인 후원을 유도할 수 있는 방법이기도 하다.[38]

연고자 카드에 의한 발송 대상자가 확정되었다면 호소력 있는 내용 및 호기심을 자극하는 디자인을 준비해야 한다. 안내장에는 후원회명, 후원금 모금의 목적, 기부처, 기부방법, 후원회 지정권자의 사진·학력·경력·업적·공약과 그밖에 홍보에 필요한 사항을 게재할 수 있다. 후원회 대표자의 경우에는 성명 및 통상의 사진을 포함한 인사말을 게재할 수 있다. 또한 지정권자의 활동사진이나 지정권자가 유력 정치인과 함께 찍은 사진도 게재가 가능하다.

안내장에 의한 설득 대상은 주로 소액후원인 및 잠재후원인군이지만 발송할 때에는 고액후원인도 포함시키는 것이 바람직하다. 또한 안내장을 통해 회원모집을 할 수 있으므로 안내장에 지로용지와 후원회 가입신청서(수신자부담용 회송봉투 포함)를 동봉하여 보낼 수 있다.

안내장은 후원회와 후원인과의 간접적 만남이다. 후원회가 정성들여 만든 안내장은 후원인의 마음을 움직여 예상치 못한 후원을 하게 만들 수 있다는 사실을 명심하자.

나) 전화 걸기(휴대전화와 문자메시지 포함)
전화를 이용한 모금은 후원회와 지정권자 모두 할 수 있는 방법으로 후원회 혹은 지정권자가 직접 전화를 걸 수 있고 또는 편의상 대행업체에 위탁하여 진행할 수도 있다. 전화를 이용한 모금 활동을 할 때에는 시간에 주의하여야 하는데 자금법으로 제한하고 있는 시간(오후 11시부터 다음날 오전 6시까지) 외에도 기본적으로 식사 시간대 및 TV 인기드라마 등이 방영하는 시간대도 피해주는 것이 좋다.

전화 모금의 메시지는 짧고 명확해야 하며, 선거운동과 관

옆 장 38) 킴 클라인, 2009, 〈모금이 세상을 바꾼다〉, 159쪽, 아르케

련 없이 오직 후원금 모금과 관련된 사항을 전해야 한다. 전화통화는 송신자와 수신자의 쌍방향 커뮤니케이션이라는 특성을 지니고 있으므로 상대방의 돌발 질문 등에도 대비하여 준비를 철저히 해야 한다. 대표자가 유명인 혹은 지역의 명망가라면 전화 대상자에 따라서는 대표자가 직접 전화를 하여 모금을 하는 것도 상대방의 호응을 얻을 수 있고, 더 나아가 잠재적 후원인을 확보할 수 있는 방법이기도 하다. 비록 통화를 하는 것이 모금으로 직접 이어지지 않더라도 이를 통해 후원회에 대해 홍보할 수 있는 좋은 기회가 되므로 잘 활용해 보자.

다) 직접 대면하기

직접 대면은 주로 고액후원인을 대상으로 하는 모금방법이다. 이는 인맥을 통한 모금활동이라고 할 수 있는데, 단순히 모금 기여도 측면에서만 보면 굉장히 중요한 부분을 차지한다. 주로 모금은 지정권자 및 후원회 대표자의 친인척과 지인, 또는 학연·지연 등에 의해 이루어진다. 여기서 주의할 점은 모금 절차상의 방법이다. 후원회의 모금활동은 자금법상 '후원회 또는 후원회로부터 서면으로 위임받은 자'만이 할 수 있는데, 후원회 회계보고를 받아보면 적법하게 모금할 수 있는 자가 아닌, 제3자가 지인 등으로부터 모금을 하는 경우가 종종 발생한다.

제3자가 후원인들의 편의를 위하여 단순히 그들을 대신하여 후원인 명의로 후원회 계좌에 입금하는 것은 가능하다. 하지만, 후원회로부터 서면 위임을 받지 않은 제3자가 후원금을 모금하여 후원인이 지명한 후원회에 계좌 입금하는 것은 후원회로부터 위임받지 않고 모금한 행위에 해당하므로 자금법에 위반된다.

따라서 반드시 후원회로부터 서면 위임을 받거나, 각각의 후원인이 개별적으로 후원회가 지정한 계좌에 입금해야 한다. 정치자금의 모금은 아무리 단순한 일이라도 반드시 적법한 절차에 의하여 이루어져야 한다. 후원금을 좋은 마음으로 기부한 후원인도 위와 같은 일로 위법 행위에 연루된다고 하면 다음번에도 기분 좋게 기부할 수 있을까. 직접 대면하여 모금을 할 때에는 후원금을 모으는 것도 중요하지만, 적법한 절차에 의하여 모금하는 것을 전제로 해야 함을 명심해야 할 것이다.

3. 지출도 전략이다

지금까지 정치활동 혹은 선거를 치르기 위해 자금을 확보하는 방법에 대해 알아보았다. 흔히 돈을 모으는 것보다 쓰는 것이 더 쉽다고 생각한다. 하지만 돈을 모으는 것만큼 잘 쓰는 것도 중요하다. 특히 제한된 선거비용으로 경쟁을 해야 하는 선거에 있어서는 그 어느 때보다도 전략적 지출이 필요하다. 주먹구구식 지출을 하다가 낭패를 볼 수 있기 때문이다. 지출에도 전략이 있다. 현명한 후보라면 선거운동 전략에 맞는 지출계획을 수립하여 자금을 체계적이고 효율적으로 쓸 수 있어야 한다. 이제부터 확보한 자금을 전략적으로 지출하는 방법을 알아보자.

가. 주요 지출항목에 대하여

선거를 치르는 데에는 많은 비용이 소요된다. 선거사무소 음료수 구입비부터 연설·대담 차량의 임차비용까지 선거와 관련한 모든 것에 돈이 든다. 선거에 출마하는 후보의 지출 항목은 대부분 대동소이 하다. 다만 각 후보에게 맞는 선거운동의 효과성 정도에 따라 어디에 더 많이 혹은 더 적게 지출하느냐의 차이가 있을 뿐이다. 후보는 지출에 대한 전략을 수립하기 전에 선거를 준비하면서 주요 지출 항목이 무엇인지에 대해 알아야 할 필요가 있다.

1) 선거준비 비용

선거준비 비용은 선거 출마를 위해 필요한 제반비용으로 초기에 많이 지출하게 된다. 선거관계자 면담 조사에 의하면 선거가 본격적으로 시작되기 전에 선거구내 자신의 인지도·지지도 등을 알아보고 공약 수립과 관련한 기초 자료를 수집하기 위한 여론조사 비용 및 사무소 임대료 등에 대한 지출이 큰 부분을 차지한다고 한다.

선거준비 비용은 선거비용 외 정치자금이기 때문에 선거비용제한액에 합산되지 않아 지출 금액에 제한은 없다. 그러나 후보가 확보할 수 있는 정치자금은 한정적일 수밖에 없으므로 적정한 금액을 초과하지 않도록 계획하여 선거를 치르는 동안 자금 부족으로 고민하는 일이 없도록 해야 한다.

2) 기탁금

기탁금은 후보가 선거에 출마하기 위하여 후보자등록 시 선관위에 납부해야 하는 돈이다. 현재 국회의원 선거는 1500

만 원, 시·도의회의원선거는 300만 원, 시·도지사선거(교육감 선거 포함)는 5000만 원, 자치구·시·군의원선거는 200만 원을 내도록 하고 있다. 또한 예비후보등록 신청 시 해당 선거 기탁금의 20%에 달하는 금액을 기탁금으로 납부해야 한다.

　기탁금은 보전비용과 마찬가지로 개표 결과에 따라 당선되거나 일정 득표율에 이른 경우 반환받을 수 있다. 반환 요건은 보전 기준과 동일하다. 다만 예비후보가 당내경선 탈락 등으로 인해 본인의 의지와 상관없이 후보자등록 자격요건을 상실하는 경우에는 예비후보자 기탁금 전액을 반환받을 수 있으나, 이와 달리 자신의 의지로 후보자등록을 포기하는 경우나 경선에 의하지 않고 당에서 공천을 받지 못해 후보자등록을 하지 않은 경우에는 예비후보자 기탁금 전액을 반환받을 수 없다.

3) 예비후보의 선거비용

예비후보는 자신의 선거운동을 할 수 있는 기간 동안 명함 배부, 예비후보자 홍보물 발송 및 어깨띠 착용 등 제한적으로 선거운동을 할 수 있다. 이중 가장 큰 비중을 차지하는 지출항목은 예비후보의 선거사무원 등 수당·실비와 예비후보자 홍보물 제작·발송 비용 및 선거사무소의 간판·현판·현수막을 제작·설치하는 비용이다.

　예비후보의 선거운동에 지출된 자금은 선거비용이므로 지출에 제한이 있다. 예비후보의 선거비용 지출이 늘어날수록 본 선거에서 쓸 수 있는 선거비용이 줄어들게 되므로 이 비용은 지출을 최소화하는 것이 바람직하다. 또한 예비후보의 선거비용은 보전을 받을 수 없기 때문에 보전까지 염두에 둔 후보라면 더욱더 지출을 줄여야 할 것이다. 자금 사정 때문에 선거사무관계자에게 수당 및 실비를 지급하는 것이 부담이 된 다면 양자 간의 협의 하에 자금법에 정해진 수당·실비보다 적게 지급하는 것은 문제가 되지 않는다. 이는 예비후보의 기간 뿐만 아니라 본 선거기간에도 동일하게 적용된다. 다만 선거법에 정해진 금액을 초과하여 지급하는 것은 매수 및 이해유도죄에 해당되므로 자금법에 정해진 금액 이내에서 지급하는 것이 중요하다.

4) 후보의 선거운동 및 조직관리 비용

선거를 치르면서 가장 많은 비용이 지출되는 항목이 선거운동 및 조직관리에 소요되는 비용일 것이다. 선거에 처음 출마하는 후보들 중에는 선거 인쇄물이나 연설대담용 차량 임차 등을 터무니없이 비싼 가격으로 계약하는 경우가 많다. 인쇄물 제작 등에 대한 사전 지식이 없는 후보는 전적으로 업체에 의존할 수밖에 없기 때문에 대부분 업체에서 제시하는 금액대로 계약을 하고 이를 선거 후 보전 받을 수 있을 것이라고 기대한다. 하지만 선관위의 선거비용 보전은 후보가 선거운동을 위하여 지출한 금액 그대로 돌려주는 것이 아니다. 특히 인쇄물의 경우 원가계산에 의한 보전을 하고 있으므로 그 금액이 후보가 돌려받길 기대하는 금액보다 현저히 낮은 경우가 대부분이다.

조직관리비 역시 큰 비중을 차지하는 항목이다. 특히 국회의원선거에서 그러한 양상이 더욱 두드러지게 나타난다. 조직을 운영하는 데에는 많은 비용이 소요된다. 공식적으로는 선관위에 신고가 된 선거사무원 등에게만 수당·실비를 지급할 수 있지만, 정치관계자 심층면담자료에 의하면 후보 등이 조직관리 및 자원봉사자 운영에도 별도의 비용을 지출할 수밖에 없는 실정이라고 밝히고 있다.

　이와 같은 음성적인 지출 행위는 내부자에 의하여 선관위에 신고가 되거나 사직기관에 의해 적발되어 해당 후보는 당선이 되고도 그 직을 잃게 되는 경우가 종종 발생한다. 후보로서 조직을 잘 관리하고 이를 기반으로 당선을 향해 나아가는 것도 중요하지만, 확고한 정치관계법 준수 의지를 가지고 선거에 임하는 자세가 필요하다고 하겠다.

나. 효율적으로 선거예산을 수립하라

이제 자금도 확보되었고, 주요 지출항목도 파악되었으니 무작정 지출하면 되는 것일까. 그렇지 않다. 같은 돈을 쓰더라도 후보가 출마할 선거구의 특성에 따라 적기에 적절한 자금을 지출하는 것이 바람직한 지출 방법이다. 게다가 선거 후 보전 대상자가 된다는 가정 하에 선거비용에 대한 보전까지 염두에 두고 자금을 지출한다면 보다 전략적으로 지출할 수 있다.

　선거예산의 수립은 대부분의 후보가 쉽게 간과하는 부분이다. 대부분의 후보는 선거에 소요되는 총 비용만 머릿속에 그리고 있을 뿐 어느 부분에 얼마를 써야 할지 구체적으로 생각하고 있지 않다. 그만큼 실행예산을 수립하는 것이 쉽지 않기 때문이다. 하지만 사전에 실행예산을 수립하면 그만큼 계획적이고 알뜰하게 지출할 수 있다.

　무분별한 지출을 사전에 방지하고 효율적인 실행예산을 수립하기 위해서는 선거예산서를 활용하는 것도 한 방법이다. 선거예산서는 회계보고와는 다른 개념이다. 회계보고가 선거 과정 동안 지출한 자금에 대하여 그 내역을 기록한 일종의 가계부라고 한다면, 선거예산서는 언제, 어디에, 얼마나 지출할 것인지를 사전에 총체적으로 예측한 계획서라고 할 수 있다. 현명한 후보라면 현재 자금 상황 및 자신이 처해 있는 주변 환경을 철저하게 반영하여 현실적이고 실현 가능한 선거예산을 수립할 수 있어야 한다.

1) 선거예산서 작성하기

선거예산을 수립하는 것이 막연하게 들린다면 아래의 표처럼 항목별로 정리하여 소요 비용을 예상해 보는 것도 체계적인 지출을 하는 데 도움이 될 것이다. 여기서는 로널드 A 포첵스의 〈정치캠페인 솔루션〉에서 설명하고 있는 '항목별 선거예산 지출·계획표'를 한국의 선거구조에 맞게 아래와 같이 변형하여 소개하고자 한다. 예산서를 작성 시 주의할 점은 총 예상선거비용이 선거비용제한액을 초과하지 않도록 해야 한다는 것이다. 또한 아무리 빈틈없이 예산서를 작성했다고 하더라도 예측할 수 없는 상황이나 금액이 부족할 경우를 대비하기 위하여 예비비 성격의 임시비용을 마련해 두는 것이 안전할 것이다.

 뒷 장에서와 같이 항목별 선거예산 지출·계획표를 작성할 때 형식적으로 해보는 것은 아무런 의미가 없다. 선거를 치르면서 지출할 항목들을 꼼꼼하게 반영하여 작성해야만 사실에 가까운 지출 규모를 가늠해 보는 데에 도움이 된다. 또한 표를 작성하는 과정을 통해 선거비용과 선거비용 외 정치자금을 명확하게 구분해 봄으로써 전반적인 정치자금 회계운영에 유용한 지식을 쌓을 수 있을 것이다.

항목별 선거예산 지출·계획표(예시)

(단위 : 개, 명, 원, %)

지출항목			소요비용
선거비용	인쇄물 제작	예비후보자 명함	
		후보자 명함	
		선거공보	
		선거벽보	
	연설·대담 차량임차 등	차량임차	
		무대설비	
		앰프임차	
	선거사무원 수당·실비	예상인원(명)	
	현수막 제작	선거사무소 현수막 (교체수량 포함)	
		동별현수막	
	...	...	
	소 계		A
	임시비용 (위 선거비용의 10% 책정)		B=(A×0.1)
총 선거비용 (선거비용제한액 : 원)			(가)=A+B
선거비용 외 정치자금	여론조사 비용	여론조사(1차)	
		여론조사(2차)	
	선거사무소	임대료	
		컴퓨터·카메라 등 장비	
		책상 및 가구임차	
		선거사무소 개소식(다과류 구입)	
	...	...	
	소 계		C
	임시비용 (위 선거비용 외 정치자금10% 책정10% 책정)		D=(C×0.1)
총 선거비용 외 정치자금			(나)=C+D
총 정치자금			가 + 나

2) 선거비용 구체적으로 가늠해보기

앞에서 제시한 선거예산서 작성과 관련하여 예산서를 현실성 있게 작성하기 위해서는 지출 항목별 소요 비용에 대한 구체적인 분석 및 예상이 필요하다. 출마 경험이 없는 후보라면 경험자의 조언 혹은 직접 시장조사 등을 통해서 비용을 예측할 수 있으며, 출마의 경험이 있는 후보라면 지난 선거의 경험을 바탕으로 보다 수월하게 이를 예상할 수 있다. 선거비용의 수입과 지출을 예상하고, 그에 맞추어 자금을 확보하여 구체적인 계획을 수립하는 절차는 모든 후보에게 반드시 필요하다.

구체적인 예산을 수립하기 위해서는 지난 선거 자료를 참고하는 것도 도움이 된다. 뒷 장에 제시하는 자료는 2016년도에 실시된 제20대 국회의원선거의 신고액 기준 선거비용 지출 상황이다. 물가변동률에 따라 현재와 약간의 차이는 있겠지만 특별한 사유가 없는 한 전반적인 지역별 지출 양태를 파악하는 데는 무리가 없을 것으로 예상된다.

3) 보전까지 생각한 예산 짜기

보전에 대해 알아보기 전에 먼저 선거공영제의 취지에 대하여 정확하게 이해할 필요가 있다. 선거공영제란 선거운동의 자유방임으로 말미암아 야기되는 폐단을 방지하기 위해 국가가 선거를 관리하고 그에 소요되는 선거비용의 일부 또는 전부를 국가가 부담함으로써 선거의 공정성을 기함과 동시에 자금이 없지만 유능한 사람이 선거에 출마할 수 있는 기회를 제공하는 제도이다. 이에 따라 현행법에서는 선거법에서 정한 보전 요건을 충족시킨 후보의 선거운동에 소요된 비용을 국가나 지방자치단체가 부담하도록 하고 있다. 선거비용의 보전은 바로 여기에서 출발한다.

구분	선거구수	보고서 제출상황		선거비용 지출상황			
		대상 후보자수	제출 후보자수	제한액	지출신고액	1후보자당 평균지출액	1후보자당 평균지출률
전국	253	944	943	165,707,000,000	113,330,051,680	120,180,331	68.4
서울	49	205	205	34,006,000,000	21,319,871,075	103,999,371	62.7
부산	18	60	59	10,080,000,000	6,829,085,765	115,747,216	67.7
대구	12	38	38	6,587,000,000	4,327,598,918	113,884,179	65.7
인천	13	45	45	7,960,000,000	6,244,604,928	138,768,998	78.4
광주	8	43	43	7,162,000,000	3,942,672,540	91,690,059	55.0
대전	7	30	30	5,184,000,000	3,542,585,085	118,086,170	68.3
울산	6	21	21	3,488,000,000	2,515,108,976	119,767,094	72.1
세종	1	5	5	885,000,000	559,023,312	111,804,662	63.2
경기	60	211	211	35,218,000,000	25,554,101,112	121,109,484	72.6
강원	8	27	27	5,178,000,000	3,518,764,506	130,324,611	68.0
충북	8	26	26	4,682,000,000	3,680,534,352	141,559,014	78.6
충남	11	37	37	6,783,000,000	5,220,561,379	141,096,253	77.5
전북	10	47	47	9,181,000,000	6,785,284,524	144,367,756	73.9
전남	10	52	52	10,628,000,000	6,103,720,482	117,379,240	57.4
경북	13	34	34	6,842,000,000	5,132,365,716	150,951,933	75.0
경남	16	54	54	10,292,000,000	6,722,258,028	134,486,260	65.3
제주	3	9	9	1,596,000,000	1,331,911,082	147,990,120	83.5

출처: 중앙선관위, 「제20대 국회의원선거총람」

선거에 출마하는 모든 후보의 최종 목표는 당선이다. 선거비용 보전과 관련해서는 당선이 되면 자금법에서 정한 선거운동을 위하여 지출한 선거비용을 전액 보전 받을 수 있는 유리한 점이 있다. 물론 당선이 되지 않더라도 보전 요건을 충족한다면 지출한 선거비용에 대해 보전을 받을 수 있다. 그러므로 후보자로서는 당선을 목표로 하되, 당선이 되지 않더라도 최소한 보전 요건을 충족시켜 선거운동을 위하여 지출한 돈은 돌려받을 수 있는 전략을 수립하는 것이 현실적으로 비용 손실을 최소화할 수 있는 방법일 것이다.

가) 교육 참여는 선택이 아닌 필수사항이다

선거비용 보전을 효과적으로 받기 위해서 가장 기본이 되는 것은 역시 정보를 많이 얻는 것이다. 아는 만큼 보인다는 속담도 있듯이 보전과 관련한 정보를 많이 확보하고, 그 정보를 적절하게 활용할 줄 알아야 한다. 선거는 일상적으로 있는 일이 아니기 때문에 선거 경험이 많은 후보 혹은 회계책임자라고 하더라도 보전에 대한 지식이 충분할 수 없다.

선관위에서는 선거가 가까워지는 시기부터 선거기간 동안 보전 및 회계보고와 관련된 교육을 집중적으로 실시하는데, 이 교육에 회계책임자 등 실무를 담당하는 사람이 반드시 참석하여야 한다. 선관위에서 실시하는 교육이야말로 선거의 각 해당 분야와 관련하여 가장 중요하고 필수적인 정보를 얻을 수 있는 기회이기 때문이다.

나) 보전 항목인 선거비용에 대해 알기

선거비용은 후보가 선거운동을 위하여 부담하는 비용을 의미하는데, 보전 기준에 대하여 이해하기 위해서는 '비용을 지출하고자 하는 행위가 선거운동을 위한 행위인지 여부'에 대한 판단이 선행되어야 한다. 예를 들어 '1회용 우비 구입비'의 경우 이를 소품으로 선거운동에 활용한다면 이는 선거비용에 해당되나, 선거운동 중 비가 와서 단순히 착용만 했을 경우에는 선거비용 외 정치자금에 해당된다. 그리고 소품으로 사용하는 우비 구입비는 직접적으로 선거운동을 위해 지출한 비용에 해당하므로 보전을 받을 수 있는 항목에 해당된다.

또한 선거비용임에도 불구하고 비보전 대상으로 분류되는 기준에 대하여 알아둘 필요가 있다. 기본적으로 위법비용, 예비후보의 선거비용, 선거비용으로 지출했으나 선거 후에도 재산 가치가 있는 항목에 대하여 지출한 비용, 후보가 직접 지출하지 아니하거나 제3자에게서 무상으로 제공받은 비용 등에 대해서는 보전 받을 수 없다. 그러므로 보전 받을 수 있는 항목과 보전 받을 수 없는 항목이 무엇인지 파악하여 불필요한 지출을 줄이는 것이 비용 측면에서 후보에게 이득이 되는 방법이다.

다) 통상거래가격에 대해 알기

보전을 기준으로 선거운동 분야의 지출 항목은 크게 통상거래가격이 정해진 항목과 통상거래가격이 정해지지 않은 항목으로 나누어진다. 많은 회계책임자가 보전과 관련하여 통상거래가격이 정해지지 않은 항목은 보전을 받을 수 없는지에 관해 종종 묻곤 하는데, 결론부터 말하면 통상거래가격이 정해지지 않은 항목도 보전을 받을 수 있다.

통상거래가격이 정해진 항목의 선거비용을 지출할 경우에는 이를 초과하지 않는 범위 안에서 거래하는 것이 비용 손실을 막을 수 있는 방법이다. 통상거래가격이 정해지지 않은 항목의 경우에는 「부가가치세법」 제5조에 따라 등록된 동종업

통상거래가격이란?

1. 정부고시가격 또는 정부의 기준요금 (「국가재정법」 제29조제1항에 따른 예산안편성지침의 기준단가와 요금을 포함한다)
2. 「국가를 당사자로 하는 계약에 관한 법률 시행규칙」 제5조에 따른 전문가격조사기관이 조사하여 공표한 가격
3. 위 각 호의 어느 하나의 기준에 따라 계산할 수 없는 가격의 경우에는 「부가가치세법」 제5조에 따라 등록된 해당 업종 3이상의 사업자가 계산한 견적 가격을 평균한 가격

종 중 3이상의 사업자가 계산한 견적가격을 평균한 가격으로 책정한 후 보전하도록 되어 있다. 후보가 지출한 비용이 선거운동을 위하여 지출한 비용에 해당되고 이것이 절차상 문제가 없이 합리적인 가격으로 지출되었다면 통상거래가격과 현저히 차이가 나지 않는 범위 안에서 보전을 받을 수 있다는 사실을 유념하자.

라) 보전 청구 시 유의사항

개표 결과에 따라 보전이 확정된 후보는 선거비용을 지출한 영수증·계약서·비용청구서 기타 증빙서류를 첨부하여 선거일 후 10일까지 서면으로 관할 선관위에 보전청구서를 제출하여야 한다. 이때 미처 청구하지 못한 보전청구 내역에 대해서는 회계보고서를 제출하는 때에 추가로 청구할 수 있지만, 보전청구서 자체를 제출기한까지 제출하지 않으면 아무리 보전 자료를 완벽하게 준비해 놓아도 보전을 받을 수 없다. 따라서 관할 선관위에 반드시 각종 보고서 제출기한을 확인하여 기간 내에 해당 업무가 완료될 수 있도록 해야 한다.

보전청구서를 기일 내에 제출했다고 해서 보전청구 절차가 모두 끝난 것은 아니다. 선거일 후 10일까지 보전청구를 했다면, 선거일후 30일까지 회계보고서를 제출해야 한다. 보전청구서를 제출하고 회계보고서를 제출하지 않는다면 보전을 받을 수 없다. 또한 회계보고서를 제출하더라도 보전청구 시 신청한 내역이 들어가 있지 않다면 역시 보전 받을 수 없으므로 보전청구 대상 항목이 회계보고서에 누락되지 않도록 해야 한다. 따라서 보전청구서와 회계보고서를 각각 달리 작성하기보다는 지출이 있을 때마다 회계보고서를 작성하고, 이렇게 작성한 회계보고서 사본에 보전을 청구할 선거비용 내역만 남기고 처리하면 좋다. 그러면 좀 더 간단하게 보전청구서를 작성할 수 있을 뿐만 아니라 보전청구서나 회계보고서 작성 시 그 내역을 누락시키는 실수를 예방할 수 있다.

외상으로 거래하면 보전 받을 수 없을까?

선거운동을 하면서 자금이 부족하여 업체와 외상거래를 하는 경우가 생길 수 있다. 이를 미지급 상태라고 하는데, 미지급 상태라도 거래업체에서 발행한 정규의 청구서를 증빙서류로 제출하면 보전을 받을 수 있다. 다만 미지급분이라고 하더라도 이는 선거비용 지출에 해당하므로 회계보고서상 실제로 돈이 지출된 것과 같이 처리해야 한다. 그래야 정당한 지출로서 지출 내역에 포함되고 보전도 받을 수 있기 때문이다. 보전청구서 및 회계보고서의 해당 내역 비고란에 '청구'라고 기재하면 된다.

다. 스마트한 지출을 위하여

선거는 선관위의 당선인 결정을 끝으로 종료된다. 하지만 선거가 종료되더라도 선거를 치르는 과정 중에 발생했던 위법행위들로 인해 후보는 작게는 행정조치에서부터 크게는 고발을 당하거나 소송 등에 연루되어 정신적, 금전적으로 고통을 받는 경우가 종종 발생한다. 선거비용과 관련해서도 마찬가지이다. 이제부터는 지출을 할 때 반드시 유의하여야 할 점을 짚어보고, 사소한 실수로 인해 발생하는 사건·사고를 예방할 수 있는 방법에 대하여 알아보고자 한다.

1) 선거비용제한액 초과 지출 시 당선무효 될 수 있다

선관위에서는 전국소비자물가변동률을 적용하여 예비후보

자등록신청개시일 전 10일까지 관할 선거구의 선거비용제한 액을 공고하는데, 선거구의 인구수 및 읍·면·동수에 따라 금액이 달라진다. 선거법에 의하면 후보 또는 회계책임자 등이 선거비용제한액의 200분의 1이상을 초과하여 선거비용을 지출하였을 때에는 5년 이하의 징역 또는 2천만 원 이하의 벌금에 처한다고 규정하고 있다. 후보 또는 회계책임자가 거래업체와 부적절한 거래를 하고 선관위의 비용 실사 과정에서 적발이 되어 선거비용제한액을 초과하게 되는 경우도 있지만, 대부분 회계책임자의 부주의 혹은 회계보고서 작성상의 오류 등으로 선거비용제한액을 초과하는 경우가 많다.

선거비용제한액을 초과하지 않기 위해서는 회계장부를 미루지 않고 지출이 있을 때마다 작성하는 것이 중요하다. 항상 당일에 회계처리를 마무리해야 현재까지 얼마의 지출이 있었고, 앞으로 운용 가능한 자금이 얼마나 남아있는지를 파악하는 것이 쉬워지기 때문이다. 또한 선거비용과 선거비용 외 정치자금을 명확하게 구분하는 것도 중요하다. 선거비용을 선거비용 외 정치자금으로 착각하여 회계보고서를 작성·제출한 후, 선관위에서 이를 발견·정정하여 선거비용을 초과하게 되는 경우도 발생하기 때문이다.

다음 장의 표를 참고하면 자기가 출마할 선거구의 선거비용제한액 규모를 대충 짐작할 수 있을 것이다.

2) 반드시 신고된 계좌를 통해서 신고된 회계책임자가 지출하기

(예비)후보자등록을 하고 나서 지체 없이 해야 하는 것 중에 하나가 선관위에 회계책임자를 선임·신고하는 일이다. 회계책임자를 별도로 선임하지 않고 (예비)후보가 겸임하는 방법도 있지만, 회계책임자를 선임하여 자금을 운용하게 해야 (예

〈선거비용제한액 최다·최소 선거구 현황〉

(단위 : 원)

구분	선거구수	최다		최소		평균
		선거구명	선거비용제한액	선거구명	선거비용제한액	
전국	253	밀양시 의령군 함암군 창녕군	270,000,000	안산시단원구을 군포시갑	144,000,000	176,000,000
서울	49	중구 성동구을	186,000,000	노원구갑 서대문구갑	150,000,000	165,000,000
부산	18	서구 동구	200,000,000	기장군	146,000,000	169,000,000
대구	12	중구 남구	207,000,000	달서구병	156,000,000	172,000,000
인천	13	중구 동구 강화군 옹진군	249,000,000	계양구갑	148,000,000	175,000,000
광주	8	북구갑 북구을	179,000,000	서구을	152,000,000	167,000,000
대전	7	중구	193,000,000	유성구갑	149,000,000	173,000,000
울산	6	중구	182,000,000	남구을	149,000,000	164,000,000
세종	1	세종특별자치시	177,000,000	-	-	177,000,000
경기	60	여주시 양평군	200,000,000	안산시단원구을 군포시갑	144,000,000	167,000,000
강원	8	태백시 횡성군 영월군 평창군 정선군	238,000,000	원주시을	161,000,000	193,000,000
충북	8	보은군 옥천군 영동군 괴산군	228,000,000	청주시청원구	158,000,000	185,000,000
충남	11	공주시 부여군 청양군	236,000,000	아산시을	151,000,000	183,000,000
전북	10	남원시 임실군 순창군	230,000,000	익산시을	165,000,000	193,000,000
전남	10	고흥군 보성군 장흥군 강진군	246,000,000	여수시을	157,000,000	206,000,000
경북	13	상주시 군위군 의성군 청송군	268,000,000	구미시을	167,000,000	200,000,000
경남	16	밀양시 의령군 함암군 창녕군	270,000,000	양산시갑 양산시을	149,000,000	189,000,000
제주	3	제주시갑	184,000,000	제주시을 서귀포시	174,000,000	177,000,000

출처 : 중앙선관위, 「제20대 국회의원선거총람」

비)후보가 선거운동에만 집중할 수 있게 되므로 별도로 회계책임자를 선임하는 것이 좋다.

정치자금은 반드시 선관위에 선임·신고가 된 회계책임자 1인에 의하여 수입·지출되어야 한다. (예비)후보도 예외는 아니다. (예비)후보 본인의 자금이라 하더라도 정치자금과 관련해서는 선임·신고가 된 회계책임자가 모든 수입·지출을 처리하는 것을 원칙으로 하되, 필요한 경우 회계책임자로부터 적법한 자금 교부 절차를 통해 지출해야 한다.

회계책임자에 의한 정치자금의 지출만큼 중요한 것이 선관위에 신고한 예금계좌를 통해 정치자금을 수입·지출하는 일이다. 선관위에 정치자금에 대한 수입·지출계좌를 신고하고 나서 실제 수입·지출은 엉뚱한 계좌를 통해 이루어진 경우를 종종 볼 수 있다. 선임·신고가 된 회계책임자 혹은 신고가 된 계좌를 통해 수입·지출이 이루어지지 않을 경우 자금법에 위반되어 처벌받을 수 있음을 명심하자.

3) 영수증, 살뜰하게 챙기자

영수증은 지출의 증거가 되는 서류이다. 영수증을 보면 언제, 어디서, 얼마의 지출을 어떤 방식으로 했는지 알 수 있다. 영수증과 관련하여 주의할 점이 있다면 거래한 과세사업자별로 구비해야 할 영수증의 종류가 다르다는 것이다. 크게는 과세사업자별로 일반과세자와 간이과세자로 구분할 수 있는데, 일반과세자와 거래할 경우에는 세금계산서를, 간이과세자와 거래할 경우에는 간이영수증을 구비하면 된다. 그리고 체크카드매출전표와 현금영수증은 과세사업자 구별 없이 구비할 수 있다. 그리고 사업자가 아닌 개인과 거래하여 영수증을 구비하는 것이 불가능할 경우 거래대상품목의 품명·가액·수량·영수일자·영수자의 성명·주소·생년월일·전화번호가 기재되고 날인된 영수증을 징구하여 준비하면 된다. 정규의 영수증을 제대로 준비하지 못하면 회계보고규정 의무 위반에 대한 처벌뿐만 아니라 선거비용 보전 시 불이익을 당할 수도 있으므로 각별히 주의해야 한다.

지옥의 가장 뜨거운 자리는
정치적 격변기에
중립을 지킨 자들을 위해 예비되어 있다.
기권은 중립이 아니다.
암묵적 동조다.

― 단테

V
선거, 어떻게 이길 것인가

- 선거운동기간의 제약을 뛰어넘자
- 예비후보자등록, 사실상 선거운동의 시작이다
- 선거운동에 사활을 걸어라

1. 선거운동기간의 제약을 뛰어넘자

앞서 우리는 조직운영과 정치자금 모금방법 등 선거의 전반적인 준비과정에 대하여 살펴보았다. 그러나 아무리 많은 수의 인력을 확보하고 정치자금을 모금하더라도 그것이 실제 표로 연결되지 않으면 아무런 의미가 없다. 이제는 확보된 인력과 정치자금의 토대 위에서 구체적으로 표를 획득하는 단계로 넘어가 보자.

가. 인지도, 호감도, 지지도

후보와 유권자가 만나는 통로는 다양하다. 하지만 이 다양한 접근 방법은 결국 유권자의 표로 귀결되어야 한다. 선거운동 준비과정에서 선거운동기간 마지막 날까지 후보와 선거참모를 가장 고민하게 만드는 것은 후보를 어떻게 알리고 호감을 이끌어 내어 결국은 후보를 지지하게 만들 것인가 하는 문제이다.

1) 선거에서 인지도란 무엇인가

듣지도 보지도 못한 물건을 구매하겠다고 나서는 사람은 별로 없을 것이다. 소비자는 상품을 보고 그 물건의 용도, 품질, 디자인과 실용성 등을 검토한 후 구매 여부를 생각하게 된다. 그리고 생산자는 망설이는 소비자의 구매 의욕을 불러일으킬 수 있도록 판매 광고를 하고, 소비자가 이에 대한 만족감을 느낄 때 비로소 지갑을 열게 되는 것이다. "어떤 사람이나 물건을 알아보는 정도"가 바로 '인지도'의 사전적 의미이다. 선거에 있어 인지도란 "유권자가 후보를 알아보는 정도"라고 할 수 있을 것이다.

   선거는 유권자에게 후보를 알리는 것에서 시작한다. 물론 최종적으로 이것이 표로 연결되기 위해서는 단순히 후보를 알리는 것만으로는 부족하다. 유권자의 감정을 호감으로 발전시켜 후보를 위해 투표소로 발걸음을 옮기게 해야 한다. 즉 인지도를 호감도로, 다시 지지도로 연결하여 표가 되게 하는 득표 전략이 필요한 것이다.

2) 인지도와 호감도의 상관관계

미국 심리학자 자종크(Zajonc) 교수의 '단순 노출효과'에 따르면 어떤 자극에 반복적으로 노출되는 것만으로도 호감도가 증가한다고 한다. 특히 이러한 단순 노출 효과는 대인관계에서 주로 나타나는데, 다른 조건이 동일할 경우에는 자주 만나는 것이 곧 호감 형성의 결정적 요인이 된다는 것이다.

우리나라 속담인 '몸이 멀어지면 마음도 멀어진다'라는 말도 같은 의미라고 볼 수 있다. 만남의 빈도가 잦아질수록 친숙해지고 호감도를 상승시킬 수 있지만, 몸이 멀어지면 마음도 멀어져 그만큼 호감도 역시 떨어지게 된다.

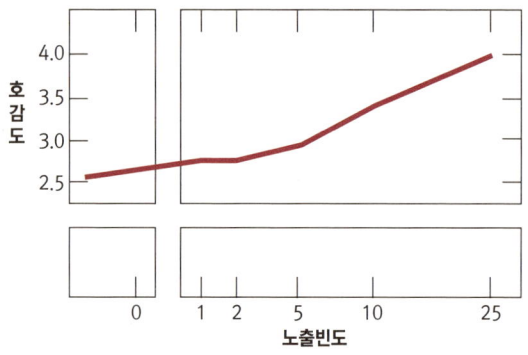

▲ 노출빈도가 올라갈수록 호감도가 증가한다.

선거에서도 마찬가지이다. 후보의 인지도를 제고시킬 수 있는 가장 확실한 방법은 유권자와 만나는 것이다. 그러나 무조건 많이 만난다고 반드시 그것이 표로 연결된다고 볼 수는 없다. 상대방이 강하게 거부하는 대상이라면 오히려 만남을 통해 그 부정적인 감정이 심화된다는 것이 단순 노출 효과의 한계이기 때문이다. 결국 호감도를 상승시키는 '긍정적인 이미지'를 찾는 것이 중요하다.

나. 뛰기 위해서는 일단 걸을 줄 알아야 한다

국회의원선거나 지방선거 모두 선거운동이 가능한 기간은 후보자등록기간마감일의 다음날부터 선거일 전일까지 총 13일에 불과하다. 명함 배부, 홍보물 발송 등 제한된 방법으로 선거운동이 가능한 예비후보자기간을 포함한다고 하더라도 최대 120일을 넘지 못한다. 정치신인이 유권자들에게 자신을 알리기에 4개월이라는 기간은 턱없이 부족하다.

따라서 출마를 염두에 두고 있다면 선거운동 기간에 얽매이지 말고 선거법이 허용하는 테두리 내에서 지역사회에 자신을 알리기 위한 꾸준한 노력과 활동이 필요하다.

1) 선거운동은 내 주변에서부터 시작하라

지난 수십여 년 동안 〈할로우맨〉, 〈아폴로 13〉 등 50여 편의 영화에 주·조연으로 출연한 미국 영화배우 케빈 베이컨의 이름을 딴 '케빈 베이컨의 6단계(The Six Degrees of Kevin Bacon)' 게임이 한동안 네티즌 사이에서 인기를 끈 적이 있었다. 할리우드의 어떤 배우라도 함께 출연했던 영화배우들을 연결하다보면 모두 6단계(명) 이내에 케빈 베이컨과 연결된다는 것이다.

한 표에 의해 당락이 결정되기도 하는 선거에 있어 인간관계의 중요성은 아무리 강조해도 지나치지 않을 것이다. 특히 유권자가 서로 연결되어 있다면 더 말할 나위가 없다. 이솝 우화에서 토끼는 거북이에게 경주에 지고 만다. 많은 해석이 있을 수 있겠지만 거북이의 성실과 끈기가 토끼의 자만심을 이긴 것이라고 할 수 있을 것이다. 내가 출마할 선거구를 내 집 앞 텃밭이라고 생각하고 평소에 물도 주고 거름도 뿌려주어야 한다. 관심과 정성 없이는 열매가 맺히지 않기 때문이다.
 선거운동, 거창하게 생각하지 말고 내 주변에서부터 시작해 보자. 내 이웃에서 시작하여 점차적으로 선거구 전체로 인지도를 확산시키는 전략이 필요하다.

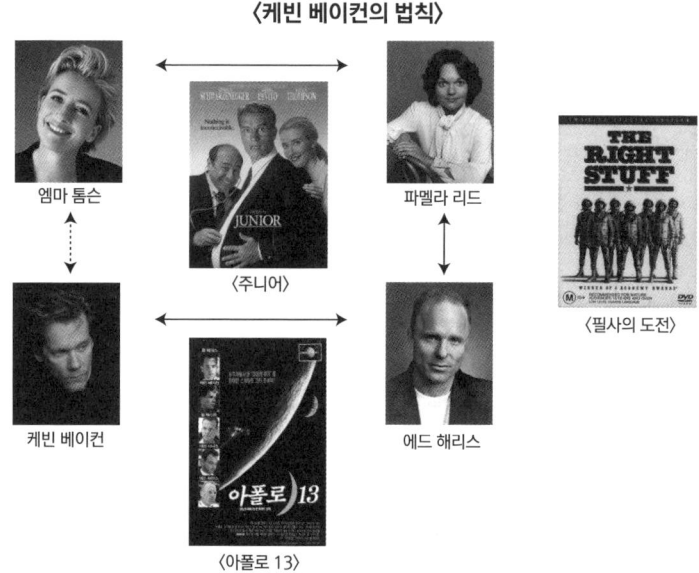

〈케빈 베이컨의 법칙〉

▲ 파멜라 리드는 케빈 베이컨과 같은 영화에 출연한 적이 없음에도 2단계 만에 케빈 베이컨과 만난다.

2) 단체나 모임에 인연을 만들어라

선거는 이론보다 실전이 중요하다. 가능한 한 많은 사람을 만나야 하고, 만날 때는 자신의 좋은 이미지를 어필하여야 한다. 이를 통해 유권자에게 호감을 주어 종국에는 선거에서 표가 되어 돌아오게 해야 한다. 이런 만남이 모임이 되고, 또 네트워크가 되어 후보를 지원하는 든든한 조직이 되는 것이다.
 한편, 단체나 모임에 인연을 만들어 보다 많은 수의 사람들에게 다가가는 것도 중요하다. 단체에 가입하여 활동하기 위해선 선거구 내에서 활동하고 있는 단체 현황을 파악하고, 활동 가능한 단체를 고르는 일이 선행되어야 한다. 이미 경쟁자가 영향력을 행사하고 있거나 자신과 다른 정치적 성향의 구성원들로 이루어진 단체는 득이 될 것이 없다.

가입할 수 있는 단체의 현황을 데이터베이스화 했다면, 그 다음은 활동할 수 있는 단체를 선별해야 한다. 그렇다면 과연 어떤 단체가 후보를 위해 든든한 지원 조직이 되고 표가 될 것인가?

첫째, 향우회나 종친회, 동창회는 구성원의 동질성으로 인하여 선거에 미치는 영향력이 크므로 무조건 가입하는 것이 좋다. 특히 우리나라의 경우 학연, 지연, 혈연을 중시하는 연고주의 성향이 강하므로 이와 같은 단체의 결속력 및 영향력이 매우 크다. 예를 들면, 자신을 알리는 데 있어서 '고향마을 옆 동네 대추나무 집 아들'이라고 소개하는 것보다 더 좋은 방법은 없다. 이미 회원으로 가입되어 있다면 회장이나 총무 등을 맡아 모임을 주도하거나 실제로 회원들에게 영향력을 행사할 수 있는 자리에서 자연스럽게 활동하는 것도 좋다.

둘째, 자신이 꾸준히 활동할 수 있는 단체에 가입하여야 한다. 운동, 취미, 종교생활 등 자신이 좋아하는 것이라면 어느 것이라도 상관없다. 가령 조기축구회에 가입했는데 몇 달에 한 번씩 얼굴만 내민다면 회원들인 선거구민들이 알아볼지는 몰라도 실질적으로 호감이나 지지로 발전할 가능성은 적기 때문이다.

한편, 바쁜 일정이나 직업상의 이유 등으로 모임에 지속적으로 참석하지 못하더라도 회원의 의무인 회비는 꼭 납부함으로써 그 단체에 애정이 있음을 나타내 주어야 한다. 단체 등의 구성원으로서 당해 단체의 정관·규약 또는 운영 관례상의 의무에 기하여 종전의 범위 안에서 회비를 내는 행위는 선거법상 기부행위로 보지 않는다.

3) 조직간 소통이 가능한 네트워크를 구성하라

입후보예정자를 중심으로 하는 인적 네트워크가 개인과 개인을 잇는 선을 만드는 작업이었다면 조직에 가입하거나 직접 만들어 활동하는 것은 면을 만들어 가는 작업이라고 할 수 있다. 선과 면을 아우르는 입체적이고 역동적인 네트워크를 구축하여 이들을 호의적인 지원군으로 만든다면, 입후보예정자는 당선이라는 축배의 잔에 한 걸음 더 가까워질 수 있을 것이다.

반면 여기저기 걸쳐 있는 개인 간의 모임도 서로 소통하지 못한다면 후보는 단지 소속된 단체의 일원에 불과할 뿐이다. 앞의 케빈 베이컨의 6단계 법칙에서 언급했듯이 개인과 개인, 개인과 조직 그리고 조직과 조직을 이어주는 끈이 없다면 입후보예정자가 가진 표의 응집력은 모래알에 불과하다.

상대 후보가 한 지역에서 무더기 표를 받지 않게 하는 것도 내가 선거에서 승리하는 한 방법이다. 따라서 선거구 전체에서 고른 득표를 하기 위해서는 입후보예정자인 나를 중심으로 이어진 가족, 친구, 직장동료 그리고 지역사회의 각종 단체와 유권자를 꼼꼼히 묶어 표로 연결하는 전략이 필요하다.

조직에는 조직을 이끄는 리더가 있고, 조언자 역할을 해주는 멘토가 있기 마련이다. 이들을 입후보예정자의 우군으로 만들어야 한다. 특히 선거구 내 여론 주도층으로 구성된 체육회, 종목별 생활체육회, 방위협의회 등 지방자치단체가 주관하는 각종 모임과 라이온스·로터리클럽 등 지역유지 모임 및 봉사단체, 이·미용협회 등 이익단체, 재건축조합 등 선거구내 이해관계가 있는 이슈를 가진 단체를 리더와 멘토를 통해 선점하는 것이 중요하다.

이익집단을 선점하라

주민들이 가장 민감하게 생각하는 것은 자녀교육과 부동산 등 현실생활 또는 경제적인 문제와 밀접한 관련이 있는 사안이 대부분이다. 보통 자신에게 직접적인 영향을 미치지 않는 때에는 적극적으로 활동하지 않는 경우가 많다.

학교 주변 유흥업소 문제라든가 쓰레기 소각장 이전, 아파트 리모델링 등이 대표적인 지역구 단위의 이슈일 것이다. 이런 목적을 가진 조직은 다양한 지역주민들로 구성되어 단체 간의 의사소통의 장으로 활용하기도 좋으며 자발적인 조직이라는 데 장점이 있다.

후보는 이러한 지역이슈로 갈등을 만들어 내는 것이 아니라 효과적으로 갈등을 조정하여 대화와 타협의 장으로 만들어 가야 한다.

☞ 입후보예정자가 가입한 이익단체 등이 선거운동기간이 도래하기 전에 특정 입후보예정자를 지지할 것을 결의하여 통상적인 안내방법으로 회원들에게 고지할 수 있으며, 선거운동기간에는 이들이 거리유세에 참여하여 지원연설을 하거나 선거벽보 등 선전물에 지지한 사실을 게재하여 유권자에게 홍보하는 방법으로 선거운동에 활용할 수 있다.

4) 아는 만큼 보인다. 아군의 도움을 받아라

선거는 후보 혼자 할 수 있는 것이 아니다. 그리고 후보가 가입하거나 참여할 수 있는 단체나 모임에는 한계가 있다. 따라서 후보를 대신하여 이미지를 높여주고 지지를 이끌어내 줄 주변 사람들의 도움이 필요하다.

다음 장의 표에서 보듯이 유권자가 후보를 인지하는 데에는 TV, 인터넷 이외에도 친구, 이웃 등 주변사람들과의 대화가 영향을 미쳤음을 알 수 있다.

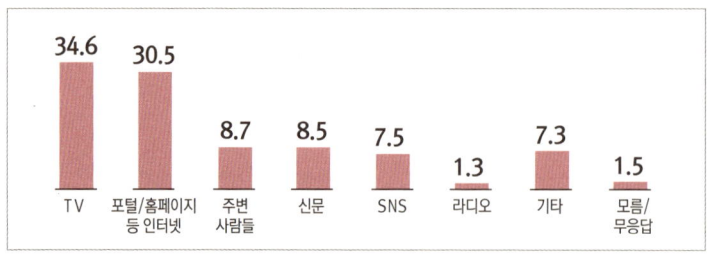

출처: 중앙선관위, 「제20대 국회의원선거 유권자의식조사」

이러한 모임에서 '이번 선거에서는 평소 지역발전을 위해 열심히 일한 홍길동이 당선되었으면 좋겠다'라는 정도의 발언을 하는 것은 선거에 관한 단순한 의견을 개진한 정도로 보기 때문에 「선거법」상 무방하다. 선거에 관한 단순한 의견개진 및 의사표시, 입후보와 선거운동을 위한 준비행위, 정당의 후보 추천에 관한 단순한 지지·반대의 의견개진 및 의사표시, 통상적인 정당 활동, 직무상·업무상의 행위, 의례적·사교적인 행위는 선거운동으로 보지 않기 때문이다. 물론 이러한 의견에는 진심이 담겨있어야 하고 의욕만 앞서 후보를 과대 포장하여 말한다면 상대방에게 반감을 가지게 하거나 사전선거운동에 해당되어 선거법에 위반될 수도 있다.

5) 인지도를 높이기 위한 맞춤형 전략

인지도 상승을 위한 전략은 입후보예정자마다 가지고 있는 환경에 따라 달리 접근해야 한다. 즉 입후보예정자마다 자신이 처한 환경에 맞는 전략을 구사해야 효과를 볼 수 있다.

지상파 방송, 중앙 일간지 등에 자주 등장하여 이미 전국적인 인지도가 형성되어 있는 후보의 경우에는 대중노출이 효과적이다. 공중목욕탕, 이발소, 대형마트, 재래시장 등 사람의 왕래가 잦은 시설이나 장소를 자주 이용하는 것은 유권자에게 호감을 줄 수 있을 것이다. 아침마다 유권자가 많이 모이는 체육교실, 공원 등을 자전거로 이동하거나 약수터를 지속적으로 찾는 것도 한 방법이다.

하지만 지역구에 인지도가 아예 없거나 지지기반이 미약한 입후보예정자의 경우, 이 방법은 그다지 효과가 없다. 이럴 경우에는 직접적으로 자신을 어필할 수 있는 기회를 늘리는 것이 중요하다. 즉, 지역구 내의 각종 행사에 참여하거나 만나는 사람의 범위를 넓히는 것이 효과적이다. 지역축제와 행사에 참석해보자. 행사장에서 의례적인 축사나 인사말을 할 수 있다면 더없이 좋겠지만, 주최 측이 입후보예정자가 참석했음을 소개해줄 수 있는 정도만 되어도 충분하다.

다. 입후보예정자의 인지도를 올리는 또 다른 방법

인지도 상승을 위해서는 사람을 만나는 것 만한 방법이 없다. 그러나 입후보예정자나 그 주변 사람들이 직접적으로 만날 수 있는 사람의 수에는 제약이 있다. 또한 선거구 내의 모든 사람을 만나는 것은 시간적으로도 불가능하다. 따라서 간접적으로 후보를 알릴 수 있는 '또 다른' 방법을 강구해 볼 필요가 있다.

1) 인지도를 올리는 SNS 활동과 문자메시지

선거법 제93조는 "누구든지 선거일전 180일부터 선거일까지 선거에 영향을 미치게 하기 위하여 이 법의 규정에 의하지 아니하고는 정당 또는 후보자를 지지·추천하거나 반대하는 내용이 포함되어 있거나 정당의 명칭 또는 후보자의 성명을 나타내는 광고, 인사장, 벽보, 사진, 문서·도화, 인쇄물이나 녹음·녹화테이프 그밖에 이와 유사한 것을 배부·첩부·살포·상영 또는 게시할 수 없다"고 규정하고 있다. 그러나 이를 역으로 해석하면 '지지·추천하거나 반대하는 내용이 포함되어 있거나 정당의 명칭 또는 후보자의 성명을 나타내는 문구'가 없다면 가능하다는 말이 된다.

또한 선거법 제59조에서는 문자메시지를 전송하는 방법으로 선거운동을 하는 경우[39]와 인터넷 홈페이지 또는 그 게시판·대화방 등에 글이나 동영상 등을 게시하거나 전자우편(컴퓨터 이용자끼리 네트워크를 통하여 문자·음성·화상 또는 동영상 등의 정보를 주고받는 통신시스템)을 전송하는 방법으로 선거운동을 하는 경우[40], 선거운동기간에 제한 규정을 두지 않고 있다. 입후보예정자는 이러한 점을 잘 활용하여 상시적으로 SNS나 문자메시지를 이용하여 인지도를 높여 나가는 전략을 반드시 쓸 필요가 있다.

2) 모임을 주도적으로 결성해보자

입후보예정자는 기존에 있는 지역단체에 가입하는 등의 수동적인 방법 외에 선거운동과 무관하게 조직을 만들어 인지도와 호감도를 높여나가는 방법을 강구해 볼 수도 있다. 상조회, 친목계, 동호회 등을 만들어 정기적인 모임을 갖는다면 이를 통하여 지역민심을 들여다 볼 수도 있고, 이런 모임이 그 이후

---

39) 이 경우에 자동 동보통신의 방법(동시 수신대상자가 20명을 초과하거나 그 대상자가 20명 이하인 경우에도 프로그램을 이용하여 수신자를 자동으로 선택하여 전송하는 방식)으로 전송할 수 있는 자는 후보자와 예비후보자에 한하되, 그 횟수는 8회(후보자의 경우 예비후보자로서 전송한 횟수를 포함)를 넘을 수 없으며, 중앙선관위 규칙에 따라 신고한 1개의 전화번호만을 사용하여야 한다.
40) 이 경우, 전자우편 전송대행업체에 위탁하여 전자우편을 전송할 수 있는 사람은 후보자와 예비후보자에 한한다.

정치인 팬클럽으로 발전하여 선거운동기간 중에 후보의 든든한 지원군 역할을 하게 될 수도 있다.

하지만 선거법에서 금지하는 사조직을 만들라는 말은 아니다. 선거법 제87조(단체의 선거운동금지)에서 "후보자(후보자가 되고자 하는 자를 포함한다)의 선거운동을 위하여 연구소·동우회·향우회·산악회·조기축구회, 정당의 외곽단체 등 그 명칭이나 표방하는 목적 여하를 불문하고 사조직 기타 단체를 설립하거나 설치할 수 없다"고 규정하고 있기 때문이다.

3) 여론조사가 인지도를 상승시킨다?

선거에서 여론조사는 후보의 인지도와 당선 가능성을 예측하고, 선거전략 수립을 위한 정치 환경 분석과 공약 개발 등의 용도로 사용된다. 그뿐만 아니라 여론조사를 통해 후보의 인지도를 상승시키는 것과 같은 간접적인 효과를 기대할 수도 있다.

선거법상 선거운동에 이르지 않는다면 입후보와 선거운동을 위한 준비행위는 가능하다. 따라서 이를 위하여 여론조사를 실시하는 것은 언제든지 가능하고, 횟수의 제한도 없다. 다만 선거법은 선거일전 6일부터 선거일의 투표마감시각까지 정당에 대한 지지도나 당선인을 예상하게 하는 여론조사결과의 공표를 금지하고 있고, 선거일전 60일부터 정당·후보자 명의의 여론조사를 할 수 없도록 규정하고 있을 뿐이다. 따라서 위와 같이 제한되는 사항을 제외하면 창의적인 활용이 가능하다는 이야기가 된다. 일례로 정당·후보자 명의로 여론조사를 할 수 없는 기간이라도 정당·후보자가 여론조사 업체에 의뢰하여 실시하는 여론조사는 가능하다.

물론 여론조사를 통해 직접 대면에 의해서 후보를 알리는 것만큼의 효과를 볼 수는 없지만, 후보의 이름과 이미지 그리고 정책이 잘 조화를 이룬 설문을 제시할 경우 반사적으로 인지도 상승의 효과를 누릴 수 있다.

여론조사는 그 실시 목적에 따라 형식을 달리하는 것이 좋다. 정치신인이나 출마 지역과 연고가 없는 후보의 경우에는 후보의 이름으로 인지도 조사, 정책 수립 등을 위한 여론조사에 주력하는 것이 좋고, 인지도가 높거나 현역의원의 경우 정책 여론조사를 실시하는 것이 유리하다.

한편, 인지도 상승이라는 반사적 이익을 얻는 데 유리한 여론조사는 따로 있다. 후보 1인만의 인지도를 알아보기 위한 여론조사가 바로 그것이다. 특히 현역의원은 선거일전 60일 전에는 의정활동에 선거구민의 의견과 여론을 반영하기 위하여 국회의원 본인의 육성에 의한 여론조사도 가능하다.

이러한 여론조사를 통해 인지도 상승이라는 반사적 이익을 기대하기 위해서는 질문지 작성이 중요하다. 가령 1인의 인지도를 알아보기 위한 여론조사를 실시하는 경우에는 후보의 경력과 성명을 언급하고, 이어서 다음 문항으로 선거에 출마한다면 '지지할 의향'이 있는 지를 묻는 방식이 적당하다. 2인 이상의 인지도를 알아보기 위한 여론조사의 경우 대상자를 모두 동일하게 언급하고 그 중 누구를 선택할 것인지 묻는 방식이 무난할 것이다. 질문 문항은 5개 이하로 구성하여야 효과를 볼 수 있다. 문항이 많을수록 후보에 대한 인지도의 제고 효과는 상대적으로 희석되기 때문이다.

설문조사 1) 인지도 여론조사

안녕하세요? 여기는 모바일 여론조사 전문기관인 □□입니다.
제21대 국회의원선거와 관련하여 여론조사를 실시하고 있습니다.
귀하의 응답이 ○○지역 발전에 많은 도움이 될 것입니다. (3개 문항)

[문항 1] 선생님께서는 ○○시 국회의원선거에 출마한 A당 ■■■ 후보를 알고 계십니까?
　　　　 1) 안다　 2) 모른다　 3) 잘 모르겠다.
[문항 2] 선생님께서는 ○○시 국회의원선거에 출마한 B당 ▲▲▲ 후보를 알고 계십니까?
　　　　 1) 안다　 2) 모른다　 3) 잘 모르겠다.
[문항 3] 선생님께서는 ○○시 국회의원선거에 A당 후보로 ■■■, B당 후보로
　　　　 ▲▲▲ 후보가 출마한다면 어느 후보를 찍으시겠습니까?
　　　　 1) ■■■　 2) ▲▲▲　 3) 잘 모르겠다.

답변에 따른 문자발송 비용은 무료입니다.

〈설문안내〉

- 본 설문조사는 □□에서 진행하는 것입니다.
- 답신 기한은 수신 후 24시간이며 개인비밀은 철저히 보호됩니다.
- 문의전화는 02-1599-0000으로 하여 주시기 바랍니다.

설문조사 2) 1인만의 인지도 조사

안녕하세요? 여론조사 전문기관 □□□ 리서치입니다.
오는 제21대 국회의원선거를 앞두고 실시하는 여론조사이오니 잠시만 시간을
내어주시면 감사하겠습니다.

1. 선생님께서는 우리 지역구에서 ○○종합병원을 경영하고 있는 △△△병원장을
   아십니까?
   아신다면 1번, 모르신다면 2번을, 이름 정도 들어봤다면 3번을 선택해주십시오.
2. 다가오는 제21대 국회의원선거에서 △△△병원장이 ▲▲구갑선거구에 출마한다면
   지지할 의사가 있습니까? 있다면 1번을, 없다면 2번을, 기타 후보나 지지하는 후보가
   없으시면 3번을 선택해주십시오.
3. 선생님이 남성이시면 1번, 여성이시면 2번을 눌러주십시오.
4. 선생님의 연령이 19세 미만이시면 1번, 19세 이상 20대이시면 2번, 30대이시면 3번,
   40대이시면 4번, 50대 이시면 5번, 60대 이상 이시면 6번을 눌러주십시오.

〈소중한 시간을 내어주셔서 감사합니다〉

여론조사를 선거법이 허용하는 테두리 안에서 실시하기 위해서는 세심한 주의를 요한다. 반복적인 선거 캠페인과 마찬가지로 지속적인 여론조사가 후보의 인지도를 높일 수는 있다. 하지만, 인지도를 높이기 위해 선거운동 목적을 가지고 필요 이상으로 자주하거나 전 세대를 대상으로 하는 등 통상의 표본 크기를 벗어나는 여론조사를 실시할 경우 선거법에 위반될 수 있다.

라. 이미지를 세일즈하라

도저히 당선이 어려울 것 같은 선거구에서 당선되는 사람들, 뒤집을 수 없을 것 같은 바람을 뒤집고 당선된 사람들을 보면 하나같이 인물로 승부를 걸었던 것으로 볼 수 있다. 실제로 이러한 전략은 매우 긍정적인 결과로 이어지기도 한다. 구도와 바람을 뛰어넘을 수 있는 것이 후보의 인물됨인 것이다. 내게 불리한 상황을 극복하기 위해서, 그리고 언제 어떻게 바뀔지 모를 흐름에 대비하기 위해 후보는 자신의 인물 됨됨이를 유권자들에게 강력하게 어필해야 한다.

물론 후보의 인물됨을 가장 직접적으로 드러내는 것은 경력이나 공약일 것이다. 그러나 이와 같은 것들이 선거에 무관심한 유권자들에게까지 큰 영향력을 미칠 수 있는 것은 아니다. 이런 사람들을 위해 필요한 전략, 그것이 바로 이미지 세일즈이다.

이미지 세일즈는 나를 모르는 유권자의 마음을 움직여 투표에 영향력을 미칠 수 있다는 장점이 있다. 또한 유권자는 후보의 학력, 경력 등이나 공약보다 이미지를 더 오래 기억한다는 점에서 이미지 세일즈는 지지도에까지 직접적으로 연결될 수 있는 고리가 된다.

1) 봉사활동을 통한 호감도 업그레이드

사실 봉사활동으로 단숨에 큰 반향을 불러일으키기는 어렵다. 그러나 지속적이고 장기적인 봉사활동은 긍정적 이미지를 생산해내고, 이런 이미지가 후보의 진정성과 연계될 때는 구도나 바람에 흔들리지 않을 뿌리가 되어준다.

그렇다면 구체적으로 후보자가 할 수 있는 봉사활동에는 어떠한 것들이 있을까? 작게는 '내 집 앞 쓰레기 줍기'부터 크게는 '하천 살리기 운동'까지 다양하고 폭넓은 활동이 가능하다. 실례로 '재활쓰레기를 화장지로 바꿔주기 운동' '생명의 숲 가꾸기 운동'을 지속적으로 전개함으로써 '깨끗하고 적극적인 이미지'를 얻은 정치인들도 있다. 또한 선거구 내에 있는 복지관 등 사회복지시설, 장애인복지시설이나 「국민기초생활보장법」에 의한 수급권자인 중증장애인에게 입후보예정자 명의 또는 그 배우자의 명의로 자선금품을 제공하거나 이와 같은 시설에서 자원봉사활동을 하는 것도 가능하다. 부부가 함께 자원봉사활동을 함으로써 가정적이고 친근한 이미지를 부가적으로 얻을 수도 있다.

개인적 봉사활동이 여의치 않은 경우 정당에서 실시하는 자원봉사활동에 같이 참여하는 것도 좋다. 물론 개인이 전면에 나서는 것과 같은 정도의 효과를 누릴 수는 없지만, 이 경우 정당 활동에 적극 참여하는 모습을 보임으로써 당원들에게 좋은 이미지를 줄 수 있을 뿐 아니라, 공천에 있어서도 긍정적 영향을 미칠 수 있을 것이다.

그러나 봉사활동은 직접적 선거운동의 수단이 아니라는 점에 주의해야 한다. 자신을 지지·선전하거나 업적을 홍보하는 행위가 부가될 경우에는 선거법에 위반되어 제재를 받을 수 있다. 또한 이벤트성 봉사활동은 오히려 역효과를 불러일으킬 수도 있음을 잊지 말아야 한다. 결국 봉사활동을 통해 후보가 얻을 수 있는 것은 "성실하고 좋은" 이미지, 바로 그 자체인 것이다.

2) 생활경험과 전문지식을 활용한 전문적 이미지 업그레이드

봉사활동이 좋은 이미지를 생산해 호감도를 업그레이드 한다면, 생활경험과 전문지식을 활용한 활동은 유권자들에게 전문성을 어필할 수 있는 방편이 된다. 특히 선거구 특성에 맞는 후보의 전문지식을 활용한다면 지역주민의 관심을 유도할 수 있고, 나아가 선거구 현안 해결에 대한 기대감 역시 증폭시킬 수 있다. 예컨대, 재개발이 필요한 지역에서 건축과 관련한 전문지식을 활용해 강의를 한다거나 고령층의 비율이 높은 지역에서 노인복지나 노인 여가선용과 관련된 강의를 한다면 주민들의 좋은 반응을 이끌어 낼 수 있을 것이다.

국회의원이 선거가 임박하지 아니한 시기에 관내 도서관이 개설한 유료의 영어강좌에 통상의 강의료를 받고 출강하여 한정된 수강생을 대상으로 자신을 선전하는 내용 없이 강의를 하거나, 입후보예정자가 지방자치단체가 설립한 아카데미에 초청되어 그 설립 및 활동 목적의 범위 안에서 선거와 무관한 강의를 하는 것은 무방하다. 교회 창립 기념행사에서 간증 및 리더십 강의에 특정 입후보예정자를 초대하여 강의를 하더라도 특정 정당 또는 후보가 되고자 하는 자를 지지·선전하거나 반대함 없이 소속 교인을 대상으로 통상의 종교행사를 한다면, 이 역시 가능하다.

또한 변호사·의사 등 법률에서 정하는 일정한 자격을 가진 전문 직업인이 업무활동을 촉진하기 위하여 자신이 개설한 인터넷 홈페이지를 통하여 법률·의료 등 자신의 전문분야에 대한 무료 상담을 하는 것 역시 기부행위에 해당되지 않는다.

3) 언론기관에 이미지 판매하기

봉사활동을 통해 긍정적이고 우호적인 이미지를 만들고, 전문지식을 활용해 전문적이고 신뢰가 가는 이미지를 생산해냈다면, 이번에는 그 이미지를 확산시켜야 할 차례이다. 앞의 두 방법이 이미지 만들기 과정이었다면, 이제는 만들어진 이미지를 판매할 차례인 것이다. 이런 경우 입후보예정자가 이용할 수 있는 가장 확실한 방법이 바로 언론이다. 언론은 이미지의 확산 속도가 매우 빠른데다가, 언론에 나온 한 마디로 인해 당락이 결정되기도 할 만큼 그 파급력이 매우 크다는 점에서 입후보예정자 입장에서는 더할 나위 없는 이미지 판매의 수단이 된다.

그러나 전국적으로 유명한 정치인이나 중진의원이 아닐 경우 언론에 이름을 낼 수 있는 기회가 그리 자주 오지 않는 것이 사실이다. 선택과 집중이 필요한 것은 바로 이 때문이다. 후보가 되고자 하는 자의 모든 활동을 기사화할 필요는 없다. 또한 그렇게 할 수도 없다. 후보가 되고자 하는 자는 자신이 가장 어필하고 싶은 이미지를 선택해 그에 맞는 활동을 부각시켜야만 한다. 즉, 언론에 실리고자 한다면 싣고 싶은 이미지를 선택하는 과정이 선행되어야만 한다는 것이다.

언론에 내고자 하는 이미지가 정해지면, 다음은 어느 언론을 이용할 것인지를 결정해야 한다. 입후보예정자가 활용할 수 있는 언론기관은 크게 중앙언론사와 지방언론사 두 가지가 있다. 중앙언론사의 경우 파급력이 전국적인만큼 "사람"이 특별하거나, "사건"이 특이하지 않는 이상 여간해서는 기사를 실을 수 없는 것이 주지의 사실이다. 반면 지방언론사는 중앙언론사에 비해 입후보예정자가 접근하기가 비교적 용이하다. 또한 지방의 소도시나 농어촌 지역에서는 중앙지 못지않게 지방지도 그 영향력이 상당하다. 따라서 입후보예정자는 자신의 이미지를 소비해줄 가장 알맞은 규모의 언론사를 선택하는 것이 중요할 것이다.

실릴 '곳'을 결정했다면 이제는 실릴 '방법'을 결정할 차례이다. 언론에 노출되는 데도 두 가지 방법이 있다. 기자를 현장으로 찾아오게 하는 방법과 보도 자료를 내는 것이 그것이다. 기자는 기본적으로 바쁜 사람들이다. 그런 기자가 찾아오는 곳이란 매우 큰 행사이거나 특이한 현장뿐일 것이다. 기자가 오지 않는 행사를 스스로 알리기 위해서 취할 수 있는 방법이 보도자료 작성이다. 잘 작성된 보도 자료는 기자의 수고를 덜어주는 것은 물론 후보가 알리고자 하는 내용만을 선택해서 알릴 수 있다는 장점이 있다.

마. 내 편을 더욱 공고하게 다지기

선거가 가까워지면 방송과 신문 등 언론을 통해 텃밭이니, 고정표니 하는 말들을 자주 듣게 된다. 이것은 선거구도나 바람에 관계없이 유력 정당의 경우 일정 수준 이상의 득표율을 보이는 현상을 말한다.

이러한 투표 성향 하에서 자신의 세를 과시하고 지지층을 결집시키는 데 주로 사용하는 방법이 바로 집회인데 그 예로 출판기념회, 선거사무소 개소식 등을 들 수 있다.

1) 출판기념회, 그때그때 달라요

선거운동기간 전에 선거운동은 아니지만 사람들을 모이게 할 수 있고 합법적으로 선거운동과 같은 홍보효과를 볼 수 있는 대표적인 행사가 출판기념회이다. 이런 이유 때문에 선거가 임박해 오면 '출마기념회'로 불릴 만큼 입후보예정자들의 출판기념회가 봇물을 이룬다.

　출판기념회는 선거일 전 91일까지만 개최할 수 있다. 보통은 최대한 선거일에 가깝게 개최하는 것이 유리하나 공천이 불확실한 경우 당내경선이 임박한 시기에 개최하는 것도 염두에 두어야 한다. 현역의원의 경우 국회의원회관에서 개최하는 것이 비용 대비 효과 면에서 탁월하다.

　인지도가 낮은 정치신인의 경우 지인 등 유권자가 쉽게 접근할 수 있는 웨딩홀, 구민회관 등 선거구 내에 교통이 편리한 장소에서 개최하는 것이 좋다. 이를 통해 후보자는 입후보에 앞서 자신의 조직을 확인하고 지지층을 결집시키는 효과를 최대한 노려야 한다.

　저서 내용은 자신의 자서전이나 수필집 형식의 간단히 읽힐 수 있는 내용이 적합하다. 후보에 대한 소개, 정치신념, 발자취 등을 기술하면 선거사무원, 자원봉사자 등의 교육에도 활용할 수 있어 일석이조의 효과를 볼 수 있다. 예비후보자기간이라면 예비후보자공약집 출판기념회도 가능하다. 또한 유명인과의 공저도 생각해 볼만 하다.

2) 출판기념회의 흥행을 위하여

'행사는 잘 해야 본전'이라는 말들을 하곤 한다. 사람을 초대하고, 그에 걸맞게 의전을 준비하고, 참석자에게 시간만 버렸다는 느낌을 주지 않게 행사의 내용을 채우려면 준비사항이 만만치 않다.

따라서 원활한 진행을 위해서는 출판기념회 행사 경험이 많은 출판사를 선택하는 것이 좋다. 입후보예정자와 참모 등이 출판기념회를 일일이 챙기다보면 자칫 사람을 놓치는 경우도 생길 수 있기 때문이다. 또한 행사의 참석자 수만 의식하여 무리하게 초청하는 것도 좋지 않다. 사회통념상 의례적인 범위를 넘는 초청은 선거법에 위반될 수 있기 때문이다.

그리고 초청할 내빈 명단은 입후보예정자가 직접 챙길 필요가 있다. 반드시 초청해야 할 대상을 빼놓는 것은 그 한 사람뿐만 아니라 그에 딸린 여러 표를 함께 놓치게 되는 결과를 초래할 수도 있기 때문이다. 초청 방식은 안내장이나 문자메시지, 전화 모두 가능하다. 특히 여론주도층 등에게는 직접 육성으로 정중히 예의를 갖춰 전화를 한다면 호응도가 높을 것이다.

한편 출판기념회에서는 사회자의 역할이 매우 중요하다. 사회자는 입후보예정자를 잘 알고 있고 원활한 진행이 가능한 지인이나, 평소 친분이 있는 연예인 등 유명인도 좋다.

☞ 출판기념회 유의사항 (공직선거법 제112조 2항)

- 출판기념회를 개최하면서 행사 주최자가 참석한 선거구민에게 무료 또는 싼값으로 저서를 제공하거나 통상적인 범위의 차·커피 등 음료 외의 음식물을 제공하는 것은 선거법상 기부행위에 해당되어 금지됨.
- 출판기념회에 참석한 사람에게 1천 원 이하의 차·커피 등 음료(주류 제외)를 제공하는 것은 가능
- 출판기념회 개최 장소에 행사명, 주최자명 등 행사의 개최와 진

행에 필요한 사항을 게재한 현수막 또는 포스터를 게시·첨부하는 경우 규격이나 수량의 제한은 없으나 입후보예정자를 홍보·선전하는 내용을 게재하여서는 아니 됨.
- 의정보고회와 출판기념회는 그 모임의 목적·성격·참석대상 등이 서로 다르므로 같은 장소에서 동시에 개최할 수 없음.

3) 출전을 위한 마지막 점검, 선거사무소 개소식

선거사무소 개소식은 '출정식', '현판식' 등으로 다양하게 불린다. 백이면 백 모든 (예비)후보는 어떤 방식으로든 개소식을 개최한다. 문제는 개소식이 개최되는 시기이다. 선거사무소 개소식은 출판기념회나 의정보고회와 달리 개최 시기에 대한 제한은 없으나, 그 시기를 결정하는 데는 전략적인 판단이 요구된다. 예비후보의 신분으로 개소식을 개최한 경우에는 후보자 신분이 되었더라도 다시 개소식을 개최할 수 없기 때문이다. 정당 공천이 불확실한 정당 소속 입후보예정자의 경우 예비후보자기간에 개최하여 대의원 대상 여론조사 등 공천에 대비하는 것이 효과적일 수 있다.

초청 대상을 누구로 할 것인가 역시 중요한 문제이다. 선거법 운용 기준에 따르면 정당의 간부·당원들이나 선거사무관계자뿐만이 아니라 후보의 가족·친지·지인 등 제한된 의례적인 범위 안의 인사 역시 초청이 가능하다. 문자메시지, 전자우편, 전화, 초청장 등 초청 방법에도 제한이 없다. 문자메시지의 경우 자동동보통신이 가능하다.

한편 선거사무소·선거연락소 또는 정당선거사무소의 개소식에 참석한 정당의 간부·당원들이나 선거사무관계자들에게 해당 사무소 안에서 통상적인 범위 내에서 다과류의 음식물(주류를 제외한다)을 제공하는 행위는 의례적인 행위로써 기부행위로 보지 않는다.

바. 현역의원의 특권, 의정활동보고회

현직 의원은 선거구민을 대상으로 한 의정활동보고를 통하여 반사적 이익으로 선거운동의 효과를 누릴 수 있다. 의정활동보고는 국회의원(지방의회의원 포함)만이 가능하고, 현역의원이 아닌 입후보예정자가 의정활동보고에 해당하는 활동을 한다면 이는 사전선거운동에 해당된다는 점에서 그 뚜렷한 차이점을 알 수 있다.

1) 현역의원은 유리한 고지에 먼저 올라가 있다

현역의원이 원외 입후보예정자와의 평소 활동에서 가장 두드러진 차이는 선거일 전 91일까지 가능한 의정활동보고라고 할 수 있다. 의정활동보고는 현역의원의 정치적 책무인 동시에 고유한 직무활동으로 그 활용범위가 넓고 방법 또한 다양하다.

현역의원은 보고회 등 집회, 보고서(인쇄물, 녹음·녹화물 및 전산자료 복사본 포함), 인터넷, 문자메시지, 직접 통화 방식의 전화 또는 축사·인사말을 통하여 의정활동을 선거구민에게 보고할 수 있다. 다만, 선거일전 90일부터 선거일까지 직무상의 행위 그밖에는 명목 여하를 불문하고 인터넷에 의정활동보고서를 게재하는 외의 방법으로 의정활동을 보고할 수 없다.

의정활동보고는 이렇듯 사실상 제한이 없다시피 할 정도로 다양한 방법으로 의정활동과 업적 등에 대하여 보고할 수 있으며, 선거운동기간 이전의 선거운동이라고 할 수 있을 정도로 그 효과 또한 뛰어나다. 따라서 이러한 의정활동보고를 잘 활용하면 현직에 있는 의원은 다른 입후보예정자에 비해 평상시 선거운동의 반사적 효과를 누릴 수 있어 당선 가능성이 훨씬 높다고 볼 수 있다.

2) 의정활동보고는 때와 장소가 따로 없다

의정활동보고는 집회에 의한 방법으로도 가능하다. 출판기념회나 사인회가 입후보예정자의 이미지 상승을 위한 우회적인 행사라면 의정활동보고회는 직접적으로 자신의 업적을 홍보할 수 있는 기회라고 할 수 있다.

집회에 의한 의정활동보고인 의정활동보고회는 동 주민센터, 노인정, 교회 등 선거구 안의 일정한 장소와 시간을 정하여 의정활동 내용을 알고자 참석한 선거구민을 대상으로 보고하는 것을 말한다. 의정활동보고회는 현역의원 자신이 중심이 되어 개최하는 만큼 활동 상황을 알리는 효과는 크지만 보고자료 작성과 영상물 상영 등에 많은 시간과 비용이 수반될 수 있다. 그러므로 시기, 장소, 사회자 선정 등 진행에 대한 꼼꼼한 사전준비가 요구된다.

의정보고회 이건 안 돼요!!

- 의정보고회장에서 춤·풍물·퍼포먼스 등의 문화행사는 할 수 없으며, 참석한 선거구민에게 음식물 등을 제공할 수 없다. 다만, 행사의 진행에 필요한 범위 안에서 1천 원 상당의 물이나 커피 등 간단한 음료는 제공할 수 있다.
- 다수인이 오고가는 공개된 장소에서 연설·대담에 이르는 방법으로 개최하는 경우 선거운동이 될 수 있으므로 허용되지 않는다.

교통이 편리하고 선거구의 중심에 위치하여 선거구민의 접근이 유리한 웨딩홀, 구민회관, 주민자치센터 회의실 등을 이용하여 의정보고회를 개최한다면 자신의 지지층의 호응을 알아보고 세를 과시하는데 효과적이다. 이에 비해 읍·면·동별로 순회하며 작은 개최 구역 단위에 맞는 지역 현안 위주의 보고는 지역기반을 다지고 실질적인 지지를 끌어낼 수 있다.

3) 의정활동보고, 창의적으로 해보자

사람을 초청하고, 의정보고서를 돌리고, 마이크를 잡고 발언하는 통상적인 방법 외에 다른 방법의 의정활동보고회 개최도 가능하다. 일단 거리로 나가보자. 거리나 시장 등에 칸막이를 한 행사용 천막을 설치한 후 오가는 사람들에게 의정활동보고서를 배부하는 것도 가능하다. 또한 천막 안에서 선거구민에 대한 의정활동보고에 대한 질의응답도 할 수 있다. 이러한 장소는 유동인구가 많고 교통에 방해를 주지 않는 곳이 적당하다.

 의정보고회를 같은 정당의 국회의원과 지방의원이 공동으로 개최하는 방법도 고려해볼만 하다. 국회의원과 지방의원 상호간의 지지나 선전 없이 선거구가 같거나 겹치는 지역에서 의정활동보고회 공동 개최는 행사에 따른 비용을 줄일 수 있으며, 선거구민인 유권자를 동원하고 호응을 이끌어 내는데 효과적일 수 있다.

 다음으로 선거구내 모임, 행사, 집회 등을 활용하는 방법도 가능하다. 각종 교양강좌, 지역행사에서 주최 측의 허락 아래 자신의 의정활동보고도 무방하다. 행사 참석자에게 배부되는 안내문에도 의정활동보고 내용을 기재할 수 있다. 이러한 의정활동보고는 국회의원이나 지방의원이 특히 지역구에서 호

tip 의정활동보고 금지 기간에도 가능한 방법은?

■ 선거일전 90일부터 선거일까지의 의정활동보고가 가능한 방법
☞ 자신의 인터넷홈페이지에 게시
☞ 인터넷언론사나 정당의 홈페이지 등 누구든지 자유롭게 의견을 개진할 수 있는 인터넷사이트의 게시판·토론방에 현역의원이 자신의 의정활동보고서를 게시
☞ 선거구민이 사전에 의정활동과 관련한 자료의 수신을 동의하면서 자신의 전자우편주소를 남긴 경우에 그 전자우편주소로 의정활동보고서 전송
☞ 의정활동보고 금지기간 중에도 정책개발을 위한 자료수집의 목적 범위 안에서 정책토론회를 개최하거나 지역발전을 위한 현안 문제에 대하여 제한된 범위 안에서 정책토론회 개최

감도를 일정 수준으로 유지시키는 역할을 수행한다.

4) 의정활동보고서, 어떻게 작성하나

대다수의 유권자에게 가장 익숙한 의정활동보고는 인쇄물에 의한 '의정활동보고서'라고 할 수 있다. 주로 책자나 신문 형태로 작성하여 우편함을 통해 받아볼 수 있게 하는 것이 보통이다.

 의정활동보고는 말 그대로 국회의원(지방의원)이 자신을 선출해준 선거구민에게 자신의 의정활동과 선거구 활동 내용을 보고하는 것이다. 의정활동보고서에는 임기 중 추진하였거나 추진할 정책·공약, 법안발의 등의 의정활동, 지역구 행사 참석이나 발전을 위해 노력한 사항 등 선거구 활동, 소속 정당에서 당직을 맡아 수행한 활동 등으로 파트를 나누어 기재하되, 강조하고자 하는 부분에 보다 많은 지면을 할애하는 것이 좋다.

 의정활동보고서는 선거벽보나 선거공보와 같은 선거홍보

물과 마찬가지로 이목을 집중시키면서 유권자로 하여금 읽고 싶은 욕구를 갖게 하는 것이 중요하다. 객관적 사실을 바탕으로 한 의정활동기록과 지역구 활동을 평상시에 꾸준히 관리하고 기록하여야만 진실성이 담긴 의정활동보고서가 될 수 있다.

선거에 임박하여 급조한 의정활동보고서는 '자화자찬' 일색으로 흐르기 쉽고, 이것으로는 '일 잘하는 국회의원'이라는 이미지를 유권자에게 심어줄 수가 없다. 의정활동보고서에 담을 수 있는 가장 객관적인 자료는 의정활동 평가 순위와 수상실적, 의정활동과 관련되는 신문기사 내용 그리고 진솔한 현장사진이다. 이렇게 의정활동보고서에 담을 자료들은 의원과 보좌관이 평상시 기획하고 챙겨야 할 과제라고 할 수 있다.

5) 의정활동보고서, 다양하게 자신을 표현하라

의정활동보고서는 발행횟수나 부수·면수·규격 또는 제작비용과 관련한 선거법상의 제한이 없으므로 다양하게 제작할 수 있다. 따라서 독창적인 형태와 아이디어가 담긴 내용이라면 굳이 인쇄물 형태가 아니라도 현역의원을 유권자의 뇌리에 각인시키는 데 중요한 역할을 할 수 있다.

먼저 형식면에서 인쇄물·녹음·녹화물 및 전산자료 복사본 등으로 제작이 가능하다. 이외에도 반송용 요금후납 우편엽서를 포함한 형태, 미니북 크기로도 작성하여 유권자의 호기심을 불러일으킬 수 있다.

의정활동보고서에 일기나 편지를 넣는 것도 유권자에게 신선하게 다가갈 수 있다. 의정활동을 일자 순으로 담은 일기나 유권자에게 보내는 편지는 지역사회와의 밀접한 유대관계를 표시하고 관심을 나타낼 수 있다는 장점이 있다.

인터넷에 의정보고서를 게재하는 것은 많은 사람이 볼 수 있고 비용도 저렴하다. 각 의원들의 홈페이지나 블로그뿐만이 아니라 정당의 홈페이지, 포털사이트 게시판 등에 의정보고서를 게시하는 것은 기간의 제한도 받지 않는다. 그밖에 문자메시지, 전자우편에 의한 방법도 가능하다. 특히 문자메시지는 자동동보통신의 방법으로 의정활동을 보고할 수 있을 뿐만 아니라 일정 고지, 의정활동보고회 개최일시·장소 알림, 의정활동보고서 발송 사실 전송 등에 있어서도 활용이 가능하다.

현역의원이 예비후보로 등록하는 경우에는 의정활동보고가 금지되는 기간에도 전자우편을 통하여 의정활동보고서를 선거구민에게 선거운동방법으로 전송할 수 있다. 다만, 이 경우에는 선거운동정보에 해당하는 사실을 명시하여야 한다.

2. 예비후보자등록, 사실상 선거운동의 시작이다

본격적인 선거 레이스는 예비후보자등록을 하면서 시작된다. 준비도 중요하지만 실행은 더더욱 중요하다. 차근차근 준비해온 선거 전략을 이제 본격적으로 실행할 차례이다. 이번 장에서는 예비후보가 되면서 할 수 있는 일, 그리고 중점을 두고 추진해야 할 일들을 살펴보기로 한다.

가. 예비후보자기간에 최선을 다하라

예비후보가 되면서부터는 선거사무소를 설치할 수 있을 뿐만 아니라 어깨띠 착용, 지지 호소, 명함 배부, 홍보물 발송, 선거운동 이메일 발송 등 할 수 있는 선거운동의 방법이 많아진다. 효과적인 예비후보자기간 동안의 선거운동을 위해 그 의미와 추진해야 할 기본 전략, 그리고 구체적인 선거운동방법을 알아보자.

1) 본격적인 선거운동의 시작

예비후보자기간은 입후보예정자가 관할 선관위에 예비후보자등록을 함으로써 본격적으로 시작된다. 예비후보자등록을 하면 입후보예정자는 예비후보자의 자격을 갖추게 되고, 제한된 방법으로 공식적인 선거운동을 하는 것이 가능해진다.

공식적인 선거운동을 할 수 있게 되었다는 것은 예비후보가 본격적으로 선거 전략을 실행할 단계가 되었다는 것을 의미한다. 선거 전략은 예비후보자등록 전에 충분한 시간을 갖고 수립하는 것이 바람직하나 불가피한 사정으로 예비후보자등록 전까지 완료되지 않았다면, 그 이후에라도 우선적으로 수립해야 할 것이다. 적절한 선거운동의 방향을 잡지 못하고 우왕좌왕하는 등의 혼란을 피하기 위해서라도 구체적인 전략 없이 선거운동을 시작하는 것은 피해야 한다.

또한, 본격적인 선거운동을 실행하기 위한 기본적인 기반 조성은 예비후보자등록 전에 완료해 놓는 것이 바람직하다. 즉, 예비후보자등록 전까지 예비후보 본인의 연고 단체를 포함하여 선거구내 주요 단체와 평소 친분이 있는 오피니언 리더 등 적극적인 지지층이 될 수 있는 인사와 접촉하여 출마에 대한 공감대를 넓혀놓는 것이 좋다. 그러지 못했다면 예비후보자등록 후에라도 시작해야 할 것이다.

2) 예비후보자기간의 중점 추진전략
예비후보자기간에 가장 중점을 두어 추진해야 할 전략은 인지도 제고를 위한 활동과 지지 기반이 견고한 주요 정당의 공천을 받는 것이다.

앞에서 언급한 바와 같이, 일반적으로 유권자가 후보를 지지하게 되기까지는 『후보 인지 ⇒ 후보에 대한 호감 ⇒ 후보 지지』의 3단계를 거친다. 예비후보자기간은 공식적인 선거운동을 시작하는 단계인 만큼 우선은 예비후보자 본인의 인지도 제고에 집중하는 것이 좋다. 예비후보에 대한 기본적인 사항을 알고, 어느 정도 호감을 가진 상태에서 구체적인 정책과 공약을 이야기해야 예비후보에 대한 지지로 쉽게 연결될 수 있기 때문이다.

따라서 이 시기에는 구체적인 공약과 정책 제시보다는 예비후보의 이름과 부각시킬 경력, 선거구민에게 각인시킬 예비후보의 이미지 등을 홍보하는 데 집중하는 것이 바람직하다.

앞에서도 언급한 바와 같이 국회의원 및 지방선거는 정당공천 여부에 당락이 크게 좌우되는 만큼, 정당의 공천을 받는 것이 중요하다. 보통 정당공천은 예비후보자기간 막바지에 결정된다. 그러므로 정당공천은 예비후보자기간에 가장 염두에 두어야 할 사안인 것이다.

예비후보자기간의 정당공천 전략은 예비후보 자신이 공천을 목표로 하고 있는 정당의 구체적인 공천정책에 따라 적절하게 세워야 한다. 당원에 의한 경선으로 공천을 결정할 경우에는 당원을 모집하고 관리하는 것이 가장 중요한 일이 될 것이고, 여론조사에 의해 공천을 결정할 경우는 선거구민에 대한 인지도를 제고하는 것이 가장 중요한 일이 될 것이다. 어느 쪽이 되었든지 간에 예비후보는 정당의 공천방침의 변화에 촉각을 곤두세우고 그에 따른 공천 준비에 만전을 기해야 한다.

3) 예비후보자등록 후부터 가능해지는 선거운동

예비후보자는 등록 후부터 어깨띠 또는 예비후보자임을 나타내는 표지물을 착용할 수 있다. 어깨띠나 표지물은 법이 허용하는 규격 한도 내에서 변형된 모양으로 만들어 착용하거나, 소재의 제한이 없으므로 전광소재나 발광소재로 만드는 것도 가능하다. 이런 점을 이용하여 다른 예비후보와 차별성을 두기 위해 특이한 모양의 어깨띠를 만들어 착용하는 것도 가능하다.

예비후보자등록 후부터는 선거사무소를 설치하거나 그 선거사무소에 간판·현판 또는 현수막을 설치·게시할 수 있으며, 자신의 성명·사진·전화번호·학력·경력, 그밖에 홍보에 필요한 사항을 게재한 명함[41]을 직접 주거나 지지를 호소할 수도 있다.

또한, 예비후보자가 되면 자신의 홍보에 필요한 사항을 게재한 인쇄물[42](이하 "예비후보자홍보물"이라 한다)을 작성하여 선거기간개시일 전 3일까지 우편 발송할 수 있으며 전화를 이용하여 송·수화자 간 직접 통화하는 방식으로 지지를 호소할 수 있다.

---

41) 길이 9센티미터 너비 5센티미터 이내
42) 선거구 안에 있는 세대수의 100분의 10에 해당하는 수 이내에서 관할 선거관리위원회로부터 발송대상·매수 등을 확인받아야 한다.

4) 선거운동의 중심, 유권자를 위한 선거사무소

선거사무소는 외벽에 현수막 등 선전물을 설치할 수 있어서 그것 자체로 예비후보를 홍보할 수 있는 수단이 되므로 가급적 마련하는 것이 바람직하다. 또한 선거사무소가 있는 편이 예비후보로서도 선거구민에게 자신이 출마할 예정임을 대외적으로 알릴 수 있고, 공식적인 선거운동의 중심이 되는 시설로 삼을 수 있으므로 없는 것보다 있는 편이 나은 것은 당연하다.

선거사무소에 설치하는 선전물은 중요한 홍보수단이 되므로 우선 선거사무소를 홍보에 유리한 지점에 설치해야 한다. 또한 수립한 선거 전략과도 부합하는 장소에 설치하여야 할 것이다. 예컨대, 자신의 연고지역의 탄탄한 지지기반을 이용할 생각이라면 연고지역 내에 선거사무소를 설치하여야 할 것이고, 예상 후보자와의 경합지역에서 승부를 낼 전략이라면 경합지역에 설치하여야 할 것이다.

또한 선거사무소 외벽에 설치할 현수막 등 선전물은 예비후보의 인지도 제고에 중점을 두어야 할 것이다. 예비후보의 이름 석 자와 전략적으로 부각시킬 이미지를 사용하고, 대중의 관심사로서 찬반이 확실히 존재하고 선거결과에 직접적 영향을 미칠 수 있으면서 자신이 주도할 수 있는 이슈를 선정하여 선거운동 슬로건으로 삼는 것이 아주 중요하다.

선거사무소에 대한 고정관념을 탈피하여 이색적인 선거사무소를 개설한다면 선거구민의 눈길을 끌 수 있다. 예컨대, 선거사무소를 북 카페처럼 만들거나 선거사무소 내 일정 공간에 아이들 놀이방을 부대시설로 만들어서 지역 주민들이 편안하게 방문할 수 있는 분위기를 조성할 수도 있고, 선거사무소를 예비후보에 대한 작은 전시관처럼 꾸며서 한눈에 예비후보가 살아온 이력과 경력, 더 나아가 사람 됨됨이를 알고 느낄 수 있도록 꾸미는 것도 좋은 방법이다.

또한 선거사무소를 개설하면서 선거사무소 개소식을 개최할 수 있는데, 이는 예비후보의 세를 과시하고 지지자를 결집시킬 수 있는 좋은 기회이다.

5) 인사 잘하는 사람이 성공한다

명함 배부는 예비후보자가 유권자를 직접 접촉하고 지지를 호소할 수 있는 선거운동이므로 예비후보가 할 수 있는 선거운동 중 비교적 효과가 큰 선거운동방법이라고 할 수 있다.

예비후보자등록 후부터 예비후보, 그의 배우자와 직계 존·비속 및 예비후보와 함께 다니는 선거사무장·선거사무원·활동보조인, 그리고 예비후보자가 그와 함께 다니는 사람 중에서 지정한 1명은 명함을 직접 배부하거나 지지를 호소할 수 있다.

이것을 쉽게 설명하면, 예비후보, 그의 배우자, 직계존·비속은 단독으로 다니면서 지지를 호소하거나 명함을 배부할 수 있다. 또, 예비후보자는 같이 다니는 사람 중에서 한 사람을

〈지지·호소와 명함 배부를 할 수 있는 사람〉

구 분	단독으로 할 수 있는 사람	예비후보와 함께 다닐 때만 할 수 있는 사람	1인의 명함 배부자를 지정할 수 있는 사람
예비후보	○		○
배우자	○		×
직계존비속	○		×
선거사무장 선거사무원 활동보조인	×	○	×

지정하여 명함 배부와 지지·호소를 하게 할 수 있지만 배우자나 직계 존·비속은 다른 사람을 지정할 수 없다.

한편 선거사무장, 선거사무원, 활동보조인은 단독으로 다니면서 지지를 호소하거나 명함을 배부할 수 없다. 이들은 반드시 예비후보와 함께 다니면서 지지·호소와 명함 배부를 해야 한다.

지지·호소와 명함 배부를 꼭 같이 할 필요는 없고, 둘 중 어느 하나만 해도 상관없다. 지지·호소를 위해서는 짧지만 인상적이고 호소력이 있는 멘트를 준비하는 것이 좋고, 가급적 명함의 내용과 연결되는 것이 유권자가 기억하기 쉬울 것이다. 명함에는 여러 가지 내용을 장황하게 기술하는 것보다 유권자가 기억하기 쉽도록 간결하게 만드는 것이 좋다. 명함의 앞면에는 후보자의 이름, 사진, 그리고 전략적으로 부각시키고자 하는 경력, 선거구호 등으로 작성하고, 뒷면에는 유권자의 일상생활에 도움이 되는 지하철 노선도, 긴급·민원신고 전화번호 등과 같은 생활정보를 기재하여 유권자가 명함을 보관하고자 하는 동기를 갖도록 하면 좋은 홍보효과를 기대할 수

명함 배부 또는 지지·호소 관련 주의사항

- ■ 명함 제작 시 주의사항
  선거법상 명함의 재질은 제한하고 있지 아니하다. 명함 이외의 용도(거울, 안경 닦는 천 등)로 사용할 수 있도록 제작하여 배부하는 것은 기부행위에 해당할 수 있어 금지되므로 주의를 요한다.
- ■ 명함 배부 또는 지지·호소를 할 수 없는 곳
  - 선박, 여객자동차, 열차, 전동차, 항공기의 안과 터미널 구내 (지하철 역 구내를 포함)
  - 병원, 종교시설, 극장의 안

있다.

명함에는 예비후보의 사진 대신 기억하기 쉬운 캐리커처를 쓸 수도 있고, 요즘의 스마트폰 열풍을 반영하여 예비후보의 홈페이지로 연결되는 QR코드를 삽입할 수도 있을 것이다. 그 밖에 여러 가지 방법으로 자신만의 개성 있는 예비후보 명함을 시도해보자.

6) 유권자에게 보내는 첫 인사, 예비후보자 홍보물

예비후보는 선거구에 있는 전체 세대수의 10%에 해당하는 세대에 홍보물을 보낼 수 있다. 발송 시 사용할 세대주 명단은 구·시·군의 장에게 신청할 수 있다. 신청 시에는 지역별·연령별·성별 등의 조건을 정하여 신청할 수 있는데, 전략적으로 면밀히 검토하여 신청하는 것이 좋다. 무작위로 발송하는 것보다 선별된 대상에게 집중적으로 보내는 것이 더욱 효과적이기 때문이다.

일반적으로는 구·시·군청에서 받은 명단을 활용하여 발송하지만, 꼭 이 명단에 의해서만 보낼 필요는 없다. 즉, 별도로 관리하고 있는 명단을 활용하여 각종 단체의 간부 등 여론주도층, 소속정당의 당원에게 빠짐없이 보내서 홍보 효과를 극대화하여야 한다.

예비후보자 홍보물의 발송 시기는 최근에 본 것이 더 기억이 잘 남으므로 정당의 공천일정 등을 고려하여 될 수 있으면 시기를 늦추어 보내는 것이 좋다. 홍보물에 들어갈 공약, 선거구호 등은 추후에 제작하는 선거공보와 일치하도록 일관되게 작성하여 공약과 선거구호를 유권자에게 반복적으로 홍보하는 것이 더 효과적이다.

나. 미디어에 강한 자, 선거에 강하다

선거운동에 있어 미디어를 활용하는 방법 역시 늘어난 매체의 수만큼 매우 다양해졌다. 미디어에 의한 선거운동은 크게 대중매체를 이용한 방법, 대담·토론회를 이용한 방법, 그리고 정보통신망에 의한 방법으로 나눌 수 있다. 국회의원선거나 지방선거의 경우 후보가 대중매체, 즉 신문·방송을 이용하여 광고 등의 선거운동을 하는 것이 금지되어 있으므로 실질적으로 활용 가능한 것은 대담·토론회를 이용한 방법과 정보통신망에 의한 방법 두 가지이다.

정보통신망에 의한 방법도 기존에는 전화와 컴퓨터, 이 두 가지로 명확히 구분되었다. 그러나 스마트폰의 등장으로 인해 이러한 구분법은 거의 무의미해졌다. 따라서 여기에서는 전화(휴대전화, 문자메시지 포함), 인터넷 홈페이지, 전자우편, 인터넷 광고, 그리고 최근 선거에 큰 영향을 미치고 있는 SNS에 대해서 설명하고자 한다.

1) 인터넷홈페이지, 특화된 콘텐츠를 제공하라

SNS의 비약적 성장으로 인해 향후에는 인터넷 홈페이지를 이용한 선거운동이 점진적으로 감소할 것으로 예상된다. 그러나 후보로서는 시간과 공간의 제약을 뛰어넘어 신속하게 정보를 전달할 수 있다는 점에서 인터넷 매체를 이용한 선거운동을 포기할 수 없을 것이다. 어떤 방식으로 이를 활용해야 선거운동에 큰 효과를 볼 수 있을 것인가. 여러 가지 방법이 있을 수 있겠으나, 여기에서는 세 가지 정도로 정리해 소개하려고 한다.

첫째, 특화된 콘텐츠를 제공함으로써 유권자에 어필하는 것이 좋다. 단순한 정치적 업적의 나열이나 자신의 지지를 호소하는 선거운동으로만 가득한 인터넷홈페이지는 선거에 무관심한 유권자의 흥미를 자극하지 못한다. 따라서 학부모 유권자를 위한 '우리 아이 과학고 보내기', 재테크에 관심이 많은 30~40대 직장인을 위한 '유용한 주식 정보' 등 자신만의 특화된 콘텐츠를 유인 요소로 활용한다면 유권자들의 이목을 집중시킬 수 있을 것이다. 중요한 것은 유권자가 후보의 말에 귀를 기울이는 환경을 만드는 것이다. 정치적 비전을 보여주는 것은 그 이후에 해도 늦지 않다.

둘째, 쌍방향적인 소통이 가능한 메뉴를 도입하는 것이 좋다. 선거에서 SNS가 뜨고 있는 이유는 그것이 일방적 의사전달에 그치는 것이 아니라 유권자의 의견 역시 실시간으로 후보에게 전달될 수 있기 때문이다. 인터넷홈페이지에 자유게시판이나 대화방 등을 도입한다면 유권자에게 의견 개진의 기회를 부여할 뿐 아니라, 유권자와 소통하는 정치인으로서의 이미지도 얻을 수 있으므로 일거양득의 효과를 누릴 수 있다. 또한 게시판이나 대화방에 의견 개진이 올라오면 반드시 답신을 보냄으로써 유권자의 말에 귀를 기울이고 있음을 보여주는 것이 좋다.

마지막으로 SNS와 연계하는 것도 좋은 방법이다. SNS와 홈페이지에 동시에 글을 등재하거나, 홈페이지 주요 업데이트 사항을 SNS로 안내하고 링크를 거는 것 등이 바로 이러한 예이다.

하지만 무엇보다 중요한 것은 유권자의 마음을 사는 것이다. 유권자의 관심사에 대해 함께 이야기하고 그들의 이야기를 들어줄 수 있는 매체로서 인터넷홈페이지를 잘 활용한다면 후보자의 블루오션으로 기능할 수 있을 것이다.

2) 저비용 고효율의 문자메시지를 활용하라

선거법의 개정으로 문자메시지는 빠른 속도로 선거운동의 중요한 수단으로 자리 잡았다. 후보들이 문자메시지를 이용한 선거운동을 선호하는 이유는 단순하다. 지속적이고 직접적인 메시지 전파가 가능하여 인지도 상승에 큰 영향을 미치는 데다가 다른 선거운동에 비해 그 비용이 매우 저렴하기 때문이다. 즉, 문자메시지는 적은 비용으로 인지도를 높이는 가장 **빠**른 방법인 셈이다. 그러나 넘쳐나는 광고성 메시지와 불필요한 정보들에 지친 유권자들이 후보들의 문자메시지에 주목하겠는지 여부는 다시 한 번 생각해 볼 필요가 있다. 이 지점에서 후보와 유권자의 온도차가 생기는 것이다. 그렇다면 후보는 어느 시기에 얼마만큼의 문자메시지를 보내야만 역효과를 최소화하면서 본연의 인지도 상승이란 효과를 볼 수 있을까? 시기, 횟수, 내용으로 나누어 살펴보기로 하자.

어느 시기가 효과적이냐에 대해서는 여러 가지 의견이 있을 수 있다. 그러나 당내경선을 거쳐야 하는 후보라면 당내경선 직전, 본 선거에 돌입한 이후라면 일반적으로 유권자들이 후보를 결정하는 시기인 '선거일전 일주일' 동안에 보내는 것이 효과적이라는 것이 대체적인 의견이다.

얼마나 보내야 하는가에 대해서는 그 대상을 구분해서 살펴볼 필요가 있다. 평소 안면이 있거나, 유권자가 후보에 호의적인 경우라면 지속적인 메시지 전송으로 관리해주어야 한다. 이른바 '표 다지기' 인 것이다. 그러나 불특정다수를 향한 선거정보전송의 경우, 지속적 메시지 전송은 오히려 역효과를 초래하므로 꼭 필요한 순간(후보자등록 시, 선거일전일 등)에만 활용하는 것이 효과적이다. 현재 공직선거법에는 자동동보통신방법에 의한 전송이 예비후보자기간을 포함하여 8회를 넘을 수 없도록 규정하고 있다.

한편, 문자메시지의 내용은 직접적인 지지 호소나 네거티브 캠페인보다는 특색 있고 친근감 있는 내용이 효과적이다. 계절과 관계된 인사나 안부인사는 유권자의 거부감을 줄일 수 있는 방법이 된다. 누가 더 참신한가, 특이한가, 친근한가, 이런 사소한 것들이 문자메시지 선거운동의 효과를 결정한다 해도 과언은 아닐 것이다.

3) 인터넷광고, 상호작용성을 살리는 것이 중요하다

후보자는 선거운동기간 중 인터넷언론사의 인터넷 홈페이지에 선거운동을 위한 광고를 할 수 있다. 인터넷 광고의 형태나 종류에 대한 선거법상의 제한은 없으나 주로 배너광고, 텍스트형 광고, 팝업 광고, 키워드광고(검색광고) 등이 활용되고 있다. 스마트폰의 등장과 더불어 최근에는 모바일애플리케이션 상단에 문구를 삽입하는 형식의 광고도 점차 그 영역을 확장해 가고 있다.

과거 우리나라의 인터넷광고 형식은 하이퍼텍스트적 기능(배너 등을 클릭하면 연계된 사이트로 이동하는 것)을 활용한 것이 대부분이어서 인터넷의 가장 큰 강점이라 할 수 있는 상호작용성을 적극적으로 활용한 경우가 드물었다. 이는 인터넷 정치광고의 기능을 온전하게 활용하지 못하는 결과를 초래하며, 일방적인 정보의 전달에만 그치게 될 가능성 역시 존재한다고 한다. 따라서 일방적인 전달이 아닌 '참여'를 이끌어낼 수 있도록 인터넷 광고의 효용을 최대한 살리는 방법을 강구해야 할 것이다.

다. SNS를 공략하라

SNS란 소셜네트워크서비스(Social Network Service)의 약자로 인적 네트워크, 또는 온라인 인맥구축 서비스를 의미한다. 기존의 인터넷 홈페이지나 블로그 등이 아바타(사이버상의 인격)로 대변되는 익명성을 강조하고 카페·동호회 등의 폐쇄적 커뮤니티 중심의 활동을 하게 했다면, SNS는 자신을 공개하고 개방적인 인맥을 형성하게 한다. 예를 들어 페이스북은 자신의 출신지역, 학교, 직장 등을 입력하면 관계되는 사람들을 검색해주며 사회적 관계를 확장시키는 데 도움을 준다. 그리고 트위터는 게시한 트윗이나 팔로워 등의 성향을 분석해 자신과 비슷한 사용자를 추천해 주는 시스템을 기반으로 하고 있다.

1) SNS 열풍에 주목하라

선거에 있어 SNS의 영향력은 과연 어디에서 오는 것일까. 가장 큰 요인으로 꼽을 수 있는 것은 역시 '신속한 전파력'이다. 인간관계가 그물망처럼 촘촘히 형성되어 있는 SNS 상에서 선거운동 혹은 투표참여운동이 일어날 경우, 이것은 급속도로 동심원을 그리며 주변으로 전파된다. 2명이 알던 사실이 4명이 되고, 4명이 다시 16명이 되는 '기하급수적 전파방식'이다.

또한 SNS 특유의 네트워크 형성 과정은 비슷한 정치적 시각을 가진 사람들을 응집시키는 데 매우 유용하다. 이를테면 특정 정치성향을 가진 유명 정치인과 네트워크를 형성하고 있던 사람은 그 사람을 통해 비슷한 성향을 가진 또 다른 정치인과 관계를 맺을 수 있다. SNS 사용자 본인이 네트워크의 연결고리가 되는 셈이다. 앞으로 부동층이라 여겨지는 (혹은 투표

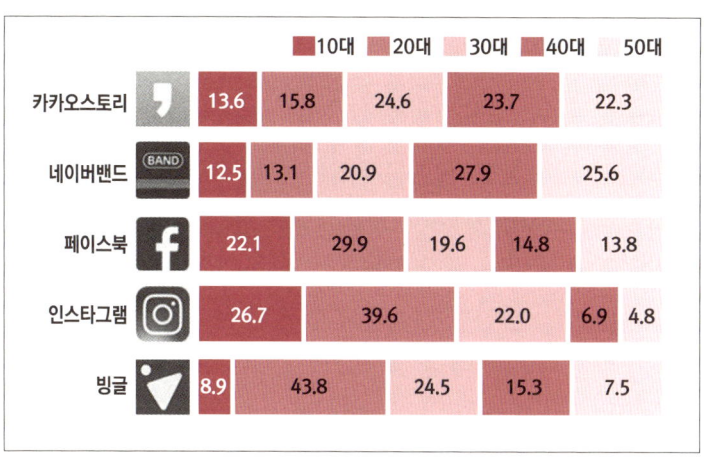

2015년 연령대별 SNS 채널 이용 점유율(모비 데이즈 모바일 광고 연구소 참조)

무관심층이라 일컬어지는) 젊은 세대들을 움직이는 것 역시 SNS일 것이라는 의견은 SNS의 영향력을 보여주는 대목이다. SNS의 사용 연령층이 다양해지면서 앞으로의 선거에 있어 이 같은 영향력은 더욱 커질 전망이다.

SNS는 트위터나 네이버 미투데이 같은 마이크로블로그 기반 서비스와 페이스북에서 제공하는 프로필 기반 서비스로 나눌 수 있다. 마이크로블로그는 트위터가 140자를 제한하는 것처럼 글자 수를 제한하고 있어 비교적 글이 짧다는 점에서 기존의 블로그와 대비되어 사용되는 개념이다. 프로필 기반 서비스는 사용자의 프로필(학력, 직업 등)을 기반으로 관계를 형성하도록 하는 페이스북 등과 같은 서비스를 말한다. 마이크로블로그 형식은 다중에게 신속하게 정보를 전달하는 데 유리하고, 프로필 기반 서비스는 관계가 있는 주변인에게 직접적 영향력을 행사하기에 유리하다. 이와 같이 다양한 SNS를 활용하기에 앞서 후보는 각각의 특성을 면밀히 분석하고, 사용 계층 및 자신의 성향과 부합 여부 등을 고려한 후 '주력할 SNS'를 선정하여야 할 것이다.

2) SNS의 종류별 특징

특정한 관심이나 활동을 공유하는 사람들 사이의 관계망을 구축해 주는 온라인 서비스인 SNS는 최근 페이스북과 인스타그램 등의 폭발적 성장에 따라 사회적·학문적 관심의 대상으로 부상했다. 다양한 기능을 갖는 SNS는 각 서비스마다 독특한 특징을 가지고 있다.

가) 페이스북

이용자들이 페이스북에 가입한 다음 자신의 프로필을 만들고 다른 이용자들을 친구로 추가하면 타임라인에 글을 쓰거나 친구와 메시지를 교환할 수 있다. 친구들이 프로필을 업데이트하거나 타임라인에 글을 쓰면 자동으로 알림 메시지가 떠서 이용자들 간의 상호작용을 촉진한다. 페이스북은 이용자의 실제 정체성을 보여주는 정보와 그들의 활동을 공개하도록 유도하는 등 각종 편리한 기능을 제공해 왔다. 2010년 3월에 시작된 '좋아요(Like)' 버튼은 페이스북이 도입해 성공한 대표적인 소셜 플러그인이다. '세계 모든 사람들을 연결시키겠다'는 목표를 지닌 페이스북의 자체 통계에 따르면 가입자의 70%는 미국이 아닌 다른 국가에 거주하는 사람들로 나타났으며, 2018년 기준 가입자 수가 23억여 명에 이르렀다. 페이스북 이용자 23억 명이 페이스북에 올려놓은 글과 링크 및 '좋아요'와 '댓글'은 실시간으로 빅데이터를 구성한다. 국내에서는 2017년 1월 기준, 2000만 명이 이용하고 있다. 이용자 성비는 남자가 56% 여자가 44%이며 20대가 가장 많고 그 다음으로 30, 40, 10, 50, 60대 순이다.

페이스북 타임라인과 뉴스피드에는 자신이 올린 글뿐만 아니라 친구들의 동정이 실시간으로 게시된다. 페이스북에서는 자신과 친구로 맺어진 사람들의 반응과 정서, 감정을 '좋아요'와 '댓글'을 통해 공유할 수 있다. 이것이 소셜네트워크 서비스의 특성이 발현되는 지점이다. 인터넷의 월드와이드웹이 웹 문서끼리 연결되는 하이퍼링크라면 페이스북의 타임라인과 뉴스피드는 사람들끼리 만드는 하이퍼링크다. 페이스북 이용자들은 서로의 감정과 생각, 정서를 실시간으로 하이퍼링크한다. 그래서 어떤 정서나 의견이 전달되는 속도가 매우 빠르고 그 전달 범위 또한 매우 넓다.

☞ **페이스북의 주요 기능**

- **뉴스피드**

사용자의 친구가 '좋아요' 라고 한 페이지의 소식을 시간 순으로 보여주는 공간이다. 뉴스피드에 나타나는 소식의 가장 주요한 조건은 친구 관계 및 '좋아요' 이다. 하지만 이에 절대적으로 의존하는 것은 아니며, 페이스북에서 자체 개발한 복잡한 알고리즘에 의해 소식이 뉴스피드에 게시될 지의 여부와 뉴스피드상의 배치 순서가 결정된다.

- **타임라인**

사용자가 게시하는 사진, 글 등을 실시간으로 보여주는 공간이다. 뉴스피드에 있는 대부분의 소식은 사용자의 친구들이 각자의 타임라인에 올린 것들이다. 원래 명칭은 'Wall(담벼락)'이었다. 2011년 페이스북 키노트에서 마크 저커버그는 개인의 삶을 역사적으로 표현할 수 있는 타임라인의 개념을 발표하였다. 사용자는 페이스북에서 제공하는 형식에 따라 자신의 중요한 경험을 타임라인에 남길 수 있으며, 이를 다른 사용자가 연도별 인덱스에 따라 빠르게 볼 수 있다.

- **페이지**

트위터는 회사 이름, 사물 등 다양한 주제를 이름으로 하여 가입하는 것이 가능하다. 하지만 페이스북은 가입 시 성별, 생년월일을 반드시 입력해야 하며, 이는 곧 사람의 명의로만 가입할 수 있다는 것을 의미한다. 따라서 페이스북 내에서 기업체의 홍보 등을 하기 위해서는 페이지를 만들어야 한다. '좋아요'의 수나 게시 글의 수 등 일정 기준을 넘는 페이지들은 사용자의 프로필에 등록 가능하며, @기호를 이용하여 하이퍼링크를 생성할 수 있다.

나) 카카오톡

2010년 3월 (주)아이위랩(현 카카오)에서 출시한 모바일 메신저 애플리케이션으로, 2015년 한국 내 점유율 90%에 도달했다. 2014년 5월 누적 다운로드 수가 5억 건을 돌파했으며 12개국의 언어를 지원한다.

카카오톡은 무료통화(음성 및 영상), 문자메시지 서비스뿐 아니라 사진, 동영상, 음성 메일 서비스를 제공하며 일대일 및 그룹 채팅 기능을 지원한다. 또한 여러 명(5명까지)의 친구들과 함께 그룹으로 통화할 수 있는 '그룹콜' 기능 및 좋아하는 주제와 관계된 친구를 추가하여 다양한 정보와 혜택을 받는 '플러스친구' 서비스도 지원한다. 카카오톡은 전화번호나 카카오 계정의 두 가지를 기반으로 계정과 주소록을 관리한다. 휴대폰에 카카오톡 설치 시 사용자의 연락처 목록을 기반으로 친구를 찾고, 이를 친구로 등록할 수 있도록 추천한다. 카카오 계정을 생성하고 이를 이용할 경우 기기 교체 시나 번호 변경 시에도 카카오톡의 친구 목록을 유지할 수 있다. 또한 카카오 게임, 카카오 스토리, 네비게이션 애플리케이션인 김기사, 택시 호출 애플리케이션인 카카오 택시, 모바일 송금 서비스인 뱅크월렛카카오, 간편 결제 서비스인 카카오페이 등의 서비스를 카카오 계정과 연동하여 특별한 가입 없이 이용할 수 있다.

다) 인스타그램

'인스타그램'은 사진 및 동영상을 공유할 수 있는 소셜 미디어 플랫폼이다. 지난 2019년 1월 월간 사용자수가 10억 명을 돌파했다. 인스타그램 사용자의 80% 이상이 미국 이외의 지역이며, 인스타그램에 올라오는 사진과 영상은 하루 평균 9,500만 개로서 모회사인 페이스북의 성장 동력으로 각광받고 있다.

인스타그램(Instagram)은 '인스턴트'(instant)와 '텔레그램'(telegram)이 더해진 단어다. '세상의 순간들을 포착하고, 공유한다'(Capturing and sharing the world's moments)라는 슬로건을 내걸고 2010년 출시됐다.

인스타그램은 2013년 11월부터 일부 기업을 통한 광고를 시범적으로 도입·운영하고 있다. 2013년 6월 동영상 서비스를, 12월에는 메시지 서비스도 내놓으며 SNS로서 기능을 확장해가고 있다. 국내에서도 인스타그램 사용자가 가파르게 늘고 있다. 인스타그램을 홍보하는 국내 대행사 관계자는 "국내에서 인스타그램 사용자가 활발하게 늘어나고 있다"면서 "특히 아이돌, 연예인들을 중심으로 인기를 끌고 있다"고 말했다. 주요 이용 연령층은 20대~ 30대이며, 이용자 성비는 남자 47% 여자 53% 이다.

인스타그램의 가장 큰 특징은 이미지 위주의 플랫폼이라는 것이다. 인스타그램은 긴 글을 적기보다는 강렬한 사진과 짧은 동영상으로 온라인에서 소통한다. 감성적인 사진이 큰 인기를 끌면서 소비자시장에서 감성을 타겟팅하는 상품과 가게가 많아졌다. 인스타그램은 하나의 게시된 글에 25개의 태그를 쓸 수 있으며, 태그에 적는 단어는 내 임의대로 창조할 수 있다. 또 태그별로 사진을 모아 보여주는 기능을 통해 내가 원하는 태그만 모아서 보는 것도 가능하다.

　전 세계 월간 활성 사용자 수가 3억 명이라는 엄청난 수치를 보유하고 있는 인스타그램은 이제 그 자체로 하나의 문화가 돼 가고 있다.

라) 유튜브

2005년 2월 페이팔(PayPal)의 직원이었던 채드 헐리(Chad Hurley), 스티브 첸(Steve Chen), 조드 카림(Jawed Karim)이 캘리포니아 산 브루노(San Bruno)에 유튜브 회사를 설립하였다. 세 명의 창립 멤버는 친구들에게 파티 비디오를 배포하기 위해 "모두가 쉽게 비디오 영상을 공유할 수 있는 기술"을 생각해냈고, 이것이 유튜브의 시초가 되었다.

　동영상이나 사용자에게 댓글을 달아 소통할 수 있기 때문에 소셜 미디어 서비스의 일종으로도 분류된다. 유튜브에 업로드 하는 사용자의 대부분은 개인이지만, 방송국이나 비디오 호스팅 서비스들 또한 유튜브와 제휴하여 동영상을 업로드하고 있다.

　비디오 클립, 뮤직 비디오, 학습 비디오 등과 같은 동영상 형태로 된 파일의 업로드가 가능하지만 단순 음성파일은 업로드를 할 수 없다. 대부분의 동영상은 회원 가입을 하지 않아도 볼 수 있지만, 동영상을 게시하기 위해서는 회원 가입이 필요하다. 유튜브 서비스는 회원이 자신의 채널을 편집하고 설정할 수 있도록 하며, 게시된 동영상을 평가하고 재생 기록 등을 기반으로 추천 동영상을 표시한다. 각 영상은 용량 2GB, 길이 15분 29초까지 동영상 파일을 업로드 할 수 있으며, 지침 위반이 없는 회원의 경우 신청 및 인증을 통해 12시간 길이까지의 동영상 파일을 게시할 수 있다.

마) 트위터

트위터는 컴퓨터 또는 휴대전화 등으로 자신의 계정에 글을 올리면 그 글이 정보통신시스템에 의하여 네트워크상에서 팔로워로 신청한 자에게 실시간으로 자동 전송되는 시스템이다. 이러한 트위터는 제3자도 트위터에 접근할 수 있다는 점에서 매우 개방적이며, 실시간으로 검색이 가능하다는 점에서 매우 신속하다. 이른바 RT(리트윗) 기능을 이용하여 타인이 전송한 정보를 돌려보는 것도 가능하여 정보의 전파범위가 매우 넓다. 또한 생활주변에 일어나는 일들을 게시하는 다른 나라 이용자들과는 달리 우리나라 사람들은 트위터에 정치적 견해를 피력하고, 사회문제에 공감하는 게시물을 더 많이 남긴다는 것 역시 주목해야 할 트위터의 특징 중 하나이다. 전파력, 응집력, 사회문제에의 높은 관심도 등 선거과정에서 아주 유용하게 쓰일 수 있는 트위터이지만, (예비)후보가 트위터를 이용하기 위해서는 지켜야 할 가이드라인이 있다. 선거법상 트위터는 전자우편으로 해석되므로 이를 사용한 선거운동을 할 경우 선거법 제82조의5(선거운동정보의 전송 제한) 사항을 준수해야 한다. 이에 따르면, (예비)후보자가 전송대행업체에 위탁하여 전자우편을 전송하는 때에는 반드시 선거운동정보에 해당한다는 사실을 명시하도록 규정하고 있다.

트위터를 잘 활용하려면 첫째, 팔로워를 모아야 한다. 후보가 아무리 트위터를 이용해 자신을 홍보하고자 하더라도 트위터를 구독하는 팔로워가 없다면 이는 혼자만의 외침에 불과할 것이다. 특히 후보는 선거구에 거주하는, 자신에게 관심을 가질 만한 실질적인 팔로워를 만들어나가는 것이 중요하다. 이를 위해서 후보는 같은 당의 주요 정치인이나 정치적 성향이 비슷한 유명인을 팔로잉하는 것이 좋다. 그리하면 트위터는 그들을 팔로잉하고 있는 팔로워들에게 후보를 비슷한 사용자로 추천해 줄 것이다. 가능하다면 그들(유명 정치인 등)이 후보의 트위터를 소개해주는 방식을 취해주는 것도 도움이 된다. 또한 트위터 모임을 활용하는 것도 좋다. 관심 있는 주제, 지역, 인물에 관한 트위터 모임에 가입하면 그들의 리스트를 확보할 수 있고 후보 역시 그 리스트 안에 포함되어 인맥을 넓힐 수 있을 것이다.

둘째, 소탈하게 소통하는 것이 중요하다. 트위터계의 스타라 할 수 있는 두산그룹 박용만 회장의 경우 트위터를 통해 근엄한 회장님의 모습을 탈피하여 소탈한 가장, 직장인의 모습을 보여줌으로써 트위터 이용자들의 공감을 샀다. TV 드라마 속 회장님의 모습과 자신을 대비한 트윗이나 아이패드 사용기는 꽤 오랫동안 사람들의 관심을 모았다. 현직 국회의원 중에서도 이처럼 자신의 일상생활기 등을 공개하면서 친근한 이미지를 쌓아가는 사람들이 늘고 있다.

셋째, 다른 이들의 글에도 관심을 가져야 한다. 리트윗과 멘션은 트위터 유지의 원동력이다. 자신의 말만 전송하는 트위터는 생명력이 없다. 특히 정치를 하고자 하는 이는 타인의 말에 관심을 기울일 줄 알아야 한다. 팔로워들의 질문에 답해주고, 같이 공감해주는 등 유권자와 소통하는 방식으로 트위터를 활용하는 정치인들의 트위터를 벤치마크 할 필요가 있다.

넷째, 모바일 플랫폼(애플리케이션) 등을 활용하여 지속적으로 트위터를 사용해야 한다. 트위터는 소통을 보여주는 도구가 아니라, 소통 그 자체여야 한다. 트위터를 개설해놓기만 하고 사용하지 않는 정치인과 이를 적극적으로 활용하여 끊임없이 소통하는 정치인 사이의 차이는 분명히 존재한다.

트위터 용어에 익숙해지기

- 트위터리안((twitterian) : 트위터를 사용하는 사람을 지칭함. 트위플(tweeple), 트위터러(twitterer)라고도 함. 정식 명칭은 트위터 유저(twitter user)
- 팔로워(follower) : 내 글을 구독하는 트위터리안
- 팔로잉(following) : 다른 트위터리안의 글을 구독하기 위해서는 먼저 팔로잉을 해야 함.
- 트윗(tweet) : 트위터를 사용해 올리는 글, 기본 140자이며 TWTKR(트위터코리아) 등에서 작성할 경우에는 장문도 가능
- 타임라인(TimeLine) : 트위터 메인화면에 보이는 글. 자신이 팔로잉한 트위터리안의 글과 자신의 글이 시간순서대로 보임.
- 멘션(mention) : 다른 사람의 트윗에 대한 답글 (reply)
- 리트윗(RT, retweet) : 다른 사람의 트윗을 자신의 팔로워들이 볼 수 있도록 내 타임라인으로 가져오는 것

3. 선거운동에 사활을 걸어라

법정선거운동이 투표 결과에 미치는 영향력에 대한 견해는 매우 다양하다. 그 중에는 법정선거운동의 효과에 대해 매우 회의적인 시각도 있다. 이러한 시각을 가진 사람들에 의하면 선거의 결과는 정당공천, 텃밭, 구도, 바람에 의해 결정된다고 한다. 물론 위의 요소들이 선거에 있어 다른 어떠한 것들보다 중요한 비중을 차지하고 있음은 주지의 사실이다. 그러나 선거구별로 특정 정당이 절대적으로 우세한 '텃밭', 당시의 '바람', 이미 짜여진 '구도', 그리고 기존의 우세한 '인지도'에만 의존하여 선거운동기간을 소홀히 한 후보는 결코 당선을 장담할 수 없을 것이다.

최근 들어 특정 정당에 유리한 '텃밭'이라는 의미는 점점 퇴색해가고 있는 반면, 선거운동 과정에서 자신을 지지하는 사람을 선거일 당일 어떻게 투표소로 발길을 돌리게 할 수 있는지가 더 중요해지고 있다. 결국 후보는 각 선거운동방법의 장·단점과 한계 등을 명확히 인지하고 13일 동안 물 샐 틈 없는 선거운동을 펼쳐야 할 것이다.

가. 인쇄물로 나를 표현하라

《유권자의식조사》 및 '정치관계자 심층면접' 결과에 따르면 유권자들이 후보에 대한 정보를 얻는 최종적인 통로는 결국 선거벽보와 선거공보였다. 법정선거운동의 실효성에 의구심을 갖는 사람들의 주장이 '선거벽보와 공보에 기울이는 사람들의 관심도가 낮다'는 데 그 근거가 있는 것과는 상충되는 조사 결과이다.

그러나 어느 쪽의 입장을 취하건, 후보는 선거벽보와 선거공보의 제작을 소홀히 해서는 아니 될 것이다. 비교적 자율에 맡겨진 다른 선거운동과는 달리 선거벽보 및 선거공보는 누구에게나 주어진 공평한 '기회'이기 때문이다. 또한 이러한 인쇄물의 제작비는 전체 선거비용 중에서 매우 높은 비율을 차지한다. 엄청난 비용을 들여서 아무런 효과 없는 인쇄물을 만들어내는 것만큼 어리석은 일은 없을 것이다.

이처럼 선거벽보와 선거공보는 그 비용과 효과 면에서 '법정선거운동'의 백미라 할 수 있다. 이것을 법정선거운동을 뛰어넘어 '전체 선거운동'의 백미로 삼을 수 있을지 여부는 후보 본인에게 달려있을 것이다.

1) 레이아웃[43]으로 시선을 사로잡아라

공직선거가 치러질 때마다 거리 곳곳에는 선거벽보가 부착되고, 매 세대에는 선거공보가 배달된다. 그러나 그것은 언제나 선거명과 후보만을 달리할 뿐이다. 누구의 것이건, 어느 시대의 것이건 천편일률적인 레이아웃을 벗어나지 못한다. 벽보

---

43) 책이나 신문, 잡지 등에서 글이나 그림 따위를 효과적으로 정리하고 배치하는 일

에는 깨알 같은 글씨로 후보의 학력과 경력, 그리고 경직된 표정의 사진이 게재되어 있다. 공보 역시 마치 같은 공장에서 찍어낸 듯 규격과 배열 등이 모두 닮아있다. 물론 이러한 홍보물이 지속적으로 양산된 데는 그만한 이유가 있다. 튀는 홍보물로 무리수를 두고 싶지 않은 마음, 그리고 한정된 지면에 최대한 많은 정보를 담고 싶은 마음이 바로 그 이유이다. 그러나 유권자가 후보의 모든 정보를 다 기억하는 것은 아니다. 아니, 그 많은 홍보물을 다 챙겨보지도 못한다. 시선을 사로잡아야 한다. 그래서 적어도 내 홍보물만큼은 유권자로 하여금 읽어 보게 해야 한다.

 모든 후보의 선거홍보물이 동시에 배부되거나 부착되는 우리나라의 경우, 다른 후보와 차별되는 레이아웃의 필요성은 더욱 커진다. 시선을 집중시키지 못하면 그 안에 아무리 좋은 내용이 담긴다 할지라도 의미가 없다. 한 번 쯤은 쳐다보게 되는 선거홍보물은 분명 후보가 가진 고정관념을 탈피할 때만 만들 수 있을 것이다.

 고정관념을 탈피하는 것은 시선을 집중시킬 수 있다는 장점이 있다. 그러나 지나치게 독특한 선거홍보물은 '파격'에만 신경을 쓴 나머지 그 안에 담아야 할 것들은 미처 다 담아내지 못하는 우를 범하기 쉽다. 또한 후보가 '경륜과 안정감'을 중시해야 하는 경우에는 지나치게 튀는 디자인이 오히려 역효과를 불러일으킬 수도 있다. 따라서 파격적이면서도 선거홍보물의 보편적 특징을 잘 살릴 수 있는 선거홍보물을 만들어내는 것이 중요하다고 할 수 있다. 선거홍보물을 제작할 때 특히 주의할 점을 살펴보면 다음과 같다.

 우선 선거홍보물의 독자층은 그 연령과 성향 등이 매우 다양하다. 이는 곧 모든 세대의 취향을 고려해야 한다는 것을 의미한다. 따라서 지나치게 이미지 편향적인 레이아웃이나 너무 크거나 작은 포인트의 글씨 등은 지양해야 할 것이다.

또한 내지의 경우 가급적 통일감을 주는 것이 좋으며, 컬러링은 정당의 상징색이나 후보의 이미지 색을 중심으로 활용하여 다른 홍보물과 통일성을 주는 것이 필요하다. 특히 컬러는 홍보물의 품격을 여과 없이 보여주는 요소이므로 컬러가 조잡하거나 지나치게 현란한 것은 좋지 않다. 당연한 말이지만, 쉽고 깔끔하게 구성하는 것이 보기에도 좋다.

2) 메시지로 마음을 사로잡아라

슬로건, 공약, 학력·경력 등을 비롯하여 후보가 유권자에게 전하고 싶은 이야기를 통틀어 메시지라고 한다. 후보는 이러한 메시지를 지속적으로 여러 매체를 통하여 유권자에게 전파한다. 여러 경로를 통해 반복적으로 유권자의 기억 속에 쌓인 메시지는 하나의 이미지를 만들어내고, 그 이미지를 통하여 유권자는 해당 후보에 대한 지지 여부를 결정하게 되는 것이다.

그렇다면 어떤 슬로건을 사용할 것인가. 이 물음에 대한 답은 앞서 언급한 SWOT 분석과 그 맥을 같이 한다. 즉, 나를 분석하여 내 이미지에 부합하는 슬로건을 만들어야 한다. 또한 슬로건은 상대후보와 차별화 되어야 하며, 지금 유권자가 가장 원하는 이슈를 대변할 수 있는 슬로건이어야만 한다.

한편 식상한 미사여구, 지킬 수 없는 공약 등은 오히려 후보의 진정성을 훼손시킨다. 즉, 꼭 전달하고자 하는 내용만을 분명하게 전달하여야 한다. 그렇다고 이 말이 불필요하고 상투적인 메시지를 쓰지 말라는 것이지 메시지를 '반복'하지 말라는 의미는 아니다. 오히려 하나의 분명한 메시지를 지속적으로 반복하는 것이 유권자의 기억 속에 더 오래 남을 수도 있다. 짧은 후렴구에 가사가 계속적으로 반복되는 '후크송'이 대중의 사랑을 받는 현상은 선거운동에 있어서도 많은 시사점을 던져준다.

"경제대통령 이명박, 바보 노무현, 준비된 대통령 김대중" - 아직도 기억 속에 남아있는 성공한 정치인들의 슬로건을 벤치마킹 해보는 것은 어떨까?

그 밖의 메시지 전달방법

- 감동적이고 희망적인 내용이 좋다.
- 포지티브 전략과 네거티브 전략을 적절히 배합하라.
- 당선 후를 내다보는 장기적인 시선이 필요하다.
- 가독성을 염두에 두고 중학교 1학년 수준으로 쉽고 간결하게 쓰는 것이 좋다.

3) 사진으로 기억되라

'사진도 전략이다'라고 함은 사진을 잘 찍어야 한다는 것만을 의미하지는 않는다. 사진을 넣을지 말지, 넣는다면 어떻게 넣을지, 그 모든 것이 전략이 된다는 말이다. 또한 사진을 넣는다고 해서 꼭 남들과 같은 크기로 넣을 필요는 없다. 후보의 얼굴이 호감을 줄 수 있다면 얼굴이 강조되는 사진을, 그렇지 않을 경우 사진 속의 상황이 강조되는 사진을 넣는 것이 좋다. 청진기, 정의의 여신 디케 등 자신의 직업적 특성을 내세울 수 있는 상징물과 함께 혹은 상징물만을 찍은 사진도 활용해 봄 직하다. 또한 뒷모습 사진이나 기호를 표시하는 손가락 사진을 게재하는 것도 가능하므로 고려해 볼만 하다.

이러한 사진에 관련된 전략은 하루아침에 실행에 옮길 수 있는 것이 아니다. 따라서 가장 중요한 전략은 내 이미지, 나와 맞는 사진 촬영 기법 등을 분석하여 일련의 선거운동을 시작하기 전에 '미리' 준비해놓아야 한다는 것이다. 이는 선거운동 전반에서 사용될 사진에 통일감을 부여할 수 있다는 것뿐만 아니라 혹시 잘못된 콘셉트로 사진을 찍었을 경우 이를 수정하기 위한 시간을 확보한다는 데도 그 의의가 있다.

> **tip**
> **선거벽보 사진 게재 시 주의할 점**
>
> ■ 선거벽보에 후보의 사진을 게재하는 경우에는 후보만의 사진을 게재할 수 있고 타인의 인물 사진은 게재할 수 없음. 따라서 유명인과 함께 찍은 사진이나 군중이 운집한 배경 사진은 게재할 수 없음.

사진은 단순히 후보의 얼굴을 알리는 것일 뿐 아니라 정치에 대한 국민의 인식을 반영하는 것이기도 하다. 따라서 선거홍보물에 사용되는 사진은 시대에 따라 약간씩 다른 패턴을 보여준다.

최근의 선거홍보물을 보면 근엄한 표정보다는 자연스럽게 웃고 있는 표정, 정장보다는 넥타이를 매지 않은 와이셔츠 차림이나 점퍼 차림의 사진이 많다. 또한 선거공보의 경우 후보 단독으로 찍은 사진보다는 청년들, 어린이들과 함께 찍은 사진이 많다. 또한 정적인 느낌의 사진보다는 컴퓨터를 하고 있는 모습, 독서하는 모습, 현역의원의 경우 민생현장을 방문하여 주민과 이야기하고 있는 모습 등 동적인 느낌의 사진을 많이 사용한다.

이것은 탈권위적, 유권자 친화적 정치인을 원하는 시대의 요구를 반영한 것이다. 또한 일하는 정치인의 이미지를 보여주는 것이기도 하다. 앞으로도 이러한 경향은 지속될 것으로 보인다. SNS의 발달 등으로 정치인들과의 거리가 더욱 가까워진 유권자들은 정치인에게서 일반인과 다르지 않은 모습을 보길 원할 것이다.

나. 시설물에 일관되게 나를 표현하라

시설물이란 현수막과 후보가 사용할 수 있는 각종 소품 등을 뜻한다. 이러한 시설물은 후보가 하고자 하는 말을 대신해 줄 것이며, 때로는 후보 자체를 대변하기도 할 것이다. 아래에서는 현수막과 어깨띠 등을 비롯한 각종 소품의 효과적인 활용 방법에 대하여 알아보기로 한다.

1) 현수막, 게시 위치와 메시지로 비교우위를 점하라

후보는 선거운동을 위하여 해당 선거구안의 읍·면·동 수의 2배 이내의 현수막을 게시할 수 있는데, 이러한 현수막을 이용한 선거운동의 성패는 그것이 어디에 게시되느냐에 의해 결정된다고 할 수 있다. 지정된 장소에 선관위가 일괄적으로 첨부하는 선거벽보와는 달리 현수막은 후보가 직접 게시할 장소를 정할 수 있기 때문에 장소 선정부터 후보의 능력이 발휘되어야 한다. 즉, 유권자의 시선을 끌기에 유리한 장소를 선점하는 것이 곧 현수막을 이용한 선거운동의 효과로 직결된다는 것이다.

내가 좋다고 생각하는 장소는 남들의 눈에도 좋게 보이기 마련이다. 발 빠른 행동력을 가진 후보만이 좋은 자리를 차지할 수 있을 것이다. 또한 현수막은 이동게시가 가능하므로, 유동인구가 많은 장소를 옮겨가며 게시하는 것도 좋은 방법이다.

또한 다른 후보의 현수막보다 모든 면에서 비교우위에 있어야 한다는 것 역시 중요한 포인트이다. 현수막은 종종 옆에 걸린 다른 후보의 현수막과 여러 가지 면에서 비교되기 마련이다. 디자인은 물론, 사진, 슬로건, 심지어 '어떤 현수막이 더 깔끔하게 붙어 있는가'도 비교 대상이 된다. 강렬한 임팩트가 필요한 것은 두말할 나위가 없다.

현수막의 내용이 선거운동의 전반적인 흐름과 맥을 같이 하여야 함은 자명하다. 그러나 그 안에서도 조금씩 차별성을 둘 필요가 있다. 레이아웃은 통일적으로 구성하되, 지역에 따라 그 지역에 맞는 공약을 현수막에 게재하는 것 등이 바로 그러한 예이다.

2) 어깨띠, 모자, 유니폼 등은 튈수록 좋다

후보는 사진·성명·기호 및 소속 정당명, 그 밖의 홍보에 필요한 사항을 게재한 어깨띠, 윗옷, 표찰, 수기, 마스코트, 그 밖의 소품(이하 소품이라고 한다)을 제작하여 활용할 수 있다. 이러한 것을 착용하거나 부착할 수 있는 사람은 후보와 배우자(혹은 배우자 대신 신고한 후보의 직계존비속), 선거사무장, 연락소장, 사무원, 활동보조인 및 회계책임자이며, 이는 선거운동기간 중에만 활용이 가능하다.

이러한 소품과 관련한 전략의 핵심은 '어떻게 제작할 것이냐'에 있다. 다시 말해 어떻게 만들어야 유권자의 시선을 집중시킬 수 있느냐는 것이다. 물론 그 답은 하나이다. 무조건 튀어야 한다는 것이다. 선거에 다양한 홍보기법들이 도입되면서, 톡톡 튀는 아이디어 소품들이 속속 선거전에 등장하기 시작했다.

선거운동도 일종의 마케팅이다. 그리고 이러한 마케팅의 핵심은 참신성과 독창성에 있다. 특히 마스코트, 표찰·수기 그 밖의 소품의 경우에는 옷에 붙이거나 사람이 입거나 한 손으로 지닐 수 있는 정도의 크기라면 어떤 것을 활용해도 무방하므로 그야말로 '아이디어 전쟁'인 것이다. 다만, 이러한 소품의 제작비용은 선거비용제한액이라는 현실적인 제약이 존재하므로 합리적으로 계획을 세워 그 범위 안에서 지출하는 지혜가 필요하다고 하겠다.

다. 토론회가 운명의 승부처가 된다

대담·토론회의 초청 주체는 각급 선거방송토론위원회, 단체 및 언론기관이다. 초청 주체는 다르지만 그 준비와 진행방식은 서로 크게 차이가 없으므로 의무적으로 개최하도록 되어 있는 선거방송토론위원회가 주관하는 대담 · 토론회를 중심으로 살펴보면 다음과 같다.

선거방송토론위원회 주관 대담·토론회(이하 '토론회'라 한다)는 선거기간 중에 개최된다. 투표일에 임박하여 개최되는 만큼 유권자가 후보를 선택하는 데 분수령이 될 것이다. 또한 토론회는 후보의 자질과 역량을 상호 비교하여 유권자가 한눈에 후보를 평가할 수 있는 유일한 선거운동방법이다. 여기서 당락의 운명이 갈릴 수도 있다.

1) 토론회, 왜 중요한가
'대담'이라 함은 1인의 후보 또는 대담자가 소속 정당의 정강·

정책, 후보의 정견 및 기타사항에 관해서 사회자 또는 질문자의 질문에 대해 답변하는 것을 말하고, "토론"이라 함은 2인 이상의 후보 또는 토론자가 사회자의 주관 하에 대담과 같은 주제에 대해 사회자를 통하여 질문·답변하는 것을 말한다.

토론회는 왜 중요한 것일까? 그 답은 토론회 후의 인지도와 지지도의 변화에 있다. 대중매체가 발달한 현대사회에서 텔레비전이 일상생활에 미치는 영향력은 매우 크다. 그 영향력은 선거에 있어서도 마찬가지이다. TV토론회가 선거에 있어 많은 역할을 하며 중요시되는 데 비하여 선거에 미친 영향력 조사에서는 별로 영향을 미치지 못한다는 견해가 있는가 하면 또 많은 영향을 미친다는 주장으로 양분되어 있다.[44] 이런 의견 차이에도 불구하고 백중세의 선거구라면 얼마든지 당선의 명암을 갈리게 할 수 있다.

TV토론의 목적을 항상 생각해야 한다

TV토론은 상대방 후보를 이기는 것이 목적이 아니다. 후보 진영의 핵심적인 의제를 설정하고, 상대방 후보의 약점을 부각시키는 등 캠페인 차원에서 생각해야 한다.
- 기존 지지층의 이탈 방지
  - 잘해야 본전, 잘못하면 치명적
  - 악성 루머에 대한 사전 예방 차원
  - 부동표 흡수
- 후보의 이미지 제고
  - 후보의 개인적 장점 부각
  - 인간적인 면모에 대한 집중 홍보
  - 솔직한 면(약점에 대한 가벼운 인정) 부각
- 경쟁 후보와의 차별화
  - 경쟁 후보의 약한 고리를 공격
  - 공세적인 이슈 제기

2) 토론회, 어떻게 준비할 것인가

후보와 참모는 토론회에 앞서 선거방송토론위원회의 일정에 관심을 갖고 적극적으로 그 준비에 임해야 한다. 선거방송토론위원회는 먼저 설명회에 앞서 개최 일시와 장소를 후보에게 통지한다. 설명회에서는 추첨에 의해 토론순서를 정하고 질문의 요지를 미리 공개하고 있다. 따라서 후보는 그에 맞춰 답변을 준비하면 되지만, 상호토론 등에 대비하여 정치적 현안이나 선거구의 주요 문제에 대해 대비할 필요가 있다. 또한 자신의 공약을 재점검하고 상대 후보의 홍보물, 선거공보 등도 분석해야 한다.

선거방송토론위원회가 미리 공개하는 질문요지는 "대형마트 진입 등에 대처하여 재래시장을 활성화시킬 수 있는 대책" 등과 같이 구체적으로 주어진다. 선거구 현안 위주의 질문이 주를 이루는 자치단체장 선거와 달리 국회의원선거에서 선거구는 선출을 위한 편의상의 구역에 불과하고 국회의원은 국민 전체를 대표하기 때문에 중앙정치와 전국적인 사안에 대한 질문도 제시된다. 토론회 질문은 공통질문, 개별질문, 상호토론이 적절히 섞여 구성되는데 종전에는 공통·개별질문의 비중이 높았으나 점점 상호토론의 비중이 높아지고 있다.

토론회 개최 전의 기조연설과 끝으로 하는 맺음말은 질문/답변 못지않게 철저한 사전준비가 필요하다. 특히 맺음말의 경우 후보의 수에 따라 적게는 1분에서 많게는 2분 정도가 발언시간으로 주어지는데 많은 후보들이 자신의 정책을 쭉 나열하다가 그것마저도 다 말하지 못하고 끝나는 경우가 있다.

앞 장 44) 정치커뮤니케이션 연구, 통권 8호, 2008.3.31.,〈선거 관련 TV토론 방송에 관한 대학생들의 수용 유형에 관한 연구〉

후보마다 다르겠지만 두 세 개의 주요 공약 위주로 강조하여 발언하는 것이 효과적일 수 있다.

3) 토론회장에서는 이렇게 하라

질문과 답변 자료를 수집·작성한 후에는 반드시 토론회장과 같은 조건으로 예행연습을 거쳐야 한다. 토론회에는 'NG'가 없다. 비록 녹화방송으로 진행된다 하더라도 재촬영이 불가능하기 때문에 실수를 하더라도 자연스럽게 토론을 이어갈 수 있는 대책을 미리 세워둘 필요가 있는 것이다.

복장에 대한 제한은 없으나 단정한 모습을 보여주는 것이 좋다. 정당을 상징하는 점퍼를 입거나 어깨띠를 하고 나오는 후보들도 일부 있으나, 대체로는 정장을 갖춰 입는다. 토론회장에서는 발언요지를 정리한 낱장으로 된 자료의 지참은 가능하나 제본된 책자, 노트북, 도표·차트 등 기타 자료는 가지고 입장할 수 없다.

끝으로 토론회에서는 자신감 있는 모습을 보여주어야 한다. 역사적으로 TV토론의 시초는 1960년 민주당의 존 F. 케네디와 공화당의 리처드 닉슨이 맞붙은 미국 대통령선거라고 할 수 있다. 이 토론회에서 케네디 후보는 젊고 건강한 이미지를 부각시킨 옷차림과 자신감 넘치는 제스처로, 피곤하고 지친 표정의 닉슨 후보를 앞선 것으로 평가받았다.

4) 토론회, 그 이후가 중요하다

토론회가 끝나고 나면 토론회의 내용이나 후보의 태도 등에 대해 평가를 하기 마련이다. 심지어 승패를 갈라 '누가 이겼다'는 표현을 쓰기도 한다.

사실 토론회의 시청률은 매우 낮다. 토론회가 주요 시간대에 방송된다 하더라도 대체적인 시청률은 평균 3~4%에 불과한 실정이라고 한다. 재방송을 포함한다고 하더라도 실제 시청률은 크게 올라가지 않을 것이다. 따라서 토론회 당시 우열을 가릴 수 있을 정도로 뚜렷이 차이가 난다고 하더라도 토론회 자체로서는 우열을 판단할 수 없는 것이다. 중요한 것은 토론회 이후, 즉 2차 전파이다.

토론회는 선거기간 중에 개최되기 때문에 다른 무엇보다도 유권자들의 관심의 대상이 된다. 이때 구전홍보를 다시 한 번 활용하자. 누가 잘하고 못했는지는 매우 주관적인 판단일 수밖에 없다. 여론주도층, 선거사무관계자, 자원봉사자 등을 적극 활용해서 해당 후보가 잘했던 점은 더욱 강조하고 확대하여 선거운동에 활용하는 방법을 찾는 것이 중요하다.

라. 선거운동의 하이라이트, 공개장소에서의 연설·대담

후보가 선거운동기간 중 할 수 있는 여러 가지 선거운동의 방법 중에서 자신의 선거메시지를 유권자에게 전달하며 지지를 호소할 수 있고, 조직을 동원하는 등의 운영 방법으로 유권자의 시선을 가장 효과적으로 집중시킬 수 있는 것이 바로 공개장소에서의 연설·대담이라고 할 수 있다.

1) 공개장소 연설·대담이란

흔히 '거리유세' 또는 '가두연설'이라 부르기도 하는 공개장소 연설·대담은 선거법상 허용되는 확성기를 사용한 대중연설의 방법이며, 거리에서 할 수 있는 가장 중요하고 기본적인 선거운동방법이라고 할 수 있다.

선거운동기간 중 대부분의 유세활동은 공개장소 연설·대담(이하 '거리유세'라 한다)을 중심으로 이루어지고 있어서 군대의 야전사령부와 같은 역할을 한다고 할 수 있다. 운동선수가 경기장에 들어가면 경기방식을 알아야 하듯이 연설·대담에도 선거법상 다양한 규칙이 존재한다. 아래에서는 효율적이고 창의적인 연설·대담을 위한 몇 가지 규칙을 제시하고자 한다.

첫째, 거리유세에서 연설·대담을 할 수 있는 사람에는 후보·선거사무장·선거연락소장·선거사무원(이하 "후보 등"이라 한다)과 후보 등이 선거운동을 할 수 있는 자 중에서 지정한 사람이 있다. 선거운동을 할 수 있는 사람이면 후보 등으로부터 지정을 받을 경우 연설·대담이 가능하기 때문에 사실상 연설·대담을 할 수 있는 사람에 대한 제한은 없다고 할 수 있다.

둘째, 거리유세가 가능한 곳으로는 도로변·광장·공터·주민회관·시장 또는 점포, 그밖에 다수인이 왕래하는 공개장소가 있다. 거리유세에 사용 가능한 장비로는 자동차 1대, 자동차에 부착된 확성장치 및 휴대용확성장치가 있다. 자동차와 확성장치에는 표지를 부착하여야 하고, 선거벽보·선거공보 등 선전물도 첩부·게시할 수 있다.

셋째, 확성장치는 연설·대담을 하는 경우에만 사용할 수 있으며, 휴대용 확성장치는 연설·대담용 차량이 정차한 외의 다른 지역에서 사용할 수 없다. 이 경우 차량 부착용 확성장치와 동시에 사용할 수는 없다.

한편 후보자 등이 공개장소에서 연설·대담을 하는 때[45]에는

---

[45] 후보자등이 연설·대담을 하기 위하여 자동차를 타고 이동하거나 해당 자동차 주위에서 준비 또는 대기하고 있는 경우를 포함한다.

후보자와 선거연락소마다 각 1대의 녹음기 또는 녹화기를 사용하여 선거운동을 위한 음악 또는 선거운동에 관한 내용을 방송할 수 있다. 이 경우 녹음기 및 녹화기에는 표지를 부착하여야 한다.

2) 연설은 미리 준비해야 한다

거리유세는 유권자를 직접 만날 수 있는 대표적인 선거운동 방법인데, 후보가 공개된 장소를 직접 방문하여 자신에 대한 지지를 호소하는 연설을 하거나 청중의 질문에 대답하는 방식으로 대담을 하는 것을 말한다. 거리유세는 선거운동기간 중 무제한으로 할 수 있고, 또 그만큼의 효과도 거둘 수 있어 중요한 선거운동방법 중 하나이다.

유권자들은 후보가 직접 말하는 공약을 듣고 싶어 한다. 하지만 시끄러운 소리 등으로 인해 거리유세가 큰 호응을 받지 못하는 것 역시 현실이다. 유권자의 요구와 불만, 이 두 가지 사이에서 균형을 찾는 것에서부터 결국 거리유세의 성패는 좌우된다.

기본적으로 연설의 주체는 후보이다. 그러나 후보 이외에도 후보 등이 지명한 자는 누구든지 연설할 수 있으므로 후보가 연설을 잘 하지 못할 경우, 전문 연설원을 쓸 수도 있다. 그러나 이 경우 선거비용이 막대해 질 수 있으며, 후보가 직접 하는 연설만큼의 호소력을 가지지도 못한다. 또한, 사실상 연설할 수 있는 자의 제한이 없다고 하여 주먹구구식으로 연설할 경우 선거분위기에 악영향을 미쳐 수많은 표를 잃는 결과를 초래한다는 것에 유념해야 한다.

연설은 하루아침에 만들어지는 것이 아니다. 전문가의 진단과 처방을 받아 연습하면 좋겠지만, 그렇지 않더라도 후보는 평소에 거울을 보거나 캠코더로 찍어서 스스로 보면서 연습해야 한다. 세련되게 연설하기 위해서는 평소 준비하고 연습해야 하는 시간이 필요하다. 연설내용이 아무리 좋더라도 같은 음색에 같은 톤으로만 말해서 듣는 유권자의 귀를 피곤하게 한다면 오히려 후보에게는 득보다 실이 될 수 있다. 연설 중간 중간에 재미있는 이야기를 덧붙인다면 이러한 유권자의 피로감을 줄여주고 연설에 집중할 수 있도록 도와줄 수 있을 것이다.

3) 유세차량은 움직이는 공연장이다

거리유세를 하다 보면 청중들이 연호를 하거나 로고송을 따라 부르기도 하고, 로고송에 맞춰 함께 춤을 추기도 한다. 한 마디로 움직이는 공연장인 셈이다. 이때 유세차량은 후보를 위해 마련된 공연 무대라 할 수 있는데, 유세차량의 효과적인 운영을 위해서는 사전에 고려해야 할 사항이 있다.

우선 차량을 선택할 때는 도시와 농촌 등 환경적인 요소와 선거구의 크기가 고려되어야 한다. 시·도지사 이상의 선거에서는 교통중심지를 잇는 동선을 중심으로 유세하기 때문에 5톤 이상의 차량이, 그 이하 선거에서는 2.5톤 이하의 차량이 많이 사용된다. 국회의원선거의 경우 유권자를 찾아 골목골목을 누빌 수 있고 주차가 용이한 1톤이나 1.5톤 차량이 많이 이용된다.

유세 차량을 선택하였다면 다음으로 고려해야 할 부분은 확성장치와 같은 음향시설이다. 소리는 확성장치를 통해 주변으로 퍼져나가므로 직접 보지 못하는 유권자에게도 후보의 공약을 알리고 지지를 호소할 수 있는 수단이 된다.

마지막으로 유세차량을 설비하는 때에 디자인은 선거운동

선전물과 마찬가지로 선거메시지를 일관되게 홍보하되 단순해야 한다. 그리고 반복적으로 노출되어 유권자의 시선을 사로잡고 오래 기억될 수 있어야 한다.

4) 영상홍보물은 유권자를 유혹하는 최강의 무기이다
무대가 마련되었으면 이제 무대를 꾸미고, 후보의 공연을 돋보이게 해 줄 춤과 음악 등을 준비해야 한다. 유세차량에서 이를 가장 충실히 보여 줄 수 있는 것이 영상홍보물과 로고송이다.

영상홍보물 제작에 있어 특별한 법적인 제한 사항은 없다. 후보가 알리고자 하는 내용을 충실히 담고 있다면 그것이 좋은 영상물이다. 다만, 영상물은 유권자들이 거리를 지나치며 보는 경우가 많기 때문에 되도록 짧게, 주요 메시지들이 반복해서 나올 수 있도록 제작하는 것이 좋다. 후보의 장점과 선거구호 등을 만화 영상, UCC 등으로 제작하여 짧은 시간 안에 유권자에게 강하게 후보의 이미지와 선거메시지를 전달하는 것이 좋다.

영상홍보물 상영 시스템에 대하여도 과감한 투자가 필요하다. 영상물을 잘 만들었다 하더라도 상영할 수 있는 시스템이 좋지 않으면 그 효과가 나타나지 않는다. 일반적으로 영상물은 유세차량에서 상영하는데, 유세차량은 영상 전용차량과 영상을 상영할 수 있게 제작한 차량으로 나누어진다.

유세차량의 설비적인 부분 외에도 사람을 통해 유권자의 시선을 끌 수 있는 전략을 병행하는 것이 더욱 효과를 높일 수 있다. 특히 선거사무원과 자원봉사자 등의 율동은 후보마다 독창적으로 창의성을 발휘할 수 있는 부분이기도 하다. 율동은 경쾌한 로고송 등과 함께 즐길 수 있고, 쉽고 반복적이어서 유권자가 함께 따라 할 수 있는 것이 더 효과적이다.

5) 로고송으로 유권자의 심박수를 증가시켜라

유권자는 로고송을 통해 선거 분위기를 피부로 느낀다. 후보의 입장에서도 로고송은 불특정 다수의 유권자에게 자신을 알릴 수 있는 가장 효과적인 방법이다.

로고송은 유세 현장을 축제로 만드는 역할을 한다. 또한 살아 있는 현장 분위기를 연출하는 데 빼놓을 수 없는 요소이기도 하다. 이러한 로고송을 통해 후보를 자연스럽게 홍보하기 위해서는 유권자들이 흥얼거릴 수 있도록 쉽게 만들어야 한다.

로고송 제작은 기존에 불리던 곡을 개사해서 제작하는 방법과 창작곡을 사용하는 방법, 두 가지가 있다. 기존에 불리던 곡을 개사할 경우 유권자에게 쉽게 다가갈 수 있다는 장점이 있는 반면, 저작권 사용료를 지불해야 하므로 제작 단가가 올라간다. 창작곡을 사용할 경우에는 저작권 사용료를 지불하지 않기 때문에 개사곡에 비해 가격이 저렴한 장점이 있으나, 유권자들에게 쉽게 기억되기 어렵다는 단점도 있다.

로고송은 후보를 유권자들에게 보다 쉽게 알리기 위한 수단이므로 다소 비용이 추가되더라도 유권자들이 쉽게 따라할 수 있도록 유권자들에게 익숙한 곡으로 제작하는 것이 좋다. 로고송은 대중가요와 동요를 개사하는 경우가 대부분이다. 유권자의 마음에 와 닿을 수 있도록 개사하는 것이 중요하다.

마. 거리를 장악하라

거리에서의 행렬, 이동수단인 자동차 등 선거운동 분야의 제한·금지 사항을 역으로 이용하면 다양한 선거운동이 가능해진다. 이러한 선거운동은 거리유세와 함께 또는 그에 부수하여 다양하게 연출할 수 있다.

1) 행렬, 다양한 연출이 가능하다

선거운동기간 동안 출·퇴근 시간대에 지하철 입구나 버스 정류장 근처에서 같은 색의 모자와 티셔츠를 입은 선거운동원들이 인사를 하는 모습이나 거리에서 서너 명의 선거운동원들이 소품을 들고 가면서 선거운동을 하는 모습을 보았을 것이다. 하지만 선거철마다 대부분의 후보들이 다 하는 이러한 인사나 행렬을 통해서 유권자의 지지는 둘째 치고 제대로 된 관심조차 받지 못할 수 있다. 뭔가 특색이 있어야 하고 하나를 하더라도 타 후보와는 차별화되어야 한다.

현재 선거법 제105조는 선거운동을 위하여 5명[46]을 초과하여 무리를 지어 거리를 행진하거나 다수의 선거구민에게 인사하는 행위를 금지하고 있다. 하지만 역으로 이 범위만 넘지 않는다면 가능하다는 말이 성립된다. 특히 선거구민에게 인사를 하는 경우에는 후보자와 그 배우자(배우자 대신 후보자가 그의 직계존비속 중에서 신고한 1인을 포함), 선거사무장, 선거연락소장, 선거사무원, 후보자와 함께 있는 활동보조인 및 회계책임자는 그 수에 산입하지 않고 있다.

선거법이 정한 테두리 내에서 거리를 행진하는 경우 다른 선거운동방법과 결합하여 창의적인 활용이 가능한데, 일례로

---

46) 후보자와 함께 있는 경우에는 후보자를 포함하여 10명

정당이나 후보의 이미지를 상징하거나 동물 모양 등의 마스코트를 입고 거리를 행진하는 것도 효과적이다. 마스코트나 독특한 모양을 한 의상을 입고 거리를 행진할 경우 소수의 인원만으로도 유권자의 관심을 불러일으킬 수 있기 때문이다.

2) 자동차, 타고 다니기만 해도 선거운동이 된다

누구든지 자동차를 사용하여 선거운동을 할 수는 없다. 하지만 후보 등이 유세차량과 선거사무관계자 등이 탑승한 5대의 자동차[47]를 이용하면 선거운동은 아니지만 이와 비슷한 홍보 효과를 볼 수 있다.

유세차량은 후보에 대한 직접적인 지지를 호소할 수 있는 선거운동의 수단으로 사용되지만, 후보 등의 교통수단으로 사용되는 자동차(이하 "자동차"라 한다)는 선거벽보 등의 홍보물 부착을 통해 간접적으로 후보를 알릴 수 있다.

단순히 교통수단만으로 자동차를 타고 다닌다면 후보를 선전할 수 있는 효과에 대비해 볼 때 너무나 소극적인 대응이라고 할 수 있다. 자동차를 활용하는 적극적인 방법을 강구한다면 다른 후보와 구분되는 움직이는 광고효과를 볼 수도 있다.

일반적인 이동수단으로 사용되는 세단형 자동차 외에 버스, 미니차, 오토바이, 자전거 등도 활용이 가능하다. 예를 들어 자전거의 경우 유원지에서 사용되는 4륜 자전거뿐만 아니라, 3륜 자전거로 제작하여 의자와 뒤 타이어 사이에 조명시설이 없는 게시대를 설치하여 운행할 수도 있다. 일부 후보의 경우에는 자신의 생업과 관계가 있는 차량을 자동차로 사용

---

47) 국회의원선거와 기초단체장 선거 5대, 시·도의원선거 2대, 자치구·시·군의원선거 1대

하기도 한다. 어린이집 차량, 트랙터, 심지어 분뇨차를 사용하는 경우도 있는데, 이러한 경우 유권자의 관심을 유도할 뿐만 아니라 지역사회에서 활동하는 친근한 이웃의 한 사람이라는 모습을 보여줌으로써 유권자의 호응을 얻기도 한다.

3) 유권자를 단박에 사로잡는 퍼포먼스

후보의 창의력과 재치를 발휘한 각종 선거 퍼포먼스의 연출은 유권자의 관심을 끌어들이고 후보를 적극적으로 알릴 수 있는 수단이라고 할 수 있다. 특히 후보가 유권자에게 알리고자 하는 매니페스토와 연결된다면 후보의 인지도와 지지도를 단숨에 올리는 효과도 기대할 수 있다.

지난 선거들을 돌아보면 각 정당이나 후보들은 다양한 방법과 이벤트로 유권자의 시선을 사로잡을 수 있는 퍼포먼스를 보여주었다. 특히 가장 많이 볼 수 있었던 방법은 정당 로고가 새겨진 점퍼나 특이한 복장을 활용한 것이다. 그 예로 '무상급식, 무상교육'이라는 글이 적힌 앞치마를 두른 요리사 복장, 초등학교 앞 건널목에서 교통 정리하는 모범운전자 복장 등이 있었다.

한편 유권자의 실생활과 밀접한 사회 이슈와 관련된 퍼포먼스도 호응이 좋았다. 대학에 돼지를 몰고 다니며 대학등록금을 낮추겠다는 공약을 홍보한 경우, 여성문제에 대한 관심을 표명하기 위해 남성후보가 하이힐을 신고 유세를 하거나, 쓰레기 종량제 봉투를 들고 유세현장을 누비는 후보, 거리 곳곳에서 후보를 알리는 복장을 하고 하루 종일 뛰는 마라토너 출신의 선거사무원 등의 퍼포먼스도 유권자로부터 좋은 평가를 받았다.

마지막으로 후보와 유권자가 상호 소통할 수 있는 방법의 퍼포먼스도 눈에 띈다. 경쾌한 로고송에 맞춰 유권자가 자발적으로 참여하여 선거사무관계자와 함께 율동을 하는 모습이 가장 흔히 볼 수 있는 예이다. 여기서 더 나아가 선거사무소나 연설·대담 차량 주변에 우체통을 설치하여 선거와 관련된 의견을 수렴하고, 연설·대담 시 확성장치를 이용하여 건의사항을 읽고 후보가 답변하는 방식 등 후보가 활용할 수 있는 방법은 무궁무진하다.

4) 유세에 사각지대란 있을 수 없다

후보자나 그가 지명한 연설원은 유권자가 많이 있는 곳에서 유세하고 싶어 한다. 그리고 사람이 없는 장소는 그냥 지나쳐 버린다. 그러나 이러한 자세는 자칫 유권자를 우습게 보는 태도로 비칠 수 있다. 발 없는 말이 천리를 가듯이 후보의 이러한 성의 없는 태도는 좋지 않은 소문을 낳게 되고, 이것은 곧 후보에게 불리한 여론을 형성하게 된다.

 한 번이라도 후보 등의 연설을 들어 본 것과 한 번도 들어보지 않은 것은 유권자의 표심을 흔드는 데 큰 차이가 있다. 집에 있는 사람도 멀리서나마 유세 내용에 귀를 기울이고 있다는 것을 알아야 한다. 물론 유권자를 찾아가 연설하는 것도 중요하지만 후보 등의 연설은 유권자에게 감동도 주어야 한다.

 결론적으로 유세차는 아무도 보이지 않더라도 아파트 입구까지 들어가야 하며, 시골은 마을 구석구석까지 들어가 잠깐이라도 진심을 담아 인사를 하는 것이 후보 홍보에 백배의 효과를 내게 되는 것이다.

바. 선거도 결국 사람이 하는 것이다

출마를 염두에 둔 후보는 '누구의 도움을 얻고, 어떻게 유권자의 마음을 사로잡을 것인가' 등과 같이 사람 중심의 생각을 먼저 하게 된다. 선거는 후보 혼자만의 힘으로 치를 수 없기 때문이다. 그래서 사람을 모으고 조직을 만드는 것이다. 하지만 시간이 지날수록 이런 인적 자원의 중요성이 반감되어, 각종 선거장비나 홍보물의 선전효과만 맹신하는 경우를 종종 볼 수 있다. 선거운동을 위해 첨단장비로 무장한 유세차와 화려한 소품을 이용해서 다양한 볼거리를 제공한다 하더라도 이를 운용하는 것은 결국 사람이다.

1) 회의는 하루 2번이면 충분하다

민심의 흐름을 읽고 그때그때 상황에 따른 임기응변이 필요한 것이 선거이다. 따라서 이러한 변화를 반영하여 선거운동 현장에서 활용하기 위하여 후보와 선거사무관계자들이 만나 서로의 의견을 교환하고 필요한 사항을 지시하는 회의는 반드시 필요하다. 하지만 회의를 위한 회의는 하지 말아야 한다. 그리고 회의를 많이 해서는 안 된다. 회의로 시간을 보내는 조직은 기업체든 국가기관이든 성과를 낼 수 없다. 특히 단기간에 민심의 흐름을 알아 움직여야 하는 선거조직은 더욱 그러하다. 따라서 어떠한 경우에도 회의는 아침과 저녁에 하루 2번이면 충분하다.

아침에는 각 팀별로 회의를 갖고, 그 날 해야 할 일과 역할을 점검해야 한다. 회의는 30분 이내의 시간으로 기획팀, 조직팀, 유세지원단 등 각자 점검사항만 체크하는 것이 좋다. 저녁에는 각 팀장 주도 하에 회의를 하되 그날 하루에 대한 점검과

내일 해야 할 일을 미리 계획해야 한다. 이 회의에는 선거본부장, 선거사무장, 기획팀장, 조직팀장, 상황실장, 거리유세팀장 등이 참석하여 선거의 전체적인 방향에 대한 분석과 대응전략을 중심으로 회의를 하는 것이 좋다. 그리고 여기에서 결정된 내용은 다음날 팀별로 집행이 될 수 있도록 하여야 한다. 아침과 저녁 회의에서 결정되고 논의된 사항 외에 협의나 조율이 필요한 사항은 각 팀장들 간에 수시로 접촉하여 협의하여야 한다.

후보가 반드시 참석해야 할 회의를 구분해야 한다. 선거운동기간 동안 후보가 직접 참석하는 회의는 많아야 한두 번에 그칠 수밖에 없다. 이럴 때 후보가 회의에 참석하여 짜증을 내거나 불만을 토로할 경우 조직 전체에 힘을 빼 사기를 저하시키는 결과를 초래하게 된다. 그러므로 후보는 짜증과 불만보다는 회의 참석자에게 힘과 용기 그리고 당선이 될 수 있다는 확신을 심어주어 이들이 이러한 분위기를 조직원에게 전달하여 조직 자체가 살아 움직일 수 있도록 하여야 한다.

2) 유세팀은 후보의 얼굴이다

거리 유세차량과 함께 움직이는 사람들을 보통 거리 유세팀이라고 부른다. 연설을 주도적으로 하는 1인을 팀장으로 하고 어깨띠를 맬 수 있는 선거사무원 2명, 차량기사 1명, 자원봉사자 2명 등 총 6명 정도가 적당하다. 여기에 율동팀 5명 정도를 운용하면 유세 분위기가 훨씬 살아나게 된다. 너무 많아도 신속하게 이동하지 못하고 특히 도심에서는 유세차량 주·정차도 어려우므로 하나의 자동차로 이동할 수 있는 인원이 좋다.

거리 유세팀은 한 곳에 장시간 머물면서 유세하기보다는 자주 옮겨 다니면서 바닥표를 훑겠다는 자세로 임해야 하기 때문에 신속한 이동력이 생명이다. 한 연설 장소에서 다른 연설 장소까지의 거리는 자동차로 10~15분 정도가 적당하며 더 먼 장소로의 이동은 바람직하지 않다.

유세팀은 적합한 장소를 미리 물색해 놓고 치밀하게 사전계획을 세워야 한다. 최대한의 효과를 내기 위해서는 한 지역에서 대각선을 그리면서 움직이는 방식이 효과적이다. 대각선 내에서는 투표구를 중심으로 한 동심원 이동이 효율적이다.

다중을 상대하기 보다는 실제로 투표에 참여할 사람을 대상으로 선거운동을 하는 것이 생산적일 수 있다. 그리고 거리유세는 여럿이 떼를 지어 인사하면서 지지를 호소할 수 있기 때문에 보다 다이내믹한 선거운동을 위해 거리 유세팀은 늘 새로운 아이디어가 필요하다.

유세 포인트를 선점하라

국회의원선거의 경우 전국동시지방선거보다 후보의 수가 적어 유세장소 확보의 어려움은 비교적 적다고 할지라도 어느 선거구나 목 좋은 장소는 있기 마련이다. 특히 유세하기에 좋은 시장터나 전철역, 시골지역의 장날 같은 경우는 유세차를 주차하기가 어렵다.

다수의 군중이 모인 장소에서 하는 연설과 몇 사람 앞에서 유세하는 것은 후보의 사기와 직결된다. 유세장소를 사전에 계획하고 확보하는 것은 유세지원팀의 가장 중요한 임무이다. 여러 대의 자가용을 가지고 사전에 유세할 장소에 주차를 하여 장소를 확보하는 것도 한 방법이다.

국회의원선거의 경우 전국동시지방선거보다 후보의 수가 적어 유세장소 확보의 어려움은 비교적 적다고 할지라도 어느 선거구나 목 좋은 장소는 있기 마련이다. 특히 유세하기에 좋은 시장터나 전철역, 시골지역의 장날 같은 경우는 유세차를 대기가 어렵다.

다수의 군중이 모인 장소에서 하는 연설과 몇 사람 앞에서 유세하는 것은 후보의 사기와 직결된다. 유세장소를 사전에 계획하고 확보하는 것은 유세지원팀의 가장 중요한 임무이다. 여러 대의 자가용을 가지고 사전에 유세할 장소에 주차를 하여 장소를 확보하는 것도 한 방법이다.

3) 선거사무원은 후보의 분신이다

유권자에게 보이는 선거운동원의 움직임은 결국 후보의 모습이라고 할 수 있다. 기호나 성명에서부터 시작하여 정당명, 구호 등에 이르기까지 후보를 알릴 수 있도록 제작된 어깨띠, 모자, 티셔츠 및 피켓 등 각종 소품 등을 입거나 소지하여 선거운동을 할 수 있는 것은 선관위에 등록된 선거사무원 등만이 가능하기 때문이다.

    선거사무원들을 어떻게 운용하느냐에 따라 선거 캠페인에도 절대적인 영향을 미치게 된다. 활기차고 역동적인 선거캠페인을 하기 위해서는 선거사무원을 최대한 활용하여야 한다. 선거현장에서 후보를 대신하는 분신 같은 역할을 수행하는 것이 바로 선거사무원이다. 유권자에게 인사를 하거나 퍼포먼스를 하는 등 선거운동을 할 경우 정성을 다하여 진심으로 유권자에게 한 표 한 표를 호소할 수 있도록 교육하는 것이 반드시 선행되어야 한다. 친절과 진정성이 담겨 있지 아니한 형식적인 인사나 태도는 금방 유권자에게 그 느낌이 전달되어 후보에게 부정적인 영향을 미칠 수도 있기 때문이다.

    선거운동기간 전에 확보한 선거사무관계자 등에게 CS(Customer Satisfaction : 고객만족서비스)강사를 초빙하여 인사요령, 복장 등에 대한 사전교육을 받게 하는 것도 좋은 방법이 될 수 있을 것이다. 유권자의 마음을 움직이는 가장 좋은 방법은 유권자를 감동시키는 것이다.

4) 정규군과 비정규군을 함께 편성하여 운용하라

후보가 운용할 수 있는 선거관계자는 선관위에 신고하는 선거사무원과 자발적으로 후보를 돕는 자원봉사자로 나눌 수 있다. 이들에게 업무를 분장하여 각각 맡아서 할 수 있는 일을 부여하고 이들 간의 의사소통이 이루어져야 효율적인 선거운동이 될 수 있다는 것은 두말할 나위가 없다.

병법의 대가로 알려진 손자(孫子)는 '정규군과 비정규군을 얼마나 조화롭게 운용하느냐에 병법의 핵심이 있고, 비정규군을 운용하는 것은 고정된 방식을 넘어서는 변화와 창의적인 사고다'라고 가르쳤다. 또한 '병력의 운용을 물과 같이 하라(兵之勢若水)'고 말하고 있다. 물은 고정적인 형체가 없고 높은 곳에서 낮은 곳으로, 가득 찬 곳에서 빈 곳으로 늘 움직인다는 의미의 이 문장 역시 비정규군의 중요성을 강조하는 말이라고 해석될 수 있다.

전쟁을 선거에 비유해 본다면 선거사무원을 정규군으로, 자원봉사자를 비정규군으로 나누어 생각해 볼 수 있다. 실제 선거운동과정에서 선거사무원과 자원봉사자간의 유기적인 배치와 상호 협조가 이루어져야 선거운동 효과가 극대화 될 수 있다. 후방에서 정규군을 지원하는 비정규군처럼 자원봉사자 또한 선거사무소에서 각종 선거보조업무, 전화를 이용한 후보 홍보업무 등을 주로 수행하는데, 이를 넘어서 선거사무원과 함께 일정 부분 선거운동을 하는 것도 가능하다. 자원봉사자를 어떻게 활용하느냐에 따라 거리유세 등에서 타 후보와는 다르게 유권자의 호기심과 눈길을 끄는 선거운동도 가능하다.

공개된 장소에서 만나는 유권자를 대상으로 지지를 호소하는 것은 후보 및 그 가족과 선거사무원뿐만 아니라 누구나 할 수 있는 선거운동의 방법으로, 자원봉사자가 선거사무원과 함께 할 수 있는 것이다. 따라서 어깨띠를 두르고 다니는 선거사무원 1~2명에 자원봉사자를 결합하여 APT 입구, 지하철 입구 등 유동인구가 많은 거리에서 유권자에게 인사를 하면서 지지를 호소하는 방법을 강구하여야 한다.

사. 특화된 선거운동으로 차별화하라

선거법상의 선거운동방법에 1%의 창의성을 가미하면 효과는 배 이상으로 나타날 수도 있다. 특히나 짧은 선거운동기간 동안 후보를 알리고 지지를 이끌어내기 위해서는 앞에서 살펴본 바와 같이 반복적으로 후보를 여러 가지 방법으로 알리는 것도 중요하다. 하지만 한 번을 보여주더라도 유권자에게 강렬한 인상을 남기는 것 역시 중요하다 할 수 있다. 이는 한 번을 들어도 특이한 이름이 더 오래 기억되는 이치와 같다고 생각할 수 있다.

1) 밤에 진면목이 나타나는 선거운동

선거운동기간 동안 모든 후보에게 공평하게 주어진 것은 '시간'이다. 물론 잠을 자거나 체력을 재충전하는 시간도 필요하지만, 선거운동은 하루 24시간 동안 내내 진행되어야 한다. 해가 진다고 후보와 선거사무원들이 직장인 퇴근하듯이 집으로 들어간다면 제대로 된 선거운동을 할 수 없다. 선거운동기간 동안 후보에게 출·퇴근 시간은 없는 것이다.

국민들의 평온한 휴식과 야간생활의 안정을 유지하고, 확성기 소음에 따른 민원을 피하기 위해 선거법상 오후 10시부터 다음날 오전 7시까지는 거리유세를 할 수 없도록 규정하고 있다. 다만, 휴대용 확성장치만을 사용하는 경우에는 오전 6시부터 오후 11시까지 할 수 있다. 휴대용 확성장치로 인해 벌 수 있는 시간을 활용해보자.

지하철역이나 버스정류장에서 퇴근길의 시민을 대상으로 하거나 밤 시간대에 음식점이나 선술집 근처에서의 유세 역시 놓쳐서는 안 될 선거운동이다. 특히 밤에는 조명이나 전광을 통해 오히려 낮 시간보다 더 효과적으로 후보를 알리고 지지를 이끌어 낼 수 있다. 선거사무소 현수막, 어깨띠, 각종 선거운동용 소품에 조명장치 설비가 가능하고 선거사무원이 입는 티셔츠에 형광 물질을 넣어 후보를 돋보이게 할 수 있다. 야간에 후보를 알리겠다는 의욕만 앞서 확성기 등으로 지나치게 시끄러운 소리를 내는 것은 애써 얻은 표를 날려버리는 결과를 초래할 뿐이다.

시간의 제한을 받지 않는 선거운동

- 방송시설을 이용한 대담·토론회 개최
- 호별방문에 이르지 않고 연설·대담이 아닌 말로 하는 공개장소에서의 지지·호소
- 개인용 컴퓨터에 의한 전자우편 발송 등 선거운동

2) 세가 불리하면 뭉쳐라

국회의원선거에서도 동시지방선거와 같은 공동 유세는 아니더라도 유권자의 관심을 유도하고 세를 과시하며 지지층 결

집의 효과를 기대할 수 있는 유세 방법을 생각해 볼 수 있다.

우리나라 행정구역은 큰 도로를 중심으로 나뉘는 경우가 많고, 선거구도 이에 따라 구획된 경우가 다수이다. 따라서 선거구가 인접한 후보들의 경우 선거구의 경계선을 중심으로 교통량과 유동인구가 많은 네거리 등에서 함께 선거운동을 할 경우 많은 수의 선거사무관계자가 모일 수 있으므로 세를 과시하고 유권자의 관심을 끌어 선거분위기를 유리하게 하는 데 도움이 될 수 있다. 인접 선거구의 같은 정당 추천을 받은 후보가 자신의 선거구에 유리한 이해관계를 갖거나 유력한 정치인인 경우 자신의 인지도와 호감도 더 나아가 지지도를 끌어올리는 데 효과적일 수 있다.

3) 잠깐의 여유, 보고 듣고 맛보고 즐기기

선거운동기간 동안의 연설·대담은 운집해 있거나 거리를 통행하는 유권자에게 후보를 알리고 지지를 호소하는 데 적합한 방법이라고 할 수 있다. 그러나 그 동안의 연설·대담은 정형화되고 천편일률적으로 후보의 의사만을 전달하였기 때문에 유권자와 소통하기에는 부족한 면이 있었다. 이럴 때 악기와 육성 등을 이용하여 선거운동 중간 중간에 유권자에게 보고 듣고 즐길 수 있는 시간을 배려하는 것도 좋은 선거운동의 한 방법이 될 수 있다. 잠깐 동안의 예술이나 문학적 요소가 후보나 유권자 모두에게 청량제일 수 있다.

보고 듣고 맛보고 즐기기 예로는 ⅰ) 유세와 유세 사이 잠깐의 쉬는 동안 평소 후보가 좋아하던 시 한 구절을 낭송 ⅱ) 첼로나 기타 등 악기 연주 ⅲ) 후보나 배우자의 애창곡 열창 등이 있을 수 있다. 유권자와 함께 호흡을 맞추고 같이 부를 수 있는 노래도 좋고 여기에 더해 유권자의 신청곡도 한 두곡 불러보는 것도 좋을 수 있다.

하지만 이러한 선거운동방법에는 한 가지 주의해야 할 사항이 있다. 누구든지 선거기간 중 선거운동을 위하여 저술·연예·연극·영화 또는 사진을 선거법에 규정되지 아니하는 방법으로 배부·공연·상연·상영 또는 게시할 수 없도록 규정되어 있기 때문이다. '연예'의 사전적 의미는 "대중 앞에서 음악, 무용, 만담, 마술, 쇼 따위를 공연함 또는 그런 재주"이고, 이러한 제한을 넘는 공연에 해당하지는 않는 지 신중한 검토가 선행되어야 한다.

4) 유권자의 마음을 사는 생활밀착형 선거운동

선거운동기간이 시작되면 모든 후보들이 선거벽보, 선거공보, 명함 배부, 연설·대담과 같은 법정선거운동에 열을 올리게 된다. 법정선거운동의 효과를 무시할 수는 없지만, 유권자의 입장에서는 천편일률적인 선거운동으로 생각되어 식상한 느낌을 주는 것도 사실이다. 이러한 상황에서 후보들은 다른 경쟁자와 차별할 수 있는 자신만의 선거운동방법을 고민하지 않을 수 없다.

특이한 선거운동 사례 중에서 생활밀착형이라고 할 수 있는 선거운동방법은 유권자의 일상생활에서 후보를 만날 수 있도록 하는 선거운동으로 후보의 친근한 이미지, 서민적 이미지를 강화하는 데 효과적이다. 특히 영웅적 이미지나 엘리트 이미지가 강한 후보의 경우, 약점을 보완하고 이웃사촌 같은 친근한 이미지를 더할 수 있어 효과적이다.

유권자에게 친근하게 다가갈 수 있는 좋은 방법은 일반 시민을 가까이 만날 수 있는 교통수단을 선택하는 것이다. 일반적인 유세차량이 아니라 자전거나 오토바이를 타고 차량이 닿을 수 없는 구석구석을 다니면서 지지·호소를 할 수 있다. 일반적인 유세차량을 이용하여 선거운동을 하더라도, 유세장소를 이동할 때 유세차량을 이용하지 않고 버스나 택시 등 대중교통수단을 이용한다면 일반 시민을 더 가까이 만날 수 있고, 민심을 직접 들어볼 수 있는 기회가 될 것이다.

교통수단뿐만 아니라 유세 장소에서도 변화를 줄 수 있다. 거리와 같은 일상적인 장소를 벗어나 유권자를 보다 가까이 접할 수 있는 곳을 유세 장소로 선택할 수 있다. 휴일 오전 일정을 목욕탕에서 유권자를 만나는 것으로 시작한다든지, 유세일정을 마치고 마을회관이나 찜질방에서 유권자를 만나고 그곳에서 취침을 한다면 유권자에게 보다 친밀하게 다가가는 수단이 될 수 있다.

한편, 명함을 나누어주며 악수하고 인사하는 방식을 벗어나 지역 일꾼으로서의 이미지를 직접 행동으로 보여줄 수도 있다. 모내기 현장이나 공장과 같은 일터에서 함께 땀을 흘리고 일을 도우며 지지·호소를 한다든지, 아침 일찍 공원에서 쓰레기 줍기, 공휴일에 유권자가 많이 이용하는 하천이나 놀이공원에서 쓰레기 줍기, 시장 주변 청소하기 등의 활동을 함으로써 몸으로 봉사하는 일꾼의 이미지를 구축할 수 있다. 이러한 선거운동 방식을 기획할 때 잊지 말아야 할 것은 대언론활동이다. 언론보도와 연계되었을 때 좋은 효과를 볼 수 있기 때문이다. 다른 후보가 생각하지 못하는 좋은 아이디어를 내어 언론에서 좋은 기사거리로 다루어지도록 해야 한다. 그리고 이러한 선거운동을 할 때, 특히 신경을 써야 할 것은 언론에 보도하기 좋은 사진과 이야기를 만드는 것이다. 언론보도와 성공적으로 연계될 경우 그 효과는 배가 될 것이다.

주의할 점은 이러한 선거운동의 방식을 예비후보자기간이

나 그 이전부터 꾸준히 실시해왔어야 한다는 것이다. 그렇지 않고 선거운동기간에만 잠깐 한다면 그 진정성을 의심받게 되고, 오히려 역효과를 내기 쉽다는 점을 명심해야 한다.

아. 당선으로 가는 비밀 노하우

사소해 보이고 당연하게 생각되는 일들이 사실은 가장 소중하고 값어치 있는 것일 수 있다. '당선으로 가는 비밀 노하우'에서는 누구나 알지만 실천하지 못하는 선거운동방법 그리고 상대 후보에게 표를 빼앗기지 않는 방법 등을 제시해 본다.

1) 인지도가 없는 후보는 선거벽보가 붙기 전에 승부를 내라

유권자는 선거운동기간 동안 홍보물, 거리유세, 토론회, 이웃주민 등을 통해 후보들에 대한 많은 정보를 접하게 된다. 그리고 이를 바탕으로 후보들에 대한 평가를 할 것이다. 선거운동이 종반에 접어들면 유권자들은 누구를 찍을 것인지 결정을 하게 되고 부동층은 줄어들게 된다. 따라서 13일 간의 선거운동기간 동안 후보는 나의 고정표를 확고하게 다지고 부동층의 표심을 내 쪽으로 움직여 선거결과를 호전시켜야 한다.

 선거운동기간에 돌입하게 되더라도 후보가 벌이는 선거캠페인은 일시에 유권자에게 전달되지 못한다. 법정 준비시간과 매체의 한계에 따른 제약이 있기 때문이다. 선거사무장, 사무보조원 등 인적 요소와 현수막, 유세차 등 물적 요소는 선거캠페인 시작과 동시에 사용 가능하다. 하지만 후보를 정확히 비교하여 객관적으로 판단할 수 있는 선거벽보와 선거공보는 선거운동기간이 시작되고도 선거절차상 각각 5일과 9일이 지나서야 유권자에게 도달된다.

　인지도가 없는 후보는 지지도 역시 높을 수 없다. 정치신인의 어려움은 바로 이런 낮은 인지도에서 기인한다. 정치신인에게 선거운동기간은 기존 정치인보다 몇 백배 중요한 기간이다. 자기를 알릴 수 있는 모든 행위를 할 수 있는 유일한 기간이기 때문이다. 따라서 법정선거운동에 돌입하는 초반에 선거 분위기를 장악하여 선거판을 주도하여야 한다.

　치밀한 유세 전략을 수립하여 활기찬 선거캠페인을 진행하면 인지도가 급상승하게 되고 유권자들 사이에서 만만치 않은 후보라는 입소문이 돌게 된다. 반면 정치신인이 선거 초반에 잘 짜인 전략 없이 우왕좌왕하거나 기존의 정치인들과 다른 면모를 보여주지 못한다면, 침체되고 절망적인 초반 분위기가 선거가 끝날 때까지 지속되어 절대로 상대 후보를 추월할 수 없게 되는 결과를 낳을 것이다.

　인지도가 없는 정치신인은 법정선거운동기간에 돌입하자마자 대규모의 유세지원팀과 호감이 가는 유세차, 율동팀 등을 총동원하여 5일 이내에 즉, 선거벽보가 담벼락 등에 부착되기 전에 전체 선거구 전 지역을 구석구석 누비고 다닐 것을 권고한다. 그러면 곧바로 선거구의 유권자들 사이에서 '○○○후보가 만만찮은데', '○○○후보가 대단한데' 등의 평가가 나올 것이다. 이런 말이 나와야 전세를 뒤집을 수 있는 기반이 형성될 것이고, 선거 종반에 지지율의 역전을 기대할 수 있을 것이다.

2) 유세차는 알리고 후보는 숨겨라

연설·대담을 하는 내내 후보가 연설·대담 차량에 붙어 있을 필요는 없다. 후보가 연설하는 경우라면 예외지만 그 외의 경우에 후보는 항상 움직이며 표심을 얻어 내야 한다. 연설·대담 차량 주변을 돌면서 유권자에게 인사하거나 지지를 호소하는 말을 하는 것이 좋다.

연설·대담 차량이 많은 사람을 모으기 위해 그 일정을 공개해야 한다면, 후보의 일정은 반드시 비공개로 운영해야 한다. 특히 지역 내의 통·반장 등 여론주도층 모임, 종교단체, 각종 이익단체의 방문 시에는 그 연결선에 대하여 비밀을 유지해야 한다. 대체로 이러한 단체나 모임의 경우 정치인과 만났다는 사실 자체를 꺼리는 경우가 많기 때문이다. 그리고 후보의 움직이는 경로를 만약 상대 후보가 사전에 알아버리면 그 후보가 먼저 방문하는 등 교란작전으로 선거운동 전반에 걸쳐 상당한 타격을 입을 수 있다.

후보가 단체나 모임에 방문 시에는 염두에 두어야 할 것이 있다. 후보가 유권자가 모인 현장을 직접 찾아가 수시로 연설·대담하는 것은 가능하다. 하지만 후보 측 관계자와 각종 모임의 주최자인 제3자가 공모, 선거에 영향을 미치게 하기 위하여 계획적으로 선거구의 유권자인 회원들을 모이게 한 후 그 집회에서 후보가 선거운동을 하는 것은 선거법상 금지되므로 유의하여야 한다.

3) 이렇게 하면 당선되기 힘들다

선거법에 위반되지 않는 적법한 선거운동이라고 하더라도 의욕만이 앞서 선거구의 분위기나 관행, 주변상황에 대한 판단을 잘못한 경우에는 오히려 득표에 도움이 되지 못하거나 심지어 다른 후보에게 표를 주게 되는 경우도 있을 수 있다. 이에 대한 몇 가지 유의사항을 살펴보면 다음과 같다.

첫째, 거리에서의 퍼포먼스는 보여주는 데서 끝나야 한다.

각종 아이디어를 짜내어 하는 퍼포먼스는 유권자의 흥미를 끌어내는 데는 효과적이지만, 자칫 반감을 키우게 되는 경우가 있다. 특히 특이한 복장을 입고 유권자의 참여를 유도한다면서 손을 잡는 등의 신체접촉을 하거나 쫓아다니는 행위는 금물이다.

둘째, 확성기 소음은 시간과 장소에 맞게 조절해야 한다. 선거법상 음량에 대한 규제는 없으나 아파트 등 주거환경이나 학교, 학원 등 교육시설 주변에서는 볼륨 조절에 특히 유의하여야 한다. 우리나라 주거 형태 중 60%에 육박하는 아파트의 경우 주·정차가 용이하고 단지 내에서도 연설·대담이 가능하기 때문에 후보들이 유세 장소로 선호하지만 그 만큼 고음으로 인한 민원과 후보에 대한 항의도 많이 발생하고 있다.

셋째, 무분별한 문자메시지나 전자우편 발송은 지양해야 한다. 잠자리에 들 시간에 보내거나 같은 유권자에게 하루에 여러 통의 문자메시지를 보내는 행위는 호감을 반감으로 바꿀 수도 있다. 유권자 다수가 자신의 휴대폰 번호 등 개인정보를 어떻게 알았는지 민감하므로 이에 대한 답변도 미리 준비할 필요가 있다.

넷째, 유권자에게 피해를 입히지 말아야 한다. 나쁜 소문은 꼬리에 꼬리를 물고 눈덩이처럼 부풀려져 유권자 전체에게 퍼지게 된다. 선거사무소 현수막을 게시할 때 사전에 협조가 이루어지지 않아 발생하는 항의, 거리 현수막이 점포 간판을 가리는 영업 방해, 유세 차량을 건물 입구에 세워놓아 출입을 곤란하게 하는 경우 등의 민원은 즉시 해결해야 한다.

다섯째, 통제되지 않는 선거사무관계자와 자원봉사자는 상대 후보보다 무서운 존재이다. 후보에게 불리한 여론을 조성시키는 불손한 행동이나 말투의 선거사무원 등은 아무리 열심히 선거운동을 하더라도 제외시켜야 한다.

여섯째, 양보가 미덕일 수 있다. 연설·대담장소나 출근길 명함 배부 장소의 선점을 위해 상대 후보 측 관계자와 싸우는 경우는 백해무익하다. 특히 이 과정에서 상대 후보나 선거사무 관계자에게 폭행을 하거나 성희롱 시비가 붙는다면 선거운동 과정 내내 후보를 괴롭히는 사안이 될 수 있다.

일곱째, 공무원과 다투는 모습은 좋은 이미지를 보여줄 수 없다. 특히 공정선거지원단원의 경우 대부분 선거구의 유권자이고 지역사회에서 활발히 활동하는 여론주도층이 다수 포함되어 있으므로 선거법 위반 단속활동이나 선거비용조사를 위해 방문하는 경우 친절히 대할 필요가 있다.

자. 실전에 사용하는 고도의 선거전술

선거는 흔히 전쟁에 비유된다. 특히 전쟁 중에서도 선거는 모든 자원이 동원되고, 다양한 전략과 전술이 사용되는 총력전에 비할 만하다. 전쟁과 선거에서의 이러한 총력전 양상은 과거, 현재 그리고 미래에도 변함없이 계속될 것이다.

총력전에서 무엇보다 강조되는 것은 정보수집 능력이다. 정보를 수집하고 분석하는 능력 그리고 이를 잘 활용하여 적진에 강한 타격을 주는 것이 전쟁에 승리하기 위하여 무엇보다 중요하다. 이것은 선거에서도 마찬가지다. 선거에서 정보를 수집하고 분석하여 이를 활용하는 방법 그리고 상대방 후보의 지지표를 자신의 지지표로 만드는 실효적인 공격 방법이 무엇인지 알아본다.

1) 돌아가는 선거판을 읽어라

선거에 출마하는 순간부터 후보자가 염두에 두어야 할 것은 당연히 '당선 가능성'이다. 당선 가능성이란 후보가 얻을 수 있는 득표수에 대한 예측이고, 이를 미리 알 수 있다면 선거기간 이전이나 기간 중을 막론하고 효율적인 선거운동 전략과 전술을 구사할 수 있을 것이다.

후보의 득표율을 예측해보는 판세 분석방법으로 가장 객관적인 것이 여론조사이며, 그 외에도 선거운동원들이 피부로 느끼는 현장 분위기, 전화홍보 모니터링, 후보의 체감 분위기 및 지역신문 기자의 정보 등이 있다. 선거캠프에서는 이러한 각종 조사결과와 정보를 종합하여 객관적으로 판세를 분석하여 전략과 전술을 점검해야 한다. 여론조사를 통해 후보의 지지율을 알아보고 선거구도 등 거시적인 관점에서의 선거 전략과 미시적인 차원에서 지역별 맞춤형 득표 전략을 따로 수립할 수도 있을 것이다.

판세분석을 위해 가장 많이 사용되는 여론조사의 경우 현 시점의 지지도보다 향후 추세를 예측하는 것이 더욱 중요하다. 현재 상대 후보를 앞서고 있더라도, 시간이 갈수록 격차가 좁혀지는 추세라면 위험하다. 반대로 지금은 뒤지고 있지만 추격세를 보여 격차를 좁히고 있다면 긍정적이다. 이러한 조사를 통해 각 후보별 지지도와 당의 지지도 및 예상 투표율을 알아볼 수 있다. 또한, 여론조사를 통해 선거운동과정에서 형성되었거나, 기존에 존재했던 지역의 주요 이슈들을 파악하여야 한다.

지지도에 대한 조사와 함께 유권자 다수가 주목하는 주요 이슈를 객관적인 수치에 의해 파악할 수 있어야 지금까지 수행해 온 선거캠페인과 전략에 대한 검토가 가능하다. 선거 전략에 기반한 선거캠페인의 성과를 확인하고 선거의 주요 이슈를 파악하는 것은 선거 종반에 승리의 물줄기를 끌어오는 데 필수불가결한 과정이다.

신뢰도와 오차범위

- 여론조사 결과를 제대로 이해하고 실전에 적용하기 위한 여론조사 결과에 대한 분석틀을 먼저 이해하는 것이 필요하다.
  - 지지도 : A 후보 51%, B 후보 49%
  - 신뢰도 95%, 오차범위 ±3%
- ☞ 여론조사 결과 각 후보의 지지도에 오차범위 +3%, -3%를 반영하면 A후보는 48~54%, B후보는 46~52%를 득표할 확률이 95%이고 이 범위를 벗어나서 각 후보가 득표할 확률은 5%이다.

2) '우세', 판세분석이 끝나면 상황에 맞게 움직여라

'우세, 경합, 열세'의 각 상황별로 후보가 짜내고 실행하여야 할 선거 전략은 다르다. '우세'란 여론조사 결과 오차범위 이상으로 앞서는 경우를 말한다. 이 경우에는 자신이 가지고 있는 것을 방어하는 전략이 필요하다. 즉, 절대 실수하지 않는 안정적인 선거운동 방안을 모색하고, 내부의 실수를 예방해야 할 것이다. 이에 따른 구체적인 행동지침은 다음과 같다.

첫째, 후보는 말실수를 하지 말아야 한다. 특히, 유세나 토론에서 상대후보의 공격에 감정적인 대응은 금물이다. 별 생각 없이 던진 말 한마디가 일파만파로 번져 나갈 경우, 선거쟁점으로 부각되어 치명적인 결과를 초래할 수도 있다.

둘째, 과도한 상대 후보에 대한 비판이나 허황된 공약을 제시해서는 안 된다. 상대에게 말꼬리가 잡힐 언행은 피해야 한다.

셋째, 선거운동원들의 불법 선거운동을 반드시 금지시키고, 이에 따른 철저한 교육과 관리를 하여야 한다. 부정선거가 적발되면 상대 후보는 네거티브 전략으로 뒤집기를 시도할 것이다. 이런 경우 선거기간 내내 후보를 괴롭히고 집중력을 떨어뜨린다.

넷째, 상대 후보의 네거티브(Negative) 공격에 대한 대비책을 준비하여야 한다. 열세인 후보는 분명히 네거티브 공격을 하게 된다. 대응해야 할 것과 무시해야 할 것을 구분하여 사전에 면밀히 준비해야 상대방의 네거티브 공격에 당황하지 않고 적절하게 대응하여 선거에서 승리할 수 있게 된다.

다섯째, 상대 후보의 부정선거운동에 대하여 적극적인 대책을 수립하여야 한다. 열세인 후보는 조급한 마음에 모든 수단과 방법을 동원하게 된다. 유인물 살포, 금품과 향응 제공 등에 대비하여 청년들로 구성된 부정선거감시팀을 운영하는 등 철저한 대책이 필요하다.

여섯째, 선거운동원들의 자세가 해이해질 수 있으므로 후보가 끝까지 최선을 다하는 모습을 보여야 한다. 방심은 금물이다. 선거기간 2주 동안 뒤집을 수 있는 시간은 충분하다. 선거기간 초반에 월등히 이기고 있다고 마치 당선된 것처럼 느슨하게 조직 관리를 하거나 대충대충 선거캠페인을 하여 선거결과가 뒤집히는 사례가 선거 때마다 있었다.

3) '경합', 오차범위 내에서의 반집 승부

'경합'일 경우 선거캠페인 전략에 따라 상황이 뒤집힐 수 있다. 상대 후보와 오차범위 내에서 접전을 벌이고 있다면 후보에게 있어 피를 말리는 나날이 될 것이다. 이럴 때일수록 주먹구구식 선거캠페인은 빨리 버려야 한다. 더욱 치밀하고 과학적인 분석을 통해 구체적인 선거캠페인 실행 방법을 준비하여야 한다.

접전을 벌이고 있을 경우 판세를 결정짓는 것은 선거캠페인이다. 선거구내에서 누가 어떤 이슈를 가지고 어떻게 선거캠페인을 전개하느냐에 따라 선거판세가 기울게 된다. 부동층을 흡수하면서 투표일에 다가갈수록 지지층의 적극적인 투표 참여를 유도해야 한다. 경합인 상황에서 활용할 수 있는 구체적인 행동지침은 다음과 같다.

첫째, 선거구내에서 부동층을 움직일 수 있는 이슈가 있다면 이를 선점하여 선거캠페인 전면에 내세워 선거의 전체 판을 이끌어가야 승리할 수 있다. 부동층이 많이 있는 계층을 향해 집중적으로 선거캠페인을 실시하여야 한다.

둘째, 선거구 내 취약지역에 대한 대책을 수립하여 집중적인 선거캠페인을 전개하여야 한다. 선거운동원을 그 지역에 집중적으로 배치하여 캠페인을 실시하는 것도 한 방법이 될 것이다.

셋째, 선거운동원들에게 승리에 대한 확신을 주어 자신감을 갖게 해야 한다. 선거운동원들의 사기는 판세를 가르는 중요한 요소가 된다.

넷째, 과학적인 유권자 분석을 통해 효율적인 전략을 짜야 한다. 확실한 지지표와 확실한 반대표를 대상에서 제외하면 나머지가 부동층이 되고, 이들만을 대상으로 선거캠페인을 전개하면 훨씬 효율적인 득표 전략이 된다.

다섯째, 투표일이 며칠 안 남았다면 지지층을 결집시켜야 한다. 부동층에 대한 득표 활동보다는 지지층의 투표 유도가 상대후보와 득표 차이를 벌릴 수 있는 손쉬운 방법이기 때문이다. 특히 최근 선거에서 당선자와 낙선자 간의 표차가 근소하다는 사실에 주목하여야 한다.

4) '열세', 마지막 반격을 준비해라

'열세'일 경우 마지막 반격을 준비해야 하는데, 먼저 상대 후보에게 막판 뒤집기가 가능한지 판단해야 한다. 긍정적으로 보면 인물론을 부각시키는 것이고, 부정적으로 보면 네거티브 공격이라고 할 수 있다. 열세의 상황에서 활용할 수 있는 구체적인 행동지침은 다음과 같다.

첫째, 상대의 지지층을 무력화시킬 수 있는 네거티브 공격을 검토해야 한다. 그러나 네거티브 공격은 상대방에게 결정적인 내용이어야만 한다. 네거티브 공격을 한다고 해서 자신의 지지율이 올라가는 것은 아니다. 하지만, 상대 후보의 지지층이 부동층으로 이동하게 되고 이것을 자신의 지지층으로 이동되게 할 수 있다면 선거 막판에 드라마틱한 역전을 기대할 수 있다. 그러나 조급하다고 근거 없는 내용으로 공격하다가는 허위사실 유포나 명예훼손으로 고발 또는 고소를 당할 수가 있다. 선거에 떨어지고 인간성까지 잃어버려 정치적인 재기가 불가능할 수 있다는 것을 명심해야 한다.

둘째, 상대 후보의 부정선거에 대해서 밀착 감시를 하여야 한다. 결정적인 한 건만 적발하면 가장 강력한 선거캠페인을 만들 수 있는 것이다. 열세를 극적으로 뒤집기 위해서는 유권자의 관심을 집중시킬 수 있는 무언가가 필요하다.

셋째, 끝까지 포기하지 말고 최선을 다하여야 한다. 낙선하더라도 애처롭게 보일 정도로 열심히 운동을 하여 선거가 끝난 후 '○○○는 참 아깝구먼', '○○○는 사람이 됐어' 등 이런 평가가 나온다면, 다음 선거에서 정치적 재기를 노릴 수 있다.

5) 지지층 결집을 위해서는 앓는 소리가 필요하다

투표일이 다가올수록 정당과 후보가 가장 중요시해야 할 일은 자신의 지지층을 다시 한 번 결집시켜 투표소에 나오게 하는 일이다. 특히 여론조사의 결과가 박빙이라면 "약간의 차이로 2등"과 같은 위기론을 스스로 조장할 필요가 있다.

여론조사 결과가 지지층이나 선거사무원들에게 가장 큰 동력을 부여하는 경우는 '약간의 차이로 뒤지고 있다'로 알려지는 경우다. 이러한 사실이 알려지게 되면 투표일에 놀러가더라도 먼저 투표소에서 투표를 하고 가게 될 것이며, 지지자들은 자발적으로 SNS등을 통해 표 결집을 위한 행동을 하게 될 것이다. 하지만 많은 차이로 뒤지고 있다는 것을 지지층이 알게 될 경우에는 투표 의욕을 아예 상실할 우려가 있기 때문에 이 역시 알려서는 안 된다. 그리고 상대 후보보다 자신이 앞선다는 평가 역시 오히려 상대편의 지지 세력을 빠르게 결집시킬 수 있고 자신의 지지층은 방심하게 할 수 있기 때문에 주의를 요한다.

지지층은 '약간의 차이로 뒤지고 있다'고 알려질 때 가장 단단히 결집하는 것이 일반적인 경우지만 만약 전통적인 강세지역의 경우라면 오히려 상대 후보보다 상당히 앞서고 있다고 주장하는 편이 유리할 수도 있다. 이것은 투표자가 자신의 표가 사표가 되는 것을 원하지 않는다는 심리를 이용한 것으로 유권자 지지율의 격차를 더 벌릴 수 있다.

차. 무소속 후보를 위한 실전 노하우

만약 정당공천을 받는 것에 실패하였거나 뜻에 맞는 정당이 없어서 무소속으로 출마를 하고자 한다면, 과연 어느 정도의 승산이 있을까? 어떻게 해야 제대로 선거를 치를 수 있을까? 무소속 후보를 위한 선거운동 노하우를 알아보자.

1) 무소속 후보의 당선 가능성

정당투표 성향이 강한 한국의 정치 환경을 고려할 때, 정당공천을 받아 출마하는 후보가 훨씬 유리하다. 하지만 만약 정당의 공천을 받는 것이 불가능하다면, 무소속으로라도 출마하는 것을 고려할 수 있다. 이때 주의할 점은 무소속으로 출마하고자 한다면 당내경선에 참여하지 말아야 한다는 것이다. 당내경선에서 탈락한 후 결과에 불복하여 같은 선거구에 무소속으로 출마하는 것은 금지되어 있기 때문이다.

무소속으로 출마하기로 결정하기 전에 몇 가지 고려해야 할 점들이 있다. 첫째, 선거에서의 본인의 경쟁력을 냉철하게 분석해봐야 한다. 가령 인지도가 낮은 정치신인이라면 무소속으로 출마하여 당선될 가능성은 거의 없다. 무소속으로 출마하여 당선을 기대할 수 있는 사람은 현역의원이나 전직의원과 같이 인지도가 높고 선거구에서 자신만의 지지기반을 상당히 확보하고 있는 사람, 또는 자신의 인물만으로도 정당공천을 받은 타 후보를 극복할 수 있을 만큼 호감도가 높은 사람이라고 할 수 있다.

둘째, 출마하려는 선거구의 정치 환경을 고려해야 한다. 출마하고자 하는 선거구가 지역감정이 약하고 정당의 지지표가 많은 수도권보다는 지연·혈연·학연 등 연고관계에 의한 투표 성향이 강한 지역의 선거구가 유리하고, 그러한 지역정서를 등에 업을 수 있는 후보가 무소속 출마에 유리하다. 이러한 선거구의 여러 가지 정치 환경과 후보 자신이 가진 유리한 점과 불리한 점을 냉철하게 전략적으로 분석하여 승산이 보일 때에 무소속 후보로서 출마를 결정하여야 할 것이다.

2) 무소속 출마의 약점을 극복하는 방법

무소속으로 출마한 후보는 정당공천을 받은 후보에 비해 여러 가지 불리한 점이 있지만, 가장 큰 약점은 역시 정당의 지원을 받을 수 없고 정당의 고정표를 얻을 수 없다는 점일 것이다. 따라서 이러한 조직과 표의 열세를 극복하기 위해서 자신과 관련 있는 종친회, 동창회 등 연고 조직과 산악회 등 동호인 모임, 각종 직능단체, 생활체육단체 등의 모임을 충분히 활용하여 지지자를 결집시키고, 정당추천후보와 차별화된 나만의 선거메시지를 유권자에게 홍보할 수 있도록 노력을 경주해야 한다.

당원협의회와 같이 정당을 기반으로 하는 조직은 어쩔 수 없겠지만 지역연고 조직이나 각종 단체 등 자신의 지지기반이 될 수 있는 조직은 당선에 대한 확신을 심어주어 이탈하지 않도록 관리해야 한다. 그리고 지난 지방선거에서 공천을 받지 못하여 불만이 있는 당직자 등이 있을 경우 그들을 포섭하여 선거구내 일정한 지역의 조직을 맡도록 한다면 상대 후보에 타격을 줄 뿐만 아니라 득표 활동에도 많은 도움이 될 것이다.

3) 무소속 후보의 아킬레스건 – 선거법상 정당표방의 금지

선거법은 무소속 후보가 특정 정당으로부터 지지 또는 추천받았음을 표방하는 것을 금지하고 있다. 그러나 정당의 당원 경력을 표시하는 것과 해당 선거구에 후보를 추천하지 않은 정당이 무소속 후보를 지지하거나 지원하는 경우, 그 사실을 유권자에게 알리는 것은 예외적으로 허용하고 있다.

　무소속 후보로 출마하였다고 하더라도 특정 정당의 지지세가 강한 곳에서 그 정당의 지지자들을 끌어들이지 못한다면 선거에서 승리할 수 없다. 따라서 무소속 후보는 정당공천 후보와 경쟁하기 위해서 정당 표방에 이르지 아니한 범위 안에서 자신의 정당 활동 실적을 유권자에게 알려야 한다. 이러한 방법을 통하여 특정 정당의 지지표를 자신의 표로 이동시켜야 승산이 있다.

　현재 정당표방에 대한 판례의 입장은 문제되는 표현행위가 행해지는 시기적, 지리적 여건 등을 종합적으로 고려하여 그 선거구의 일반적인 유권자가 받아들이는 의미에 따라 선거법 위반 여부를 판단하고 있다. 즉, 선거홍보물에 당원경력을 표시하는 것은 허용되지만 그것을 다른 경력과 구별하여 특별히 강조하는 것은 금지된다. 왜냐하면 그것을 본 선거구의 유권자는 그 무소속 후보가 특정 정당의 지지를 받고 있는 것처럼 오해할 수 있기 때문이다.

　단지 특정 정당의 정책이나 공약을 지지하거나, 당선되면 특정 정당에 입당하겠다고 표시하는 것은 정당 표방으로 간

정당표방으로 간주되는 행위들

■ 다음과 같은 행위는 선거법상 금지되는 무소속 후보의 정당표방으로 간주되므로 주의해야 한다.
　- 정당이 자신을 지지하고 있다는 발언
　- 정당 소속 간부의 무소속 후보 지지연설
　- 선거홍보물에 정당 경력을 부각하여 기재
　- 선거사무소 외벽이나 선거운동차량 등에 정당의 상징마크, 정당명 등을 게시

주되지 않는다. 또한 특정 정당과 관련이 있는 유력 정치인과의 관계를 이용하여 우회적으로 정당과의 관련성을 밝힐 수도 있다. 유력 정치인과 찍은 사진이나 그와 얽힌 개인적 사연 등이 유용한 수단으로 쓰일 수 있을 것이다. 그러나 이러한 방법 역시 눈에 띄게 강조할 경우 정당 표방으로 간주될 수 있음을 유념해야 할 것이다.

4) 무소속 후보가 살아남는 법

초록은 동색임을 주장하여 정당지지자들의 경계심을 허물어뜨렸더라도 무소속 후보인 자신을 지지하도록 하려면 정당공천 후보와의 차별화를 꾀해야 한다. 우선 인물론에서 정당공천 후보보다 자신이 더 우월함을 설득해야 한다. 그리고 정당공천 후보보다 오히려 더 이념적으로 선명한 정책과 정견 및 선거메시지를 내놓아 정당의 골수 지지자조차도 무소속 후보를 선택하는 것이 배신으로 느껴지지 않게 해야 한다.

입후보예정자들은 무소속 후보들로 구성된 무소속 연대를 만들어 공동으로 선거운동을 펼칠 수 있다. 이러한 무소속 연대는 선거법상 금지된 사조직에 해당되지 않으므로 조직하여도 무방하고, 선거구가 다를 경우에는 통일된 명칭이나 구호를 사용하여 선거운동을 하여도 선거법에 위반되지 않는다. 그러나 정당공천자들이 사용하기로 한 통일된 색상이나 로고를 공동으로 선거홍보물에 사용할 경우 정당표방으로 간주되므로 주의해야 한다.

한편 정당이 무소속 후보와 연대하기 위하여 정당추천 후보를 내지 않거나 내었더라도 사퇴하고 당해 무소속 후보를 지원하는 특별한 경우가 있다. 이런 경우 무소속 후보는 선거법상 정당표방의 금지에도 불구하고 자신이 특정 정당의 지지와 지원을 받고 있다는 사실을 유권자에게 알릴 수 있다. 또한 지원·지지하는 정당의 경우에도 정당대표자나 간부가 무소속 후보의 선거대책본부 구성원이 되거나 연설원이 될 수 있다.

모든 면에서 불리한 무소속 후보이지만 무소속 후보만이 할 수 있는 홍보수단도 있는데, 바로 선거법상 선거권자의 추천제도이다. 무소속 후보는 정당추천을 받지 않는 대신 일정 수 이상의 선거권자의 추천을 받도록 규정되어 있다. 이 기회를 이용하여 무소속 후보 예정자나 배우자, 자원봉사자 등이 선거구민의 주택을 호별로 방문하여 후보 예정자의 경력과 공적, 입후보 이유 등을 구두로 소개할 수 있어 반사적인 선거운동의 효과를 거둘 수 있다.

카. 끝까지 최선을 다하는 자가 승리한다

야구는 9회 말 투아웃부터라는 말이 있다. 승부는 최후에도 뒤집어질 수 있으니 앞서 있는 자라도 경계를 멈추지 말아야 하고, 뒤처져 있는 자라도 마지막까지 최선을 다한다면 역전할 수 있는 가능성은 언제나 열려있다는 점을 강조한 것이다. 선거에 있어서도 마찬가지이다. 자만하지도, 포기하지도 않는 자만이 최후의 승리를 쟁취할 수 있다.

1) 최후에 웃는 자가 진정한 승리자다

선거 막바지로 갈수록 선거분위기는 과열되기 쉽고 불법선거운동 등 여러 가지 사건, 사고와 네거티브 캠페인에 의해 선거 판세가 요동치는 등 불확실성이 증가한다. 따라서 앞서가는 후보라면 남은 기간 동안의 불확실성을 최소화하고 대세를 굳히는 방향으로 이끌어가야 한다. 또한 뒤처진 후보라면 상대후보의 약점을 물고 늘어지는 등 어떻게든 선거판을 흔들어 전세를 뒤집기 위해 노력해야 할 것이고, 바짝 따라잡고 있는 상황이라면 그 노력을 가속화시켜야 할 것이다.

 선거 막판에는 지지율을 끌어올리려는 노력보다는 지지자들이 투표장으로 나오도록 하는 쪽으로 선거운동의 방향을 잡아야 한다. 마지막으로 갈수록 지지율을 뒤집기는 어렵지만 판세가 열세이거나 경합일 경우 지지층을 결집하여 이들의 투표율을 높일 수 있다면 결과가 달라질 수 있기 때문이다. 선거 막바지에는 지지자들이 투표장에 나오도록 총력전을 펼치고, 지지층을 결집시키기 위한 마지막 노력을 경주하여야 최후의 승리자가 될 수 있다.

2) 당선의 관건은 '지지층 결집'과 '부동층 표심 끌기'이다

후보를 지지하는 유권자를 투표소로 끌어내기 위해서 여러 가지 선거운동방법을 사용할 수 있다. 우선 지역별 조직책을 동원하여 이탈표가 발생하지 않도록 표 단속을 벌여야 한다. 확실한 지지자들을 중심으로 투표에 대한 다짐을 받고, 이들이 주변사람들을 단속하도록 해야 한다. 또한 지역별 주요활동가들을 투표참관인으로 위촉하면 투표하려고 오는 지지자들의 표심을 단속하는 데 도움이 될 것이다.

 그리고 조직화되지 않은 지지자들의 투표율을 올리고 부동층의 표심을 끌기 위해서는 전화와 문자메시지를 이용한다. 선거 막바지까지 전화 홍보팀을 체계적으로 운영하여 왔다면, 전화를 걸었던 유권자에 대한 성향이 파악되어 있을 것이다. 이렇게 유권자에 대해 축적된 데이터를 토대로 선거 막바지에는 지지층과 부동층에 대한 지지 호소에 집중해야 한다. 지지층에 대해서는 적극적이며 능동적으로 투표소로 나와서 투표를 하도록 하고, 부동층에 대해서는 마지막으로 지지를 호소해야 한다. 또한 동시에 20개 이하로 보내는 문자메시지에 대하여는 선거법상 제한이 없으므로 선거구내에서 유권자로부터 신망이 두터운 열성 지지층으로 하여금 한 번에 20개씩 문자보내기 운동과 같은 막바지 총력전을 펼친다면 긍정적인 효과를 기대할 수 있을 것이다.

현수막은 선거운동기간 중 자유롭게 이동하여 게시할 수 있다. 이런 점을 이용하여 선거운동기간 마지막 날에 현수막을 주요 투표소 부근으로 옮겨 게시함으로써 투표일에 유권자에 대한 현수막의 노출빈도를 높일 수 있다. 지지층은 그 현수막을 보고 마음을 다잡을 수 있고, 부동층은 현수막을 보고 누구에게 투표할 지 마음을 정할 수도 있으니 마지막 현수막의 내용과 게시 위치를 세심하게 신경 써야 할 것이다. 그러나 현수막을 이동하여 게시할 때, 투표소 부근에 게시할 수는 있어도 투표소가 위치한 시설이나 담장 또는 그 입구에 게시하는 것은 금지되어 있으니 주의하여야 한다.

또한 선거막바지에는 모든 가용인력을 총동원하여 거리유세를 펼쳐야 한다. 이는 앞서가고 있는 후보라도 방심하지 말아야 할 일이다. 마지막에는 선택과 집중을 해야 한다. 자신의 주요 지지계층이 살고 있는 지역과 부동층을 집중 공략해야 한다. 이 지역에서는 바닥까지 훑겠다는 각오로 총력전을 펼쳐야 할 것이다. 진인사대천명의 마음으로 최선을 다하여 후회 없는 마무리를 지어야 한다.

타. 선거법 위반하면 패가망신한다

운동경기에서 선수의 체력을 극도로 증가시켜 좋은 성적을 올리게 할 목적으로 약물을 먹이거나 주사 또는 이학적 처리를 하는 것을 '도핑(doping)'이라 한다. 금지된 약물을 사용함으로써 일시적으로 경기 성적을 올릴 수는 있다. 그러나 운동경기 전후에 실시되는 약물검사에서 양성판정을 받을 경우 메달을 박탈당하는 것은 물론이고 일정기간의 자격정지 처분 심지어 영구적으로 선수생활을 하지 못하는 경우도 발생할 수 있다. 선거에서도 후보가 당선에만 목매여서 선거법 위반이라는 금지된 행위를 하는 경우 정치인으로서의 명예 뿐 아니라 커다란 재산상의 손실도 감수해야 한다. 한마디로 '패가망신' 할 수도 있다는 것이다.

1) 이기고도 지는 선거가 있다

정치인, 특히 국회의원이나 지방자치단체의 장 또는 지방의회의원 등 선출직 공무원을 빗대어 흔히 '교도소 담장 위를 걷는 사람들'이라고 한다. 재임 기간 중 수뢰, 청탁 등 각종 민·형사상 사건에 연루되기 쉬운 것은 물론이거니와 이들이 선출되는 과정에서도 「선거법」, 「정치자금법」 등 정치관계법(이하 '선거법 등'이라 한다)을 위반하여서라도 당선되고자 하는 유혹에 쉽게 노출되기 때문이다.

선거법 등을 위반한 행위가 적발될 경우에는 형사적 처벌을 받는 것은 물론이고 일련의 선거과정에서 후보가 받을 수 있는 위험 부담이 매우 크다. 정치관계법 위반행위는 공천 과정, 선거 기간, 당선인 결정 이후 지속적으로 후보에게 불리하게 작용하기 때문이다.

먼저 정당추천 후보가 결정되지 아니한 경우 선거법 위반으로 선관위나 수사기관에 의하여 고발 또는 기소가 되었을 경우 정당의 추천 자체를 받지 못하는 경우를 종종 볼 수 있고, 그 시기가 선거기간 중이라면 낙선으로 가는 지름길이라고 할 수 있다. 선거법 등 위반행위가 적발되면 대부분은 언론매체를 통해 유권자에게 알려진다. 이럴 경우 그 후보의 지지표는 부동표로, 부동표는 반대표로 돌아설 가능성이 있다.

마지막으로 선거법 등을 위반했다면 당선되었다고 하더라도 '당선무효'가 되어 힘들게 얻은 공직을 잃어버릴 수 있다. 당선무효에 해당하는 형이 확정되어 그 직을 잃었을 경우에는 단순히 현직을 떠난다는 의미 외에 100만 원 이상의 벌금형은 그 형이 확정된 후 5년, 징역형(집행유예 포함)을 선고받은 경우에는 그 형의 집행이 종료되거나 면제된 후(집행유예는 확정된 후) 10년이 지나지 않으면 입후보 자체가 제한된다. 이쯤 되면 정치적으로 사형선고를 받은 것과 마찬가지이다.

2) 밑지면 본전이 될 수 없다

공직선거법은 후보자 또는 그와 관련된 자가 선거법이나 자금법에 규정된 죄를 범하여 일정한 형사 책임을 지는 경우, 후보자의 당선을 법률상 당연무효로 하는 규정을 두고 있다.[48]

선거법 등 위반행위가 발생하면 당선이 무효로 될 뿐만 아니라 후보는 금전적으로도 큰 손실을 입는다. 일례로 유죄 판결이 확정되거나 선거비용제한액을 초과하여 지출한 경우에는 보전할 비용 중 2배에 해당하는 금액을 보전하지 아니하

---

48) 손재권, 2016, 〈공직 선거의 이해〉, 371쪽, 동양미디어

며, 후보 등으로부터 기부를 받은 자가 과태료 처분을 받은 경우 그 기부행위의 5배에 해당하는 금액을 보전하지 아니한다.

또한 단순히 선거비용 보전이 제한되는 범위를 넘어 이미 돌려받은 선거비용 보전액을 다시 반납해야 하는 경우도 있다. 선거비용의 초과 지출, 당선인 또는 선거사무장 등의 선거범죄로 당선이 무효로 된 사람(그 기소 후 확정판결 전에 사직한 자를 포함)과 당선되지 아니한 사람으로 당선무효에 해당하는 형이 확정된 사람은 선관위로부터 돌려받은 기탁금과 선거비용 보전액을 전액 반납해야 한다.

과거 교육감선거와 관련하여 선거법 등 위반으로 법원에서 벌금 150만 원을 선고받은 ○○교육감의 경우 당선무효로 그 직에서 물러남과 동시에 기탁금, 선거비용보전액 및 이자를 합쳐 약 29억 원을 반환하라는 명령을 받은 바 있다. 이 정도까지는 아니더라도 국회의원선거의 경우, 평균적으로 보전받는 선거비용이 1억 원 이상이므로 이를 반납할 경우 후보로서는 큰 타격을 받을 수밖에 없다.

"Nearly all men can stand adversity,
 but if you want to test a man's character,
 give him power."

 거의 모든 사람이 역경은 견뎌낼 수 있다.
 그러나 한 인간의 인격을 시험해보려면,
 그에게 권력을 주어 보라.

 - 미국 제16대 대통령 에이브러햄 링컨

선거 준비하고 승리하라
당선을 위한 로드맵

초판 1쇄 발행 | 2019년 7월 10일
지은이 | 문상부 안병도 홍진표
발행인 | 문상부
기획·편집 | 손병기 송재민
마케팅 | 남예인 강정서
디자인 | 아이디솔루션
펴낸곳 | 사단법인 한국선거협회
주소 | 서울시 영등포구 여의나루로 77-1, 201호
대표전화 | 02-761-3933
홈페이지 | www.한국선거협회.com
인쇄 및 제작 | 주식회사 금강인쇄
ISBN | 979-11-967414-0-2(13340)

책값은 뒷면에 표기되어 있습니다
편집저작권 : 사단법인 한국선거협회

이 책은 저작권법에 의해 보호받는 저작물입니다.
저자와 한국선거협회의 서면 허락 없이 내용의 일부를
인용하거나 발췌하는 것을 금합니다.

잘못된 책은 구입처에서 교환하여 드립니다.